目
— Con

はじめに	3
HSK概要	4

■HSK5級 試験概要

HSK5級について	8
試験当日の流れ	10
試験の流れ	11
問題形式の確認	15
聴力試験のスクリプト	18
解答用紙	19

■過去問題

第1回	21
	◎disk1 track 1～4
第2回	47
	◎disk1 track 5～8
第3回	69
	◎disk2 track 1～4
第4回	93
	◎disk2 track 5～8
第5回	117
	◎disk3 track 1～4

■解答・解説

第1回	139
第2回	189
第3回	239
第4回	289
第5回	339

はじめに

1. 本書について

○ 本書には、2012年に実施された新HSKの試験5回分の問題を収録しています。聴力問題は添付CDに収録されていますのでご活用ください。

○ 139ページからの解答・解説には、聴力問題のリスニングスクリプトと和訳、読解問題の和訳と解説を掲載しています。

○ 本書では、逐語訳を基本としていますが、訳文がなるべく自然な日本語となるよう、各文法要素が読み取れるような表現を使用しています。

2. 文法用語

解説では次の用語を使用しています。

文を構成するもの及び文の成分
- 単語、連語（＝フレーズ）、節
- 主語、述語、目的語、状語（＝連用修飾語）、定語（＝連体修飾語）、補語（様態補語、程度補語、結果補語、方向補語、可能補語、数量補語）

品詞等
名詞、時間詞、場所詞、方位詞、数詞、量詞（名量詞、動量詞）、数量詞、代詞（人称代詞、指示代詞、疑問代詞）、動詞、助動詞、形容詞、副詞、介詞、接続詞、助詞（構造助詞、動態助詞、語気助詞）、感動詞、擬声詞、離合詞、成語、慣用語、接頭辞、接尾辞

HSK 概要

HSK とは？？

　HSKは中国語能力検定試験 "**汉语水平考试**"（Hanyu Shuiping Kaoshi）のピンインの頭文字をとった略称です。HSKは、中国政府教育部（日本の文部科学省に相当）が認定する世界共通の中国語の語学検定試験で、母語が中国語ではない人の中国語の能力を測るために作られたものです。現在、中国国内だけでなく、世界各地で実施されています。

Hanyu　**S**huiping　**K**aoshi
汉语　　水平　　考试

中国政府認定
世界共通のテスト

新HSKの導入と試験内容

　HSKは、1990年に中国国内で初めて実施され、翌1991年から、世界各国で実施されるようになりました。

　2010年から導入された新HSKでは、これまで以上にあらゆるレベルの学習者に対応できるよう、試験難易度の幅を広げ、各段階での学習者のニーズを満たすことを目指しました。また、HSKは、中国語によるコミュニケーション能力の測定を第一の目的とした実用的な試験です。そのため、実際のコミュニケーションで使用する会話形式の問題や、リスニング、スピーキング能力の測定に重点をおいた試験となっています。

リスニング

会話形式の問題

コミュニケーション能力を重視

HSK 受験のメリット

　HSKは、中国政府の認定試験であるため、中国において中国語能力の公的な証明として通用し、HSK証書は中国の留学基準や就職の際にも活用されています。
　また、2010年のリニューアルでは、ヨーロッパにおいて外国語学習者の能力評価時に共通の基準となるCEF[※1]と合致するよう設計されたため、欧米各国の外国語テストとの互換性から難易度の比較がしやすく、世界のどの地域でも適切な評価を受けることが可能となりました。

中国語能力の測定基準

- 自分の中国語能力を測定することで、学習の効果を確認するとともに、学習の目標として設定することでモチベーション向上につながります。

企業への中国語能力のアピール

- 企業採用選考時の自己アピールとして中国語能力を世界レベルで証明できるだけでなく、入社後の実務においても中国語のコミュニケーション能力を社内でアピールする手段になり、現地（中国）勤務や昇進等の機会を得ることにつながります。

中国の大学への留学や中国での就職

- HSKは大学への本科留学の際に必要な条件となっています。また、中国国内での就職を考える際にも、中国語能力を証明するために必要な資格であると言えます。

日本国内の大学入試優遇

- 大学入試の際にHSKの資格保有者に対し優遇措置をとる大学が増えてきています。
（詳細はHSK事務局HP：http://www.hskj.jp）

※1
CEF（ヨーロッパ言語共通参照枠組み：Common European Framework of Reference for Languages: Learning, teaching, assessment）は、ヨーロッパにおいて、外国語教育のシラバス、カリキュラム、教科書、試験の作成時、および学習者の能力評価時に共通の基準となるもので、欧州評議会によって制定されたもの。学習者個人の生涯にわたる言語学習を、ヨーロッパのどこに住んでいても断続的に測定することができるよう、言語運用能力を段階的に明記している。

HSK 各級のレベル

新HSKでは、1級から6級までに級が分けられ、合否およびスコアによって評価されます。

難易度	級	試験の程度	語彙量	CEF	
高	6級	中国語の情報をスムーズに読んだり聞いたりすることができ、会話や文章により、自分の見解を流暢に表現することができる。	5,000語以上の常用中国語単語	C2	熟達した言語使用者
	5級	中国語の新聞・雑誌を読んだり、中国語のテレビや映画を鑑賞したりでき、中国語を用いて比較的整ったスピーチを行うことができる。	2,500語程度の常用中国語単語	C1	
	4級	中国語を用いて、広範囲の話題について会話ができ、中国語を母国語とする相手と比較的流暢にコミュニケーションをとることができる。	1,200語程度の常用中国語単語	B2	自律した言語使用者
	3級	生活・学習・仕事などの場面で基本的なコミュニケーションをとることができ、中国旅行の際にも大部分のことに対応できる。	600語程度の基礎常用中国語単語及びそれに相応する文法知識	B1	
	2級	中国語を用いた簡単な日常会話を行うことができ、初級中国語優秀レベルに到達している。大学の第二外国語における第一年度履修程度。	300語程度の基礎常用中国語単語及びそれに相応する文法知識	A2	基礎段階の言語使用者
低	1級	中国語の非常に簡単な単語とフレーズを理解、使用することができる。大学の第二外国語における第一年度前期履修程度。	150語程度の基礎常用中国語単語及びそれに相応する文法知識	A1	

HSK5級 試験概要

HSK5級について

　HSK筆記5級は、受験生の日常中国語の応用能力を判定するテストで、「中国語の新聞や雑誌が読めるだけでなく、中国の映画やテレビも鑑賞でき、さらに、中国語でスピーチすることができる」というレベルが求められます。主に週2～4回の授業を2年間以上習い、2,500語程度の常用単語を習得している者を対象としています。

試験内容

聴力（聞き取り）：約30分・放送回数1回

パート	形　式	問題数
第1部分	放送される会話の内容に関する問いに答える	20題
第2部分	放送される会話や短文の内容に関する問いに答える	25題

読解：45分

パート	形　式	問題数
第1部分	短文中の空所に適切な語句を補う	15題
第2部分	短文の内容に一致する選択肢を選ぶ	10題
第3部分	長文の内容に関する問いに答える	20題

書写：40分

パート	形　式	問題数
第1部分	与えられた語句を並べ替えて文を作る	8題
第2部分	与えられた複数の語句を用いて80字程度の作文をする 与えられた絵や写真について80字程度で説明をする	各1題

○試験開始の前に、解答用紙に個人情報を記入する時間が与えられます。
○聴力試験終了後に、解答用紙に記入する時間が予備として5分間与えられます。

成績および有効期間

○聴力、読解、書写の配点はそれぞれ100点、合計300点で評価されます。

○HSK 5級の成績証には、聴力、読解、書写のそれぞれの得点および総得点が明記されます。

○成績証は受験者全員（試験無効者を除く）に送付され、発送には試験後約60日を要します。

○試験の約1カ月後から、HSK公式ホームページ（http://www.hskj.jp）にて成績照会を行うことが可能（受験番号と姓名の入力が必要）です。

○HSK 5級の成績は長期有効です。ただし、外国人留学生が中国の大学に入学するための中国語能力証明とする場合、その有効期間は受験日から起算して2年間とされています。

試験当日の流れ

ここでは、試験当日の注意事項や、試験の概要を紹介します。

持ち物

試験当日の持ち物を確認しておきましょう。

- ☐ 受験票（顔写真を貼りつけたもの）
- ☐ 身分証明書（顔写真付きのもの）
- ☐ 鉛筆（HB以上の濃いもの）
- ☐ 消しゴム
- ☐ 時計（携帯電話等は不可）

※身分証明書（顔写真付きのもの）を忘れると受験ができません。必ず持参しましょう。

集合時間

受験票に記載されている集合時間を確認しておきましょう。
試験開始時刻の20分前に受付が開始されます。
試験開始時刻から試験の事前説明が始まり、これ以降は入室できなくなりますので注意しましょう。

試験の流れ

試験開始から終了までは次のような流れで進行します。

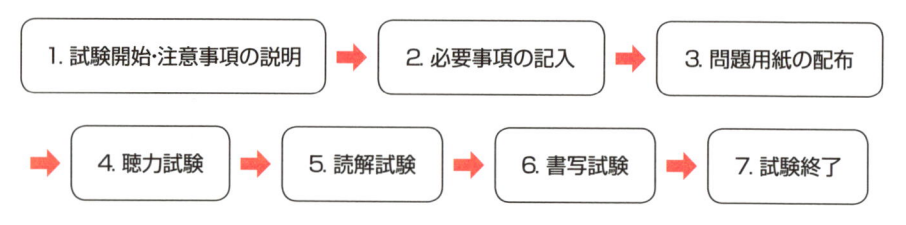

1. 試験開始・注意事項の説明 ➡ 2. 必要事項の記入 ➡ 3. 問題用紙の配布 ➡ 4. 聴力試験 ➡ 5. 読解試験 ➡ 6. 書写試験 ➡ 7. 試験終了

次ページ以降では、試験の流れを詳しく見ていきます。

※5級の試験では、試験開始以降の指示は中国語と日本語の両方で行われます。指示内容は12~14ページで、聴力試験の放送内容は18ページで紹介していますので、事前に確認しておきましょう。

試験の流れ

1. 試験開始・注意事項の説明

試験開始時刻になると、事前説明が始まります。

試験中の注意事項および試験の内容に関して、説明が行われます。

この説明開始以降は、原則として試験終了まで入退室できませんので注意しましょう。

2. 必要事項の記入

試験開始時間になると、解答用紙が配布されます。

試験官の指示に従い、受験票に記載されている番号などを参考にして必要事項の記入を行いましょう。

① 姓名（名前）
② 中文姓名（中国語の名前：記入不要）
③ 考生序号（受験番号）
④ 考点代碼（受験地番号）
⑤ 国籍（国籍：番号）
⑥ 年齢（年齢）
⑦ 性別（性別）

※③～⑥は左側の空欄に数字を記入したうえで、その横に並んでいる番号のうち、該当するものをそれぞれマークしてください。

■ 汉语水平考试 HSK（五级）答题卡 ■

3. 問題用紙の配布

必要事項の記入が始まると、問題用紙が配布されます。問題用紙は試験官から指示があるまで開封できません。問題用紙にも受験番号を記入し、指示を待ちましょう。
問題用紙に記載してある注意事項について、試験官から次のような説明があります。

> ① HSK5級の試験は3つの部分に分かれています。
>   1. 聴力（聞き取り）試験（45題、約30分間）
>   2. 読解試験（45題、45分間）
>   3. 書写試験（10題、40分間）
> ② 解答は直接解答用紙に記入してください。聴力試験の後、解答用紙を記入するための予備時間が5分間与えられます。
> ③ 試験時間は全部で約135分間です。（事前説明および個人情報を書き込む時間を含む）

※説明の後、会場ごとに聴力試験、読解試験、書写試験の開始時間および終了時間が記入・掲示されますので、終了時間は会場ごとに異なる場合があります。

4. 聴力試験

説明の後、試験官より聴力試験開始の合図があります。

> "请打开试卷的第一页。"
> "现在，开始做听力考试。请直接在答题纸上回答。"
> 「問題用紙を開封し、1ページを開いてください。」
> 「今から、聴力試験を開始します。解答は解答用紙に直接記入してください。」

その後、放送が開始します。聴力試験の試験時間は約30分間です。
※聴力試験の放送内容は18ページで紹介しています。

放送終了後、試験官より次のような指示があります。

> "请停止作答。听力考试到此结束。"
> "现在给大家5分钟时间作为将答案写入答题卡的预备时间，请没有填完答题卡的考生继续填写。"
> 「やめてください。以上で聴力試験を終了します。」
> 「ただいまより5分間、解答用紙に解答を記入するための予備時間を提供しますので、解答を書ききれなかった方は引き続き解答を記入してください。」

その後5分間が与えられますので、解答を書ききれなかった場合は、この時間で解答の記入を行います。

5. 読解試験

解答用紙の記入時間が終了すると、次の指示があり、読解試験が開始します。
読解試験の試験時間は45分間です。

> "请停止作答。接下来，开始做阅读题。请打开试卷，开始答题。请直接在答题纸上回答。阅读考试的答题时间是45分钟。"
> 「やめてください。引き続き、読解試験を開始します。問題用紙を開き、解答を開始してください。解答は解答用紙に直接記入してください。読解試験の試験時間は45分です。」

読解試験終了の5分前に、次のアナウンスがあります。

> "阅读考试剩下5分钟。"
> 「読解試験の残り時間は5分です。」

6. 書写試験

読解試験終了時間になると、次の指示があり、書写試験が開始します。
書写試験の試験時間は40分間です。

> "请停止作答。阅读考试到此结束。"
> "接下来，开始书写测试。书写测试的答题时间是 40 分钟。"
> 「やめてください。以上で読解試験を終了します。」
> 「引き続き、書写試験を開始します。書写試験の試験時間は40分です。」

書写試験終了の5分前に、次のアナウンスがあります。

> "书写测试剩下5分钟。"
> 「書写試験の残り時間は5分です。」

7. 試験終了

試験終了時間になると、試験官が問題用紙と解答用紙を回収します。
これで試験は終了です。試験官の指示に従って退出しましょう。

問題形式の確認

ここでは、HSK 5 級の各パートの問題形式を確認しておきましょう。

	パート	問題数	時間	配点
听力 (聴力)	第 1 部分	20 題	約 30 分間	100 点
	第 2 部分	25 題		
阅读 (読解)	第 1 部分	15 題	45 分間	100 点
	第 2 部分	10 題		
	第 3 部分	20 題		
书写 (書写)	第 1 部分	8 題	40 分間	100 点
	第 2 部分	2 題		

1 听 力

第1部分 请选出正确答案。正しい答えを選びなさい。

第 1 部分は、会話の内容に関する問題です。
2 人の会話とその内容に関する問いがそれぞれ 1 回だけ読み上げられます。問いに対する答えとして正しいものを、与えられた 4 つの選択肢から選びましょう。あらかじめ 4 つの選択肢に目を通しておきましょう。

第2部分 请选出正确答案。正しい答えを選びなさい。

第 2 部分は 2 つのパートに分かれています。
前半10問は、会話の内容に関する問題です。2 人の会話とその内容に関する問いがそれぞれ 1 回だけ読み上げられます。問いに対する答えとして正しいものを、与えられた 4 つの選択肢から選びましょう。(第 1 部分の会話より少し長い会話です。)あらかじめ 4 つの選択肢に目を通しておきましょう。
後半15問では、まとまった長さの問題文とその内容に関する問いがそれぞれ 1 回だけ読み上げられます。問いに対する答えとして正しいものを、与えられた 4 つの選択肢から選びましょう。1 つの問題文に対して、問いは複数問あるので注意しましょう。問題文は 5 ～ 6 つ程度あり、問いは全部で15問あります。あらかじめ 4 つの選択肢に目を通しておきましょう。

2 阅 读

第1部分 请选出正确答案。正しい答えを選びなさい。

第1部分は、空所補充問題です。
長文の空所部分に適切な語句を補い、意味の通る文章を作りましょう。1つの長文に対し、空所が複数あり、それぞれの空所に対し、語句の選択肢は4つ与えられています。前後の文脈をしっかり確認しましょう。

第2部分 请选出与试题内容一致的一项。問題の内容に一致するものを選びなさい。

第2部分は、文の内容に関する問題です。
長文をよく読み、その内容と一致するものを与えられた4つの選択肢から選びましょう。

第3部分 请选出正确答案。正しい答えを選びなさい。

第3部分は、長文読解問題です。
問題文とその内容に関する問いが与えられています。問題文の内容をよく読み、問いに対する答えとして正しいものを与えられた4つの選択肢から選びましょう。長文の内容をしっかり理解できているかを問う問題になっています。

3 书 写

第1部分 **完成句子**。文を完成させなさい。

第1部分は、語句の並べ替え問題です。
与えられた語句を全て1回ずつ使って、意味の通る文を作りましょう。語句の意味や文法上の性質に注意して並べ替えましょう。
解答は解答用紙に直接記入しましょう。

第2部分 **写短文**。短い文を書きなさい。

第2部分は短文を作る問題です。
1問目は与えられた語句を使って文を作る問題です。語句を全て用いて、80字程度の文を作りましょう。文は1文でなくても構いません。
もう1問は、与えられた写真に関する文を作る問題です。写真を見て、80字程度の文を作りましょう。この問題も文は1文でなくても構いません。
解答は解答用紙に直接記入しましょう。

聴力試験のスクリプト

　ここでは、聴力試験の放送内容を紹介しています。問題のスクリプトは解答・解説を参照してください。実際の試験では日本語は読み上げられません。

> "大家好！欢迎参加HSK五级考试。"
> 「みなさん、こんにちは。HSK5級の試験にようこそ。」
> （3回読み上げられます。）

> "HSK五级听力考试分两部分，共45题。请大家注意，听力考试现在开始。"
> 「HSK5級の聴力試験は2つの部分に分かれており、全部で45題です。それでは、今から聴力試験を始めますので、注意して聴いてください。」

その後、問題説明文が読み上げられ、

> "现在开始第○题。"
> 「それでは、第○題から始めます。」

というアナウンスの後、すぐに問題が始まります。

複数の問題が続いている場合には、

> "第○到○题是根据下面一段话。"
> 「第○題～第○題は次の話から出題します。」

という指示があります。

全ての問題が終わると、

> "听力考试现在结束。"
> 「これで聴力試験は終わります。」

とアナウンスがあり、試験官の指示が続きます。

5級 解答用紙

汉语水平考试 HSK（五级）答题卡

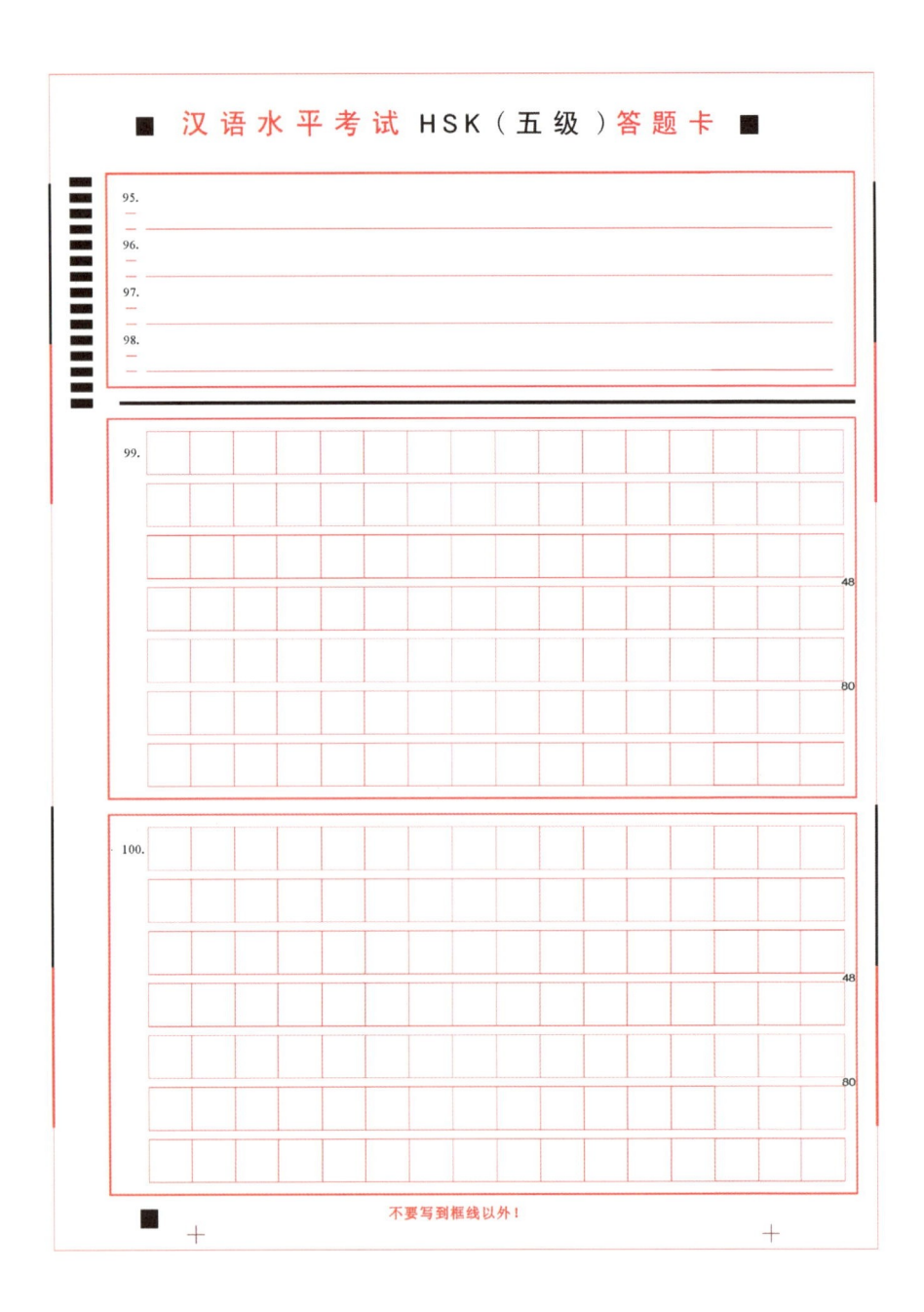

95.
96.
97.
98.

99.

100.

不要写到框线以外！

5級第1回

問題

聴力試験・・・・・・・・・・ P.22〜P.25
　　　　　　　　　　　　disk1 track 1〜4

読解試験・・・・・・・・・・ P.26〜P.43

書写試験・・・・・・・・・・ P.44〜P.45

1 听 力

第 1 部分

第 1-20 题 请选出正确答案。

1. A 没带橡皮
   B 还没还书
   C 把简历弄丢了
   D 和别人吵架了

2. A 含保险
   B 不能打折
   C 可以改签
   D 是往返机票

3. A 没勇气
   B 在做记录
   C 对话题没兴趣
   D 最后一个发言

4. A 填错信息了
   B 忘记密码了
   C 忘买信封了
   D 没时间去报名

5. A 有磁带
   B 卖光了
   C 尚未出版
   D 是针对初学者的

6. A 晕车
   B 家里来客人了
   C 朋友临时有事
   D 要参加一个会议

7. A 路上堵车
   B 被录取了
   C 有员工宿舍
   D 结果还没公布

8. A 嗓子疼
   B 吃得很清淡
   C 不爱吃土豆
   D 经常打喷嚏

9. A 刚下火车
   B 还没睡醒
   C 没带现金
   D 在排队买票

10. A 要结账
    B 烤鸭很好吃
    C 烤鸭上得慢
    D 别浪费粮食

11. A 邮局
    B 博物馆
    C 农业银行
    D 建设银行

12. A 花不用浇了
    B 要晒晒太阳
    C 水已经烧开了
    D 阳台该打扫了

13. A 讲故事
    B 冲奶粉
    C 加个枕头
    D 带孩子去打针

14. A 非常好
    B 很业余
    C 缺少美感
    D 时代感很强

15. A 树叶都掉了
    B 根本没刮风
    C 外面雾很大
    D 想去买报纸

16. A 自驾旅游
    B 看望朋友
    C 去郊区划船
    D 玩儿网络游戏

17. A 失业了
    B 在开发票
    C 拿错合同了
    D 要找工总签字

18. A 很方便
    B 送货速度慢
    C 服务质量有待提高
    D 促进了小企业的发展

19. A 他来打开
    B 别买罐头
    C 别烫着手
    D 瓶子打碎了

20. A 运输费用
    B 生产原料
    C 投资金额
    D 产品价格

第 2 部分

第 21-45 题 请选出正确答案。

21. A 超速行驶
    B 酒后驾车
    C 疲劳驾驶
    D 开车时打电话

22. A 有病毒
    B 是收费的
    C 是处理图片的
    D 可以处理视频

23. A 失眠了
    B 感冒了
    C 胃不舒服
    D 辣椒吃多了

24. A 在北京举办
    B 只举办一场
    C 演出时间待定
    D 这个月中旬举办

25. A 房租涨了
    B 家具买好了
    C 他们打算贷款
    D 房子还没装修

26. A 系领带
    B 戴手套
    C 换双皮鞋
    D 穿黑袜子

27. A 考驾照
    B 学滑冰
    C 做手术
    D 去实习

28. A 要考试了
    B 书店在搞活动
    C 买了一个新书架
    D 给儿子买生日礼物

29. A 升职了
    B 拿到签证了
    C 教材编写完了
    D 项目获得批准

30. A 电视剧
    B 动画片
    C 网球决赛
    D 动物世界

31. A 吸引更多资金
    B 修改广告方案
    C 提高公司股价
    D 制定销售方案

32. A 产品要降价
    B 总经理要辞职
    C 要招聘新职员
    D 要推出新产品

71. 朋友为什么要问别人的兴趣爱好？
    A 好奇心强   B 表示尊敬
    C 想拉近距离   D 在做心理研究

72. 关于那位老乡，下列哪项正确？
    A 不喜欢热闹   B 已经退休了
    C 有好几个兄弟   D 了解不同地方人的性格

73. 关于"名片效应"，可以知道：
    A 作用不明显   B 有时也会出错
    C 有利于人际交往   D 经常发生在面试时

74. 上文主要想告诉我们什么？
    A 讲话要突出重点   B 交流需要共同话题
    C 习惯是慢慢养成的   D 不要随便责备别人

75-78.

传说有一种小鸟，叫寒号鸟。

夏天的时候，寒号鸟全身长满了绚丽的羽毛，十分美丽。寒号鸟骄傲得不得了，觉得自己是天底下最漂亮的鸟，连凤凰也不能同自己相比。于是它整天摇晃着羽毛，到处走来走去，还洋洋得意地唱着："凤凰不如我！凤凰不如我！"

夏天过去了，秋天来到了，鸟儿们都各自忙开了，它们有的开始结伴飞往南方，准备在那里度过温暖的冬天；有的留下来，整天辛勤忙碌，积聚食物，修理窝巢，做好过冬的准备工作。只有寒号鸟，既没有飞到南方去的本领，又不愿辛勤劳动，仍然整日游荡，还在一个劲儿地到处炫耀自己漂亮的羽毛。

冬天终于来了，天气冷极了，鸟儿们都回到自己温暖的窝巢里。这时的寒号鸟，身上漂亮的羽毛都掉光了。夜间，它躲在石缝里，冻得浑身直哆嗦，它不停地叫着："好冷啊，好冷啊，等到天亮了就造个窝啊！"等到天亮后，太阳出来了，温暖的阳光一照，寒号鸟又忘记了夜晚的寒冷，于是它又不停地唱着："得过且过，得过且过，太阳下面暖和，太阳下面暖和。"

寒号鸟就这样一天天地混着，过一天是一天，一直没能给自己造个窝。最后，它没能混过寒冷的冬天，冻死在岩石缝里了。

那些只顾眼前，得过且过，不做长远打算，不愿通过辛勤劳动去创造生活的人，跟寒号鸟也没多大区别。

75. 寒号鸟为什么很骄傲？
    A 歌声动人　　　　　　B 舞姿优美
    C 长有美丽的羽毛　　　D 比普通鸟飞得高

76. 关于寒号鸟，可以知道什么？
    A 很勤劳　　　　　　　B 十分谦虚
    C 没做过冬的准备　　　D 抢了其他鸟的窝

77. 上文中"得过且过"最可能是什么意思？
    A 要求不高　　　　　　B 努力奋斗
    C 寻找机会　　　　　　D 不太现实

78. 上文主要想告诉我们什么？
    A 绝不能只顾眼前　　　B 要及时总结经验
    C 计划赶不上变化　　　D 要训练观察能力

79-82.

　　一个从小练习芭蕾舞的女孩儿决定考舞蹈学院，并将跳舞作为终生职业。但她很想搞清楚自己是否有这个天分。于是，当一个芭蕾舞团来到女孩儿居住的城市演出时，她跑去见该团团长。

　　女孩儿说："我想成为最出色的芭蕾舞演员，但我不知道自己是否有这个天分。""你跳一段舞给我看。"团长说。5分钟后，团长打断了女孩儿，摇摇头说："你没有这个天分。"

　　女孩儿伤心地回到家，把舞鞋扔到箱底，再也没有穿过。后来，她结婚生子，当了超市的服务员。多年后去看芭蕾舞演出，在剧院门口她又碰到了那个团长。她问："当初你是怎么看出我没天分的呢？""哦，你跳舞时我并没怎么看，我只是对你说了对其他人都会说的话。""啊？"她叫道，"你的话毁了我的生活，我原本能成为最出色的芭蕾舞演员的！""我不这么认为。"团长反驳说："如果真渴望成为一名舞蹈家，你是不会在意我对你所说的话的。"

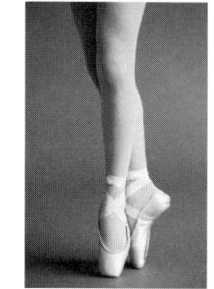

　　人生成与败并非全靠机遇，而是一种选择，我们不能完全依赖别人的安排与帮助，必须凭借自己的努力创造未来。

79. 那个女孩子为什么要去见团长？
    A 想参加演出　　　　　　　B 想得到团长的评价
    C 想给团长一个惊喜　　　　D 希望得到专业指导

80. 听了团长的话后，那个女孩子做了什么决定？
    A 出国留学　　　　　　　　B 离开家乡
    C 放弃了跳舞　　　　　　　D 开了一家超市

81. 那个团长：
    A 很朴素　　　　　　　　　B 善于鼓励人
    C 培养了很多人才　　　　　D 不同意女孩儿的看法

82. 上文主要想告诉我们：
    A 要相信别人　　　　　　　B 要尊重他人
    C 要热心助人　　　　　　　D 人生要自己把握

83-86.

小孩子一般都对游戏很感兴趣，并且渴望父母与自己一起玩儿游戏。不过，陪孩子玩儿也得讲技巧，否则，很难达到理想的效果。

第一，表达对游戏的兴趣。父母在陪孩子玩儿游戏时，要和孩子一样投入、专心，短时间完整的注意力投入，比长时间的敷衍来得更有力量。

第二，积极地倾听。孩子都希望父母注意自己，而且越多越好。倾听会让孩子感受到你对他的关注和爱意，让他更想展现自己。孩子在游戏中所表达的可能有它潜在的涵义，多花些心思去倾听孩子所说的，收获的可能是孩子想对你说却不敢或不知如何开口的心里话。在倾听中，让孩子带领你去看他眼中的世界。

第三，多问开放性的问题。进入孩子的世界，你除了多听，还应开放自己，多问多学。不要假设孩子和你有一样的想法，也不要急着先去表达自己的想法，孩子的想象力常常是我们<u>望尘莫及</u>的。太阳可以是绿的，云可以是黄的，父母有了这样的包容心，孩子更能表现他自己。

第四，遇到问题，试着让孩子自己解决。游戏也是日常生活的缩影，孩子也会遇到问题和困难。父母可能会不自觉地帮他解决问题。其实游戏是孩子学习解决问题的最有效的方法。比如：当孩子搬不动他整箱的积木时，可以问问孩子"怎么办呢"。多些耐心，你可能会和孩子一起享受他打开箱子、搬出积木、解决问题的得意与骄傲。

83. 父母和孩子一起玩儿时，要注意什么？
    A 时间不要太长   B 要认真听孩子说
    C 多帮孩子拍些照片   D 带充足的食物和水

84. 上文中的"望尘莫及"最可能是什么意思？
    A 担心   B 赶不上
    C 不要紧   D 十分羡慕

85. 孩子碰到麻烦时，父母应该：
    A 让孩子立刻解决   B 告诉孩子解决办法
    C 鼓励孩子自己解决   D 让孩子找人合作解决

86. 上文主要讲什么？
    A 游戏的魅力   B 孩子的烦恼
    C 要让孩子玩儿   D 怎样陪孩子玩儿

2 阅 读

第 1 部分

第 46-60 题 请选出正确答案。

46-48.

每个人都会或多或少地遇到各种压力，可是，压力可以是阻力，也可以变为动力，就看自己 _46_ 去面对。当遇到压力时，比较明智的办法是采取积极的态度来面对。实在 _47_ 不了的时候，也不要让自己陷入其中，可以通过看看书、听听音乐等 _48_ ，让心情慢慢放松下来。再重新去面对时，你可能就会发现压力其实也没那么大。

46. A 一旦　　　B 如何　　　C 未必　　　D 随时

47. A 担任　　　B 承认　　　C 对待　　　D 承受

48. A 项目　　　B 因素　　　C 方式　　　D 形势

49-52.

在职业棒球队中，一个击球手的平均命中率是0.25，也就是每4个击球机会中，能打中一次，就可以进入一 _49_ 不错的球队当一个二线队员，而一个平均命中率超过0.3的队员则是响当当的大明星了。

每个赛季结束时，平均成绩 _50_ 0.3的人，除了可以享受到棒球界的最高礼遇外，还会得到很大一笔奖金。是的，伟大的击球手与二线球手之间的差距其实很小，只有1/20。每20个击球机会，二线队员能击中5次，而明星级运动员能击中6次——仅仅是一球之差！ _51_ ，你我都是一名队员，那些明星级运动员与普通二线队员间的差别只有一个球。换言之，从"不错"到"极致" _52_ 只需要一小步。

49. A 支　　　　B 幅　　　　C 片　　　　D 节

50. A 充满　　　 B 达到　　　C 构成　　　D 形成

51. A 虚心使人进步　　　　　B 失误是很难避免的
    C 人生就像一场棒球赛　　D 我们要保持自身的优势

52. A 往往　　　B 再三　　　C 反复　　　D 悄悄

53-56.

　　一天晚上，神突然出现在一个小村子里。村子里的人都满怀希望，_53_ 神带给他们什么宝贝。"你们多捡一些石头，放在你们的袋子里。明天晚上，你们会非常高兴，但也会非常后悔。"神说完，就消失了。_54_ ，他们原以为神能给他们带来一些 _55_ 的东西，但没想到神却让他们去做这样一件没有丝毫意义的事。但是不管怎样，他们还是 _56_ 捡了一些小石头放在袋子里。到了第二天晚上，他们忽然发现昨天放进袋子里的石头竟然都变成了黄金。他们高兴极了，同时也都后悔极了，后悔没有捡更多的石头。

53. A 怀念　　　B 感激　　　C 期待　　　D 企图
54. A 村民们非常好奇　　　　B 村民们显得很兴奋
    C 村民们感到非常失望　　D 村民们突然紧张起来
55. A 周到　　　B 宝贵　　　C 悠久　　　D 发达
56. A 相对　　　B 平均　　　C 各自　　　D 其余

57-60.

　　有两只蚂蚁想翻越一段墙，去墙那头儿 _57_ 食物。一只蚂蚁来到墙脚就毫不犹豫地向上爬去，可是每当它爬到一半儿时，就会由于劳累而摔下来。可是它没有 _58_ ，一次次跌下来，又迅速地调整自己，重新开始向上爬去。

　　另一只蚂蚁观察了一下，决定绕过墙去。很快，这只蚂蚁沿着墙根绕过墙，来到食物前，_59_ ；而第一只蚂蚁还在不停地跌落下去又重新开始。

　　很多时候，成功除了勇敢、坚持不懈外，更需要方向。也许有了一个好的方向后，成功会来得比 _60_ 的更快。

57. A 征求　　　B 寻找　　　C 打听　　　D 询问
58. A 盼望　　　B 操心　　　C 灰心　　　D 吃亏
59. A 闻起来真香　　　　　　B 开始享用起来
    C 不想再前进一步　　　　D 和另一只蚂蚁有了矛盾
60. A 想象　　　B 提倡　　　C 强调　　　D 假装

第 2 部分

第 61-70 题　请选出与试题内容一致的一项。

61. 不要试着改变丈夫或妻子的生活习惯，因为他们已经这样生活二三十年了。正如中国古话所说"江山易改，本性难移"，要他们改变自己，按照你的要求来生活是非常难做到的，你要做的应该是适应对方。

    A　性格决定命运
    B　夫妻间要相互信任
    C　要了解自己的长处
    D　要尊重彼此的生活习惯

62. 俗话说"黄山四季皆胜景，唯有腊冬景更佳"，所以冬天是黄山赏景的最佳时期。冬季到黄山，上山可以赏雪看云海，下山可以泡温泉，再加上沿途的奇松、怪石等景观，使得黄山的冬季之旅别具特色。

    A　黄山四季如春
    B　秋季黄山游客最多
    C　黄山夏季常常能见到彩虹
    D　冬季是黄山旅游的最好时节

63. 研究者对5000多名调查对象的体检结果以及生活、饮食习惯、心理和社会因素问卷调查结果进行分析后发现，情绪是影响人们进食的关键因素。无论男女，情绪化进食均易导致肥胖，而且这一现象在女性中更为普遍。研究还发现，心情抑郁者更容易情绪化进食，且更难坚持体育锻炼，因此更易肥胖。

   A 环境对健康影响很大
   B 男性比女性更容易肥胖
   C 情绪与肥胖程度密切相关
   D 饮食不规律容易引起胃病

64. 有一个著名的理论：人的差别在于业余时间，而一个人的命运决定于晚上8点到10点之间。每晚抽出两个小时的时间用来阅读、思考或参加有意义的演讲、讨论，你会发现，你的人生正在发生改变，坚持数年之后，成功便会向你招手。

   A 人要学会珍惜
   B 好习惯要从小培养
   C 要充分利用业余时间
   D 喜欢读书的人更聪明

65. 紫色和紫红色的土壤，通称为紫色土。紫色土土层浅薄，通常不到50厘米，超过1米者甚少，但却富含钙、磷、钾等微量元素，很是肥沃。四川盆地是中国紫色土壤分布最集中的地区，所以四川盆地又被称为"紫色盆地"。

   A 紫色土土层较厚
   B 紫色土蓄水能力强
   C 紫色土不适合种粮食
   D 紫色土集中分布在四川盆地

66. 有些人总是寄希望于明天，等到明天变成昨天，却说："如果我能重来一次……"太多人被"如果"带走了理想、渴望、荣誉……最终他们一事无成。正确地估计形势，抓住现在，才能有所作为。犹豫一分钟，必将失去60秒。所以，现在就行动吧！

    A　明天会更好
    B　要把握住现在
    C　要记住昨天的教训
    D　理论和实践密不可分

67. 寒潮是一种灾害性天气，人们习惯把它称为寒流。所谓寒潮，就是北方的冷空气大规模地向南侵袭，使气温在24小时内迅速下降8℃以上的天气过程，寒潮过境时，常伴有雨、雪或大风。寒潮一般多发生在冬季、秋末和初春时节。

    A　寒潮不会造成任何危害
    B　寒潮发生时昼夜温差小
    C　寒潮是冷空气南下造成的
    D　人们可以预防寒潮的发生

68. 常言道："男儿有泪不轻弹。"长期以来，人们一直认为，哭泣是胆小、脆弱的表现，尤其对男人更是如此。然而，当我们强忍泪水，听凭痛苦和悲伤伤害身体时，其实是拒绝了一种健康的宣泄方式。流泪是缓解精神负担的有效方法，它可以舒缓情感、释放压力。

    A　男人不应该哭
    B　哭泣的原因有很多种
    C　女人的承受能力较强
    D　适当的哭泣对身体有好处

69. 为了自我保护，树木需要休眠。而越冬休眠时，树木本身也需要养分，为了调节体内平衡，很多树都需要落叶，以减少水分和养分的消耗，储蓄能量，等到条件适宜时再重新长出叶子。而一些松柏类的树木因为叶片像针尖一样，消耗的水分、养分特别少，所以能保持常绿。

A 松柏不需要休眠
B 树木落叶会损失养分
C 树木休眠时不需要养分
D 落叶是树木自我保护的一种方式

70. 人生就是一道又一道的选择题。选对老师，聪明一生；选对朋友，相扶一生；选对爱人，甜蜜一生；选对环境，舒适一生；选对行业，幸福一生。所以，最关键的就是选择一条正确的路去走。

A 人生处处有选择
B 勤奋努力很重要
C 做人要言出必行
D 做事要分轻重缓急

5級第3回

問題

聴力試験・・・・・・・・・・ P.70 ~ P.73
disk2 track 1~4

読解試験・・・・・・・・・・ P.74 ~ P.89

書写試験・・・・・・・・・・ P.90 ~ P.91

1 听力

第 1 部分

第 1-20 题 请选出正确答案。

1. A 考试没通过
   B 手机没信号
   C 电话欠费了
   D 联系不上李老师

2. A 会议取消了
   B 今晚要加班
   C 材料还没打印
   D 感谢大家的帮助

3. A 很时髦
   B 颜色太艳
   C 样式简单
   D 价格合适

4. A 签合同
   B 出席宴会
   C 参观工厂
   D 主持节目

5. A 过敏了
   B 没带驾照
   C 没拿钥匙
   D 忘锁门了

6. A 很清淡
   B 太烫了
   C 不够辣
   D 不太新鲜

7. A 结账
   B 交罚款
   C 开收据
   D 换零钱

8. A 肩膀疼
   B 没做完家务
   C 要去学射击
   D 要去幼儿园接孩子

9. A 堵车了
   B 马上到
   C 随时都可以
   D 这儿不能停车

10. A 买保险
    B 来取包裹
    C 接受采访
    D 去邮局寄信

11. A 正在装修
    B 面积很大
    C 是贷款买的
    D 在单位附近

12. A 餐厅
    B 机场
    C 公寓楼下
    D 高速公路上

13. A 喜欢吃梨
    B 不会划船
    C 拍了很多照片
    D 上周去郊区了

14. A 闹钟太吵
    B 房间太暗
    C 可能没电了
    D 要买充电器

15. A 古典文学
    B 窗帘颜色
    C 服装的年代
    D 电视连续剧

16. A 他们迷路了
    B 饭店没营业
    C 排队的人很多
    D 博物馆今天不开门

17. A 友谊第一
    B 要注意细节
    C 输赢不重要
    D 决赛还没开始

18. A 胃
    B 心脏
    C 嗓子
    D 脖子

19. A 历史较长
    B 保存完整
    C 地理位置好
    D 属于少数民族建筑

20. A 美术作品
    B 设计方案
    C 毕业论文
    D 求职简历

第 2 部分

第 21-45 题 请选出正确答案。

21. A 在读博士
    B 在北京工作
    C 要出国留学
    D 考上大学了

22. A 听广播
    B 浏览网站
    C 听同学说的
    D 老师通知他了

23. A 缺少吸引力
    B 介绍了很多美食
    C 是关于自然科学的
    D 促进了旅游业的发展

24. A 开心
    B 平静
    C 自豪
    D 无奈

25. A 有病毒
    B 显示器坏了
    C 无法下载文件
    D 装不上那个软件

26. A 标点错误
    B 语法问题
    C 语言风格
    D 文章结构

27. A 在准备婚礼
    B 喜欢穿裙子
    C 开了家服装店
    D 经常上网购物

28. A 存款利息
    B 股票价格
    C 商品价格
    D 人民币汇率

29. A 秘书
    B 班主任
    C 服务员
    D 健身教练

30. A 账目管理
    B 业务咨询
    C 数据分析
    D 市场推广

31. A 气温
    B 天气状况
    C 星星的体积
    D 星星与地球的距离

32. A 马上要下雨
    B 夜里会打雷
    C 第二天有彩虹
    D 第二天可能是晴天

33. A 刺激
    B 紧张
    C 浪漫
    D 遗憾

34. A 误导了他
    B 最初他不相信
    C 支持他游上岸
    D 是父亲告诉他的

35. A 要懂得享受人生
    B 要掌握急救知识
    C 要不断挑战自己
    D 要坚持正确的方向

36. A 很休闲
    B 很独特
    C 显得稳重
    D 比较保暖

37. A 让人兴奋
    B 显得年纪小
    C 缓解眼部疲劳
    D 让人觉得亲切

38. A 更愤怒
    B 更活跃
    C 有些不耐烦
    D 容易冷静下来

39. A 怎样安排空余时间
    B 如何提高学习效率
    C 怎样获得别人的肯定
    D 获得成功的经验是什么

40. A 提倡节约
    B 写了很多书
    C 很受学生欢迎
    D 是物理学教授

41. A 要行动起来
    B 要善于观察
    C 永远不要灰心
    D 考虑问题要全面

42. A 关心员工
    B 对员工要求严格
    C 懂得怎样表扬员工
    D 了解员工的优缺点

43. A 做事要专心
    B 要敢于承担责任
    C 每个人都有长处
    D 要选择喜欢的职业

44. A 运气不好
    B 生意失败了
    C 担心的事太多
    D 赚不到更多的钱

45. A 帮助穷人
    B 收养孤儿
    C 投资办学校
    D 去田里劳动

2 阅读

第 1 部分

第 46-60 题：请选出正确答案。

46-48.

　　海水里那么多的盐是从哪儿来的呢？有一种说法是由陆地上的江河带来的。雨水 46 到地面，便向低处汇集，一部分形成小河，流入江河；一部分渗入地下，然后又在其他地段冒出来，最后都流进大海。水在流动 47 中，经过各种土壤和岩层，使其分解出各种盐类物质。这些物质被带进大海，再经过海水的 48 蒸发，海水里盐的浓度就越来越高了。

46. A 降　　　B 倒　　　C 浇　　　D 漏
47. A 趋势　　B 过程　　C 步骤　　D 程序
48. A 不断　　B 纷纷　　C 始终　　D 陆续

49-52.

　　一个优秀的企业总裁被问到:"如果接到一个 49 不合理的退货要求,你的销售员会如何处理?会给这个顾客退货吗?"总裁答道:"我不知道会不会退货,但我知道他一定会以令顾客满意的 50 来解决。"

　　这就是实行文化管理的结果。企业文化的本质是"人性化",在没有规定、没有参考时, 51 。通常情况下,制度只告诉我们不该做什么,只有文化才能够真正告诉我们该做什么。要 52 长久的发展,把企业做大,就必须有长久的动力。这种动力不是金钱、制度、权力所能提供的,只有企业文化形成的价值体才可以。

49. A 临时　　　　B 多余　　　　C 明显　　　　D 必要

50. A 方式　　　　B 理论　　　　C 证据　　　　D 规则

51. A 消费是关键　　　　　　B 现象反映本质
　　C 企业领导者是最重要的　D 文化起着决定性的作用

52. A 传播　　　　B 追求　　　　C 造成　　　　D 流传

83-86.

春秋时期，齐国的国君齐庄公，有一次乘坐马车出去打猎，忽然看见路旁有一只昆虫，正奋力高举起它的两只前臂，挺直了身子，逼向马车车轮，摆出一副要与车轮搏斗的架势。这有趣的场面吸引了齐庄公的注意，他问驾车的人："这是什么虫子？"车夫答道："这是一只螳螂。"齐庄公又问："它为什么挡住我们的马车？"

车夫说："大王，它要和我们的车子搏斗，它不想让我们过去。螳螂这小虫子，只知前进，不知后退，身体小但心却很大，真是不自量力。"

听了车夫的这番话，齐庄公感慨地说道："这小虫子志气不小，它要是人的话，一定会成为受天下人尊敬的勇士。"说完，他吩咐车夫绕道而行，不要伤害螳螂。后来，很多人听说了这个故事，都为齐庄公的做法所感动，一时间，天下英雄纷纷前来投奔，从此齐国日益壮大起来。

人们常说"螳臂挡车，不自量力"。然而我们从另一面来看，螳螂挡车之勇，也实在可赞可叹，这种不畏艰险，敢于抗争的勇气，难道不值得我们学习吗？

83. 齐庄公看到了什么有趣的现象？
- A 马害怕螳螂
- B 两只螳螂在打架
- C 螳螂跳上了马车
- D 螳螂挡在马车前面

84. 齐庄公觉得螳螂：
- A 有志气
- B 很有智慧
- C 非常勤奋
- D 犹豫不决

85. 根据上文，下列哪项正确？
- A 车夫被辞退了
- B 车夫很佩服螳螂
- C 齐庄公取消了打猎计划
- D 齐庄公的做法感动了许多人

86. 最适合做上文标题的是：
- A 艰巨的任务
- B 勇敢的螳螂
- C 三人行必有我师
- D 螳螂捕蝉，黄雀在后

87-90.

　　有研究人员曾对毕业照进行了专门的研究，他们收集了5000张初中和高中全班同学的毕业合影，从中确定了50000人。经过长达41年的跟踪调查，研究人员发现：从总体上看，那些面带善意微笑的学生，到中年后他们的事业成功率和生活幸福程度，都远远高于那些面部表情不好、郁郁寡欢的人。

　　没错，微笑能预知你的成功。看看我们的周围，那些愈是愁眉苦脸、牢骚满腹的人，愈是生活得不尽如人意，与成功无缘。相反，那些总是面带微笑的人，似乎好运特别喜欢跟着他们，不管他们的事业还是生活，都比旁人要成功。

　　为什么？原因很简单，脸上的表情往往反映了一个人的心态。有什么样的心态，往往就有什么样的现在和未来。当一个人以微笑的姿态面对生活，他便拥有了积极的心态，这不仅能让自身的知识和能力得到最优化的发挥，充满自信地面对各种挫折，还能让他的人际关系变得越来越融洽，从而在人生道路上形成良性循环，走出一片广阔的天地。

　　微笑的人并非没有失败、没有痛苦，只是他们勇于面对生命中的起起伏伏，将目光更多地停留在生活美好的一面上。如果一味苛求，怨天尤人，愁苦只会越来越多。给生活一个真诚的微笑，才能拥抱整个世界。这正如一位科学家说的："微笑对于一切痛苦都有超然的力量，甚至能改变人的一生。"

87. 根据第1段，下列哪项正确？
    A 调查只针对初中生　　　　　B 研究持续了好几年
    C 微笑有助于身体健康　　　　D 喜欢微笑的人幸福感更强

88. 第2段中的"不尽如人意"是什么意思？
    A 完全没想到　　　　　　　　B 不能使人满意
    C 否定别人的想法　　　　　　D 不能理解别人的意思

89. 根据上文，面部表情：
    A 很难控制　　　　　　　　　B 容易被忽视
    C 不一定真实　　　　　　　　D 能反映人的心态

90. 上文主要讲的是：
    A 微笑的积极作用　　　　　　B 身体语言的秘密
    C 怎样改善人际关系　　　　　D 如何调整工作节奏

3 书 写

第1部分

第91-98题 完成句子。

例如：发表　这篇论文　什么时候　是　的

这篇论文是什么时候发表的？

91. 他的　片面　观点　有些

92. 三瓶　桌子上　矿泉水　摆着

93. 他　紧急情况　处理　善于

94. 突然　雪花　傍晚时天空中　飘起了

95. 鸽子　和平的　是　象征

96. 我　被　摔坏了　数码相机

97. 为　投资的事情　发愁　吗　你还在

98. 会举行　庆祝活动　大规模的　国庆节期间

第2部分

第 99-100 题　写短文。

99. 请结合下列词语（要全部使用，顺序不分先后），写一篇80字左右的短文。

    宿舍　陌生　沟通　适应　心情

100. 请结合这张图片写一篇80字左右的短文。

33. A 摔倒了
    B 气球破了
    C 气球飞走了
    D 找不到妈妈

34. A 重新买一个
    B 气球长大了
    C 气球回家了
    D 带孩子去游乐场

35. A 很孝顺
    B 善于安慰孩子
    C 是幼儿园老师
    D 不懂孩子的想法

36. A 自己去敲门
    B 通过朋友介绍
    C 聚会时认识的
    D 打排球时认识的

37. A 一般
    B 很愉快
    C 有许多矛盾
    D 依然很陌生

38. A 要主动沟通
    B 不能骄傲自满
    C 要多赞美别人
    D 避免犯同样的错误

39. A 只有一条
    B 是高速公路
    C 没有目的地
    D 要一步一步走

40. A 不耐烦
    B 充满希望
    C 犹豫不决
    D 特别后悔

41. A 要有个性
    B 要有怀疑精神
    C 人生要有目标
    D 不要逃避责任

42. A 促使我们进步
    B 给我们好的建议
    C 让我们不再孤单
    D 让我们失去信心

43. A 要公平竞争
    B 人生需要敌人
    C 成长离不开朋友
    D 失败是成功之母

44. A 不够幽默
    B 语速太快
    C 声音有些低
    D 显得很严肃

45. A 参加了比赛
    B 不想做教练
    C 担任解说嘉宾
    D 没出席开幕式

2 阅读

第 1 部分

第 46-60 题 请选出正确答案。

46-48.

空气，阳光，还有爱和亲情，这些看似普通而平常的东西，正是因为平时我们得之容易，所以常常被我们 __46__ ，而它们一旦从我们身边溜走，我们才会恍然醒悟，这些看似平常的东西，它的重要性不知要比金钱高出多少 __47__ 。所以，我们有 __48__ 学会辨别，学会选择，学会取舍，要清楚什么才是我们真正需要的东西。

46. A 执行　　　B 忽视　　　C 称赞　　　D 争取

47. A 幅　　　　B 克　　　　C 批　　　　D 倍

48. A 原则　　　B 必要　　　C 权利　　　D 价值

49-52.

写小说的人总是害怕重复，为了不重复自己的作品，创作的时间一次比一次长。但是生活不同于写小说，有时候， __49__ ，每天跟自己喜欢的人在一起，常常跟他一起去旅行，重复同一个承诺和梦想，听他 __50__ 次提起童年往事，每年的同一天和他 __51__ 生日，每年的情人节、除夕也和他共度。我们所谓的幸福不正是重复地做同一件事情吗？甚至连吵架也是重复的，为了一些琐事吵架，冷战，然后疯狂思念 __52__ ，最后和好。我们不是一直在重复做着这些相似的事情，然后相信这就是幸福吗？

49. A 重复也是种幸福　　　　　B 生活不能总是冒险
　　C 要坚持自己的理想　　　　D 写小说需要的是想象力

50. A 反复　　　B 过分　　　C 无数　　　D 多余

51. A 从事　　　B 庆祝　　　C 参与　　　D 告别

52. A 个人　　　B 双方　　　C 对手　　　D 对方

53-56.

有一位农夫，日出而作，日落而息。辛勤耕作于田间，日子过得虽说不上富裕，53 也和美快乐。

一天晚上，农夫做了个梦，梦见自己得到了18块儿金子。 54 ，第二天，农夫在自己的地里竟然真的挖到了一块儿金子，他的家人和亲友都为此感到高兴不已，可农夫却闷闷不乐，整天心事重重。别人问他："你已经得到了一块儿金子，还有什么不满意的呢？"农夫回答："我在想， 55 17块儿金子到哪儿去了？"

得到了一块儿金子，却 56 了生活的快乐。看来，有时真正的快乐和金钱无关。

53. A 倒　　　　B 趁　　　　C 便　　　　D 则

54. A 说来也巧　　　　　　B 讽刺的是
    C 让人遗憾的是　　　　D 简直是开玩笑

55. A 难怪　　　B 另外　　　C 格外　　　D 总共

56. A 导致　　　B 缩小　　　C 抓紧　　　D 失去

57-60.

有位老板在一家酒楼请客。已经到点了,只到了三个人。老板心里很着急,自言自语地念叨着:"该来的怎么还没来?"三个人中有一人听他这么一说,很生气,站起来皱着眉头就走了。老板一看有人走了,更加着急,对 57 两人说:"咳,不该走的又走了。"这两个人一听也皱起了眉头,其中一人也站起来走了。老板一看越发着急,对剩下的那个人说:" 58 。"第三位客人一听这话,也站起来 59 走了。

这位老板因为说话不中听,把请客变成了逐客,把客人都 60 跑了。

57. A 此外　　B 其余　　C 彼此　　D 各自

58. A 他去洗手间了　　　　B 我们等得太久了
    C 你再让我考虑一下　　D 你看,我又不是说他

59. A 暗暗　　B 匆匆　　C 纷纷　　D 渐渐

60. A 追　　B 赶　　C 催　　D 拦

第 2 部分

第 61-70 题 请选出与试题内容一致的一项。

61. 北京的秋天冷暖宜人，是出游休闲的大好时节。只是在春、夏、秋、冬四季中，秋季最短，平均只有52天，有的年份甚至短到只有27天。所以，到了利用好天气抓紧出游的时候了。

   A 现在是秋季
   B 秋季风沙大
   C 秋季温差大
   D 北京的秋天很长

62. 我们很重视语言沟通，其实，在我们开口之前，身体就已经传递了很多信息。第一次见面的人，对你的印象55%是来自你的外表和身体语言，38%来自你的说话方式，只有7%来自你所说的话。

   A 沉默是金
   B 言行应一致
   C 少说话，多做事
   D 身体语言能表达很多信息

63. 工作和生活压力过大，作息不规律等，会导致睡眠质量下降，进而产生黑眼圈。专家提醒，与其不断换用各种产品遮盖黑眼圈，不如尝试改善睡眠，调理饮食，这样，黑眼圈的问题才能得到很好的解决。

   A 黑眼圈与睡眠质量有关
   B 黑眼圈是一种过敏现象
   C 出现黑眼圈意味着年纪大了
   D 解决黑眼圈问题需要多运动

64. "一方水土养一方人"是一句俗语，比喻一定的环境会造就一定的人才。每个地区的水土环境、人文环境都不相同，人们的生活方式、风俗习惯和思想观念也就随之而改变。生活在同一个环境中的人，性格也会很相似，从而带有一种地域的独特性。

   A 要保护环境
   B 心情容易受天气影响
   C 同一环境下的人有共同点
   D 不同地区的经济状况差别很大

65. 提起青岛，很多人想到的是美丽的大海、金色的沙滩、美味的海鲜、清凉的啤酒，很少有人提起青岛的街。然而来到青岛，青岛的街一定会给你留下深刻的印象。青岛依山傍海，没有一条路是正南或是正北的，在青岛问路，当地人不会告诉你往东走或是往北走，只会告诉你应该到第几个路口往左拐或往右拐。

   A 青岛人很热情
   B 青岛街道笔直
   C 青岛的公交很发达
   D 青岛的街道很有特色

66. 滑雪者都想轻松愉快地顺着山坡往下滑行，但想要拥有这个过程就必须先登上山顶。我们的心理状况也是这样：为了最终能朝正确的方向前进，有必要先往相反的方向走一段；为了拥有更长久的快乐，有时也需要承受一定的悲伤。所以，如果你的心情正处在幽暗的境地，千万不要放弃，因为爬上山顶就可以迎来愉悦的新生活。

   A 要学会放松
   B 细节决定成败
   C 期望越大失望越大
   D 面对困难不应放弃

67. 筒车是一种以水流做动力取水浇田的工具，也称为"水转筒车"。据史料记载，筒车发明于隋而盛于唐，距今已有1000多年的历史。这种靠水力自动的古老筒车是中国古人的发明，在各地山间、溪流间构成了一幅幅古老的田园春色图。

    A 筒车发明于唐代
    B 筒车以水流做动力
    C 筒车可以用来发电
    D 筒车是一种运输工具

68. 长期以来，人们一说起懒惰就深恶痛绝。其实，"懒"从某种角度来说，既能成为一种创造的动力，还能提高生产效率。人正是懒得推磨，才发明了风车；懒得走路，才发明了汽车。巧于懒惰的人，身上常常闪烁着创造的火花。

    A 勤能补拙
    B 傻人有傻福
    C 懒人更容易满足
    D 懒可以成为创造的动力

69. 许多人做事常常半途而废，其实，只要再多花一点点力气，再坚持一点点时间，就会胜利。人们之所以容易放弃，主要是因为缺乏毅力。在你遇到困难想放弃时，别忘了提醒自己：人生就像四季的变迁，此刻只不过是人生的冬季而已。冬天来了，春天还会远吗？

    A 坚持就是胜利
    B 要从小事做起
    C 要尽力帮助别人
    D 做事情不能太固执

31

70. 琉璃厂大街位于北京和平门外，是北京著名的文化街。它形成于清代，当时各地来京参加科举考试的举人大多集中住在这一带，因此在这里出售书籍和笔墨纸砚的店铺较多，形成了较浓的文化氛围。今天，这里有许多经营古玩字画的店铺，很多来京旅游的人都要到这里逛逛。

A 琉璃厂有许多著名大学
B 知道琉璃厂的人越来越少
C 琉璃厂大街是一条美食街
D 有很多人去琉璃厂大街游玩儿

第1回

第 3 部分

第 71-90 题 请选出正确答案。

71-74.

有一位出版社的朋友，每次出门见人之前都要先研究一下对方的星座，这样她可以将对方迅速地进行归类，并把对方引向她熟悉的语言环境中。还有一些朋友，喜欢询问别人毕业于哪所大学、兴趣和爱好是什么，在这些问题中，通常能够找到和对方有共同语言的话题。一旦找到，似乎距离又拉近了很多。

我的一位老乡，每次见人最先询问的一个问题，就是对方的老家在哪里。基于他对各地人性格特点的研究，这个问题可以立刻引发一些可以谈论的话题。如果碰巧和别人是同乡，那亲热的感觉，恨不得马上称兄道弟。

这些都是迅速和人拉近距离的方法，拥有这些习惯的人，通常能够迅速与人建立良好的关系。在心理学上，这就叫"名片效应"，就是说两个人在交往时，如果首先表明自己在某一方面与对方的态度、价值观、兴趣点相同，就会使对方感觉到你与他有更多的相似性，从而迅速缩小与你的心理距离。

87-90.

甲、乙二人约定时间于某展览馆入口处相见，一同参观展览。甲按时到达；乙在路上遇到一位故友，寒暄了一阵儿，赶到约定地点时，迟到了半小时。乙说："抱歉！迟到了一会儿。"甲说："我等老半天了，腿都站酸了。'一会儿'，一会儿有多久？"乙说："最多不到10分钟。"甲说："起码一小时。"

客观时间是半小时，乙估计"最多不到10分钟"，甲估计"起码一小时"，是甲有意夸大、乙有意缩小吗？不，他们说的都是自己内心体验的实话。那么为什么会有这种现象呢？这就是时间知觉的特点：相对主观性。

在同样一段时间里，人们为什么会有长短不同的感觉呢？这首先是因为人们所参与的活动的内容影响着人们对时间的估计。在上面的事例中，甲干等着，腿都站酸了，乙与故友久别重逢，寒暄说话。一个活动内容枯燥，一个活动热烈有趣，难免造成时间知觉上的差异。其次，情绪和态度影响人对时间的估计，这正如人们常说的"欢乐恨时短""寂寞嫌时长""光阴似箭""度日如年"等。总之，心理学研究发现，有许多因素影响人们对时间的知觉。实际上，客观时间并不会因为人们的主观感觉而变快或变慢。然而人们却可以运用心理学知识，掌握时间错觉，利用时间错觉，使某些实践活动产生特殊的心理效应。

87. 根据第1段，可以知道什么？
    A 甲准时到了   B 乙取消了约会
    C 甲等了一个小时   D 乙迟到了10分钟

88. 为什么甲觉得时间特别长？
    A 腿受伤了   B 没戴手表
    C 他喜欢夸大事实   D 等待让人觉得无聊

89. "欢乐恨时短"说明：
    A 时间是短暂的   B 要乐观面对生活
    C 要合理分配时间   D 情绪影响人们的感受

90. 上文主要想告诉我们：
    A 要珍惜时间   B 生命在于运动
    C 时间不会因人而异   D 时间具有相对主观性

3 书写

第1部分

第91-98题 完成句子。

例如：发表　　这篇论文　　什么时候　　是　　的

　　　这篇论文是什么时候发表的？

91. 这次展览　　特别大　　的　　规模

92. 有些数据　　删除了　　已经　　被

93. 项目　　相当　　顺利　　进行得

94. 很　　有研究　　她对　　古典　　文学

95. 请　　振动状态　　将手机　　调成

96. 放在　　信封里　　了　　我把收据

97. 出色　　他们双方的　　都　　表现　　很

98. 涨了　　近一倍　　价格　　丝绸的

第 2 部分

第 99-100 题　写短文。

99. 请结合下列词语（要全部使用，顺序不分先后），写一篇80字左右的短文。

　　烦恼　灰心　面对　交流　建议

100. 请结合这张图片写一篇80字左右的短文。

5級第2回 問題

聴力試験・・・・・・・・・・ P.48～P.51
disk1 track 5～8

読解試験・・・・・・・・・・ P.52～P.65

書写試験・・・・・・・・・・ P.66～P.67

1 听 力

第 1 部分

第 1-20 题　请选出正确答案。

1. A 晒黑了
   B 过敏了
   C 失眠了
   D 后悔了

2. A 酒吧
   B 机场
   C 邮局
   D 火车站

3. A 女的在问路
   B 男的迷路了
   C 他们在划船
   D 他们走错方向了

4. A 在实习
   B 论文没写完
   C 做过志愿者
   D 在办出国手续

5. A 硬盘摔坏了
   B 软件升级了
   C 电脑中毒了
   D 手机没信号

6. A 想辞职
   B 是新来的
   C 表现出色
   D 负责产品宣传

7. A 戒指太贵
   B 房子没装修
   C 婚礼很豪华
   D 男的9月中旬结婚

8. A 吃饱了
   B 减肥很成功
   C 现在不想吃肉
   D 吃蔬菜更健康

9. A 是华裔
   B 会弹钢琴
   C 对人热情
   D 物理很好

10. A 水洒了
    B 没带伞
    C 没关窗户
    D 衣服湿了

11. A 不够活泼
    B 动画效果差
    C 内容不丰富
    D 图片不吸引人

12. A 看广告
    B 通过中介
    C 朋友介绍
    D 亲自找房东

13. A 缺少设备
    B 计划通过了
    C 资金到账了
    D 要抓住机会

14. A 会议取消了
    B 比赛还没结束
    C 他们在打排球
    D 考试时间推迟了

15. A 想散步
    B 想现在下车
    C 前面堵车了
    D 没拿到驾照

16. A 需要运气
    B 要认真仔细
    C 要符合所学专业
    D 收入不是最关键的

17. A 退票
    B 存包
    C 买零食
    D 买矿泉水

18. A 东西送错了
    B 收据不见了
    C 男的没带名片
    D 女的收到包裹了

19. A 设置密码
    B 修改地址
    C 确认数量
    D 下载文件

20. A 预期目标
    B 指导原则
    C 最终成果
    D 适用对象

第 2 部分

第 21-45 题 请选出正确答案。

21. A 有点儿薄
    B 价格太高
    C 很难清洗
    D 颜色不合适

22. A 很苗条
    B 经常咳嗽
    C 动作灵活
    D 打算坚持锻炼

23. A 秘书
    B 律师
    C 设计师
    D 摄影师

24. A 想贷款
    B 预订会场
    C 取消订餐
    D 表示抱歉

25. A 买保险
    B 买股票
    C 办签证
    D 办执照

26. A 要去留学
    B 想多陪陪家人
    C 想专心写小说
    D 不喜欢现在的老板

27. A 整体不错
    B 结构有问题
    C 不需要修改
    D 可以发表了

28. A 文件丢了
    B 王会计请假了
    C 班主任迟到了
    D 合同要重新做

29. A 男的在结账
    B 优惠券过期了
    C 酒店今天不营业
    D 女的忘了开发票

30. A 胶水用完了
    B 照片可以打印
    C 简历信息不完整
    D 照片大小可以调整

31. A 合影
    B 签名
    C 拍电影
    D 采访他的家人

32. A 穿得很朴素
    B 拿过很多奖
    C 不希望家人被打扰
    D 没理解记者的意思

50

33. A 非常骄傲
    B 很容易遇到
    C 可以成为师友
    D 喜欢回忆过去

34. A 他们喜欢骗人
    B 他们脾气不好
    C 他们要求太多
    D 他们会伤害我们

35. A 多接触
    B 和平相处
    C 保持距离
    D 公平竞争

36. A 是同学
    B 很佩服对方
    C 是多年的邻居
    D 以前关系不太好

37. A 获得了升职机会
    B 接受了经理的建议
    C 听到了别人的赞美
    D 发现了自己的不足

38. A 很乐观
    B 十分幽默
    C 是工程师
    D 巧妙地解决了矛盾

39. A 买救生圈
    B 到海里去
    C 先学抓鱼
    D 做准备活动

40. A 胳膊受伤了
    B 想换个教练
    C 担心海水太冷
    D 最终也没学会游泳

41. A 要勇于实践
    B 学游泳需要耐心
    C 要不断完善自己
    D 一切从实际出发

42. A 关注你
    B 怀疑你
    C 在考虑你的请求
    D 对话题不感兴趣

43. A 谈判的艺术
    B 怎样说服对方
    C 如何取得别人的信任
    D 眼睛在交流中的作用

44. A 很谨慎
    B 年纪最大
    C 技术不熟练
    D 未被公司录取

45. A 安全第一
    B 目标要明确
    C 别急于下结论
    D 不要过分追求完美

第 3 部分

第 71-90 题 请选出正确答案。

71-74.

春天,南雁北归。我们会在天空中看到大雁或者排成"一"字,或者排成"人"字,结伴而行。它们这样飞行,是因为编队能够发挥"空气动力学"的作用,在消耗相同能量的条件下,一只大雁随一群大雁排队飞行,能比它单独飞行多飞70%的路程。这就是团队的力量。

但是团队力量讲求的是组成团队的每一个单元都尽心尽力,而不是等团队创造出成绩后自己去捡便宜。试想如果每只大雁都消极怠工,不奋力飞行,那么"一"字形、"人"字形的队形恐怕难以形成,也不会产生协同效应。只有每只大雁在自己的位置上认真飞行,尽职尽责,整个团队才能飞得更高、飞得更远。

71. 大雁编队飞行主要是为了:
   A 更省力　　　　　　B 避免走错路
   C 便于发现天敌　　　D 可以相互取暖

72. 第2段中的"消极怠工"最可能是什么意思?
   A 看问题悲观　　　　B 不重视细节
   C 不积极工作　　　　D 妨碍别人工作

73. 根据上文,下列哪项正确?
   A 幼雁飞在最前面　　B 大雁很关心同伴
   C 大雁很爱惜羽毛　　D 大雁的队形很科学

74. 上文主要想告诉我们:
   A 团结力量大　　　　B 距离产生美
   C 经验要慢慢积累　　D 要勇敢面对困难

75-78.

　　一个沿街流浪的乞丐每天总在想，假如我手里有几万块钱就好了。一天，这个乞丐无意中发现了一只跑丢的小狗，乞丐觉得小狗很可爱，便把它抱回了自己住的地方。

　　这只狗的主人是当地有名的大富翁。这位富翁丢失爱犬后十分着急，于是便在当地遍发寻狗启事："如有找到者，请速归还，酬金两万元。"

　　第二天，乞丐沿街行乞时，看到了这则启事，便迫不及待地抱着小狗去领那两万元酬金，可当他抱着小狗又路过贴启事的地方时，他发现启事上的酬金已变成了3万元。原来，大富翁找不到狗，又把酬金提高到了3万元。

　　乞丐几乎不敢相信自己的眼睛，向前的脚步突然间停了下来，想了想又转身将狗抱回去了。第三天，酬金果然又涨了，第四天又涨了，直到第七天，酬金涨到了让人们都感到惊讶时，乞丐这才跑回去抱狗。可没想到的是，那只可爱的小狗已被饿死了。

　　很多东西并不是我们无缘得到，而是我们的期望太高，往往在刚要接近一个目标时，又会突然转向另一个更高的目标，到头来一无所得。

75. 富翁丢狗后：
　　A 非常生气　　　　　　B 假装不知道
　　C 花重金寻找　　　　　D 请警察帮忙

76. 为什么乞丐没有立即归还那只狗？
　　A 小狗跑掉了　　　　　B 他非常喜欢那只狗
　　C 他想得到更多的酬金　D 他怕富翁舍不得付钱

77. 根据上文，下列哪项正确？
　　A 小狗很调皮　　　　　B 乞丐很有爱心
　　C 富翁很感激乞丐　　　D 乞丐没得到一分钱

78. 上文主要想告诉我们什么？
　　A 要乐于助人　　　　　B 要学会满足
　　C 钱多不一定幸福　　　D 得不到的才是最好的

79-82.

一位诗人写了不少的诗，也有了一定的名气，可是，他还有相当一部分诗没有发表，也无人欣赏。为此，诗人很苦恼。诗人有位朋友，是位智者。一天，诗人向智者说了自己的苦恼。智者笑了，指着窗外一株茂盛的植物说："你看，那是什么花？"诗人看了一眼说："夜来香。""对，这夜来香只在夜晚开放，夜晚开花，并无人注意，它开花，只是为了取悦自己。"诗人吃了一惊："取悦自己？"智者笑道："白天开放的花，都是为了引人注目，得到赞赏。而这夜来香，在无人欣赏的情况下，依然开放，它只是为了让自己快乐。一个人，难道还不如一株植物？"

许多人，总是把让自己快乐的钥匙交给别人，自己所做的一切，都是在做给别人看，让别人来赞赏，仿佛只有这样才能快乐起来。其实，人不是活给别人看的，而是应为自己而活。

79. 诗人为什么苦恼？
    A 稿费太少了 B 朋友不理解他
    C 很多诗没人欣赏 D 不懂养花的技巧

80. 关于夜来香，可以知道什么？
    A 夜晚开花 B 是一种香料
    C 只开花不结果 D 在野外很常见

81. 上文中"取悦自己"的意思是：
    A 责备自己 B 让自己开心
    C 发现自己的优点 D 让自己变得坚强

82. 最适合做上文标题的是：
    A 窗外的绿叶 B 诗人的花园
    C 夜来香的快乐 D 月光下的故事

83-86.

商人和儿子赶着驴去集市上买东西。

刚走出不远,便有人冲他们喊:"你们傻不傻啊?有驴不骑却走路。"商人一听有理,连忙让儿子骑上了驴,自己则跟在后面。

没过多久,他们遇上一位老人,老人见此情景,叹息道:"唉,年轻力壮的儿子骑着驴,却让自己的老父亲走着,真是不孝啊!"商人一听这话也有理,便让儿子下来,自己骑到了驴上。

又走出两三里地,一个妇女很奇怪地问商人:"你怎么能自己骑驴,让你的儿子跟在后面走呢?"听了妇女的话,商人觉得委屈极了,但为了不让别人再笑话自己,他立刻把儿子也抱到了驴背上。

谁知刚走几步,又有一个人大声地问他们:"朋友,这头驴不是你的吧?""是我的啊,怎么了?"商人惊讶地反问。"既然是你自己的驴,你干嘛要这么折腾它呢?你看它都快被你们压死了!""那你说我们该怎么办呢?"没了主意的商人问那个人。那人开玩笑道:"你们应该抬着它走才对!""这可真是个好办法!"商人大喜过望,就和儿子抬着驴继续赶路。

但没走出一里地,他们俩便都累得筋疲力尽了。当他们停下来休息时,却发现后面跟着一群看热闹的人,其中有些人还唧唧喳喳地说:"真是两个大傻瓜!""我怎样做你们才肯满意!"商人委屈至极。

正所谓"众口难调",如果有谁妄想做到"人人都满意",他只会遭遇一种结果——自己过得不开心,周围人也都不满意。

83. 根据第3段，那个老人：
    A 摔倒了   B 很小气
    C 想买驴子   D 认为商人的儿子不孝顺

84. 那个妇女觉得商人：
    A 太狡猾   B 很勤劳
    C 十分自私   D 非常善良

85. 为什么有人怀疑这头驴不是商人的？
    A 驴的售价很低   B 商人抬着驴走
    C 父子俩都骑在驴上   D 驴好几天没吃东西了

86. 上文主要想告诉我们：
    A 考虑问题要全面   B 要坚持自己的想法
    C 要照顾别人的感受   D 要有丰富的想象力

87-90.

自信是孩子成长过程中必不可少的基本元素。尊重、鼓励与赞许是对孩子最大的信任,是培养孩子自信心的前提。

父母要尊重孩子的选择、感情与意见,并在行动中帮助他们建立自信心。父母应该从多方面来关心了解他们,对其爱好和所提的问题甚至他们的朋友,都应该表示感兴趣。要通过间接的方式使孩子认识到自己的不足,同时要使孩子在融洽的家庭气氛中,体验到自己的意见已受到尊重。

当孩子试图去解决一个问题或完成一项任务如洗衣服、打扫卫生时,千万不要干涉他们,如说"这件事你干不了"等。干涉往往表示一种暗含的批评。当孩子遇到困难时,父母应引导他们冷静分析,鼓励他们去勇敢地尝试,不要训斥、讽刺或说什么"你怎么这么笨"等会刺伤孩子自尊的话。总说这种话会导致孩子低估自己的能力,逐渐变得胆小、自卑和依赖他人。当孩子请求帮助时,父母也不要包办代替,而应该表示相信孩子的能力。同时,父母也可以用建议的形式提出意见。

当孩子完成某项任务并获得成功时,父母应及时给予表扬与赞许,使他们从中体会到成功的喜悦。有一位父亲,发现自己的女儿学习虽不是很好,却非常爱下棋,且经常战胜成年人。于是,他抓住孩子的这一长处,指出其棋艺高超是努力的结果,启发她将这种精神运用到学习和其他活动中,这对于培养孩子在其他活动中的自信心同样具有积极的作用。

87. 对于孩子的缺点,父母应该:
    A 严厉批评   B 间接指出
    C 与老师沟通   D 咨询心理专家

88. 当孩子试着去完成某项任务时,父母:
    A 应鼓励他们去做   B 告诉他们自己的经验
    C 要帮助孩子一起完成   D 应适当增加任务难度

89. 第4段举那位父亲的例子主要是为了说明:
    A 表扬的作用   B 有效沟通的重要性
    C 尊重孩子的必要性   D 发展课外兴趣的好处

90. 上文主要谈什么?
    A 怎样同孩子交朋友   B 怎样提高孩子的成绩
    C 如何让孩子学会独立   D 如何培养孩子的自信心

3 书 写

第 1 部分

第 91-98 题 完成句子。

例如：发表　　这篇论文　　什么时候　　是　　的

这篇论文是什么时候发表的？

91. 方案　　很详细　　设计　　得

92. 每天可以　　1000名顾客　　接待　　这个餐厅

93. 夫妻　　上年纪的　　一对　　隔壁　　住着

94. 她　　已经10年　　出版工作　　从事　　了

95. 为　　不要　　自己的错误　　找借口

96. 不可再生　　煤　　一种　　是　　能源

97. 大家　　叫他　　都　　胆小鬼　　难怪

98. 一批　　那家工厂　　购买了　　新设备

第2部分

第 99-100 题　写短文。

99. 请结合下列词语（要全部使用，顺序不分先后），写一篇80字左右的短文。

    聚会　碰见　开心　曾经　改变

100. 请结合这张图片写一篇80字左右的短文。

53-56.

老师在讲课前让学生做一个数字游戏。老师说:"1乘1,乘10次,答案是多少?"学生们异口同声地答道:"1。"

老师说:"很好,那1.1乘1.1,乘10次呢?"

学生们有的猜1.2,有的猜2.1……正确的答案却是2.85。老师又说:"0.9乘0.9,乘10次,答案又会是多少?"老师提醒道:"为了让你们的印象更 53 ,我建议你们 54 算一下。"一个学生很快就算出来了,答案是0.31。

的确,虽然只差小小的0.1,但多次相乘后的结果却相差很大。 55 ,小事积累起来就可能变成一个很大的问题,差距就是这样 56 的。

53. A 深刻　　　B 充分　　　C 均匀　　　D 广泛

54. A 简直　　　B 毕竟　　　C 亲自　　　D 逐步

55. A 唯一的办法是　　　　　B 生活中也是这样
　　C 至于结果是否准确　　　D 一旦发生了这样的事

56. A 产生　　　B 成为　　　C 到达　　　D 促进

57-60.

有位著名收藏家，他总是能淘到别人淘不到的古董。有人问他秘诀在哪里，他说，秘诀只有两个字——让利。他在遇到自己中意的古董时，也会砍价，但不会大砍，更不会砍到让卖者无钱可赚的 57 。恰恰相反，他会根据自己专业的判断，在得出一个合理价格的基础上，再 58 加一些，让对方多赚一点儿钱。

如此一来，卖古董的人就会觉得他好说话，和他做买卖不但不会 59 ，反而还能多赚一些。所以，当他们手里再有其他古董和宝贝时， 60 ，请他先看，他不要了，再去找其他买家。这就是这位收藏家总能先人一步，占领先机的秘诀。

57. A 原则　　　B 角度　　　C 程度　　　D 比例

58. A 急忙　　　B 主动　　　C 迫切　　　D 全面

59. A 缩小　　　B 吃亏　　　C 赔偿　　　D 耽误

60. A 就高价卖给他　　　　B 就向朋友推荐
　　C 便自己躲藏起来　　　D 就会首先联系他

第2部分

第61-70题 请选出与试题内容一致的一项。

61. 绿茶，是中国的主要茶类，产自江苏、浙江、福建等省。因未经发酵，而较多地保留了鲜叶中的营养成分。绿茶中的这些营养成分，具有杀菌、消炎、防衰老以及防癌、抗癌等特殊功效。

   A 绿茶不易保存
   B 夏天喝绿茶最好
   C 绿茶不宜每天饮用
   D 绿茶含有丰富的营养成分

62. 《汉书》是中国古代一部重要的史书，与《史记》《后汉书》《三国志》并称为"前四史"。这部著作由东汉历史学家班固编写，全书共80万字，主要记述了西汉时期200多年的历史，对后世影响深远。

   A 《汉书》已经失传了
   B 《汉书》是一部小说
   C 《汉书》记述了西汉的历史
   D 《汉书》是班固早期的代表作

63. 小孩子总是需要人照顾的，但是他们在给家庭带来麻烦的同时，也带来了快乐和幸福。所以有人说，有了孩子以后，生活是痛并快乐着的，而且快乐远远多于痛苦。

   A 要多和孩子交流
   B 要尊重孩子的选择
   C 孩子比成人更容易满足
   D 孩子能给家庭带来欢乐

64. 无论你的收入是多少，请记得分成5份进行投资：增加对身体的投资，保证你的健康；增加对社交的投资，扩大你的人脉；增加对学习的投资，增强你的自信；增加对旅游的投资，丰富你的见闻；增加对未来的投资，提高你的收益。好好规划落实，你将发现你的人生会越来越精彩。

    A 投资有风险
    B 要合理分配收入
    C 要充分利用资源
    D 钱多不一定幸福

65. 植物的年轮既可以反映植物的生长状况，又可以反映环境条件的变化。当气温、水分等条件较好的时候，如春季和夏季，植物生长较快，形成的纹路就比较稀疏，颜色较浅；当气温、水分等条件比较恶劣的时候，如秋季和冬季，形成的纹路就较密，颜色较深。

    A 夏季植物生长较慢
    B 秋季年轮比较稀疏
    C 年轮颜色与季节无关
    D 年轮可以反映外部环境

66. 博格达峰是天山山脉东段最高的山峰，这里的积雪终年不化，人们叫它"雪海"。在博格达峰的山腰上，有一个名叫天池的湖泊，海拔有1900多米，深约百米，池中的水由冰雪融化而成，清澈透明，像一面大镜子。洁白的雪峰，翠绿的云杉树倒映湖中，如诗如画，令游客神往。

    A 天池位于天山脚下
    B 雪海是天池的别称
    C 天池的水非常清澈
    D 博格达峰在天山西部

67. 在古代，月亮对于人们来说是极为神秘的，因此出现了很多有关月亮的神话，如"嫦娥奔月""天狗食月"等，与月亮有关的文学作品也数不胜数。与此同时，人们还给月亮起了很多美丽的名字，如"银盘""玉弓"等。

   A 月亮是爱情的象征
   B 很多文学作品与月亮有关
   C 满月可以给人们带来好运
   D 人们根据月亮的圆缺来判断天气

68. 有些时候，我们很难一帆风顺地把事情做好。在这种情况下，我们或选择等待，或寻求合作。就像飞机能够在两点之间直飞，但如果前面有个大气流，飞机也只能绕过大气流飞行。我们做事情时，也会碰到很多困难和障碍，这个时候我们不一定要硬闯过去，我们可以选择其他途径，也许这样做反而会更加顺利。

   A 要学会赞美别人
   B 要理论联系实际
   C 绕行也是一种解决办法
   D 要虚心接受他人的意见

69. 1905年，中国第一部电影《定军山》在北京的丰泰照相馆诞生。当时著名的京剧表演艺术家谭鑫培先生，在镜头前表演了几个自己最拿手的片断。片子随后被拿到前门大观楼去放映，万人空巷。这是有记载的第一部由中国人自己摄制的电影，标志着中国电影的诞生。

   A 《定军山》没有对外放映
   B 《定军山》的导演是谭鑫培
   C 《定军山》是在北京拍摄的
   D 《定军山》是一部彩色电影

70. 有研究表明，由于自身工作压力大，管理者往往会将更多的沮丧情绪传递给下属。但在对98名公司管理者和职员进行问卷调查后，研究者发现，在那些适度健身的管理者手下工作的员工，日子似乎要好过得多。不管做任何运动，只需每周坚持一到两次，管理者对下属乱发脾气的次数就能明显减少。

A 要养成阅读的好习惯
B 运动有助于改善情绪
C 管理者要注意沟通技巧
D 下属的情绪会影响管理者

第3部分

第71-90题 请选出正确答案。

71-74.

一位少年被金矿的巨大利益所吸引，加入了去山里寻找金矿的行列。山谷里气候干燥，水源奇缺，寻找金矿的人最难熬的就是没水喝。他们一边寻找金矿，一边发着牢骚："要是谁能给我一壶水，我给他10块钱。"另一个说："要是谁能给我一壶水，我给他20块钱！"

说者无心，听者有意。在一片抱怨声中，少年一拍脑门，心说："机会来了！"于是，他退出了寻找金矿的队伍，转而去找水源。一铲又一铲，历尽千辛万苦，他终于挖到了水源。

当少年挑着水桶、提着水壶走来时，那些口干舌燥的寻金者蜂拥而上，争相购买少年的水。当然，也有人嘲讽他："我们跋山涉水为的是挖到黄金，你却是为了卖水，早知道这样，你何必到这里来呢？"面对冷嘲热讽，少年一笑了之。后来，很多人都两手空空地回到家乡，而少年却靠卖水挖到了人生第一桶金。

71. 寻找金矿的人遇到了什么困难？
    A 十分干渴　　　　　　　B 食物不足
    C 通讯不便　　　　　　　D 气候多变

72. 那位少年为什么退出了寻找金矿的队伍？
    A 受伤了　　　　　　　　B 想念家人
    C 不相信能找到黄金　　　D 想到了别的生财之道

73. 第3段中的"蜂拥而上"说明：
    A 卖水更赚钱　　　　　　B 买水的人很多
    C 周围有很多蜜蜂　　　　D 大家都瞧不起少年

74. 根据上文，下列哪项正确？
    A 要珍惜水源　　　　　　B 要懂得合作
    C 要善于发现机会　　　　D 要多征求别人的看法

75-78.

　　一个颇有名望的富商在路边散步时，遇到一个衣衫褴褛的摆地摊卖旧书的年轻人。有过同样苦难经历的富商顿生一股怜悯之情，便不假思索地将50块钱塞到年轻人的手中，然后头也不回地走了。没走多远，富商忽然觉得这样做不妥，于是连忙返回来，从地摊上捡了两本旧书，并抱歉地解释说自己忘了取书，希望年轻人不要介意。最后，富商郑重其事地告诉年轻人："其实，你和我一样也是商人。"

　　两年之后，富商应邀参加一个慈善募捐会，一位西装革履的年轻书商迎了上来，紧握着他的手，激动地说："先生，您可能早忘记我了，但我永远也不会忘记您。我曾经一直以为我这一生只有摆地摊的命运，直到您对我说'我和你一样都是商人'，这才使我找回了自尊，从而创造了今天的成绩……"

　　富商万万没有想到，自己两年前说的一句话，竟能让一个自卑的人树立了自信，让一个穷困潦倒的人看到了希望，让一个自以为一无是处的人认识到了自己的优势和价值，并且通过自强不息的努力获得了成功。

75. 富商为什么很同情年轻人？
　　A　年轻人救过他　　　　　B　他们以前就认识
　　C　有过相似的经历　　　　D　想起了自己的儿子

76. 关于年轻人，可以知道：
　　A　曾经很穷　　　　　　　B　喜欢阅读
　　C　捐了很多钱　　　　　　D　后来给富商打工

77. 根据上文，可以知道什么？
　　A　富商很朴素　　　　　　B　富商破产了
　　C　年轻人很感谢富商　　　D　年轻人送了富商很多书

78. 最适合做上文标题的是：
　　A　尊重的力量　　　　　　B　富商的一天
　　C　一颗简单的心　　　　　D　聚会上的故事

79-82.

　　一天傍晚，我和妻子去散步，遇到一个卖花的老者，满车的鲜花很好看。有的含苞欲放，有的翠绿欲滴，有的娇艳夺目。我对妻子说："买盆花吧。"妻子说："咱俩又不会养，别买了。"但我执意要买，于是我们买了两盆放在阳台上。我每天下班回家，第一件事就是到阳台上看看那两盆花，给它们浇浇水、松松土，感觉生活也增添了几分乐趣。

　　几天后，我发现那两盆原本郁郁葱葱的花，叶片开始慢慢地泛黄、枯萎。我很纳闷儿，我每天细心地呵护，最后竟然是这样的结果，真让人百思不得其解。

　　终于有一天，我再次遇到那个卖花的老者，便迫不及待地走到他的花车前，把养花的整个过程向他描述了一番。老者听后，微微一笑说："养花要因花而异。你买走的那两盆花，不喜欢勤浇水，如果浇水勤了，花的根部就会慢慢发霉，最后烂掉。"听完老者的讲述，我恍然大悟。

　　后来一段时间里，我完全按照老者的方法去做，果然那两盆将要枯萎的花慢慢地泛绿了，并且还发出了嫩芽，呈现出了勃勃生机。现在这两盆花已经成为我家一道美丽的风景，每天下班回家看上两眼就觉得很惬意。

　　其实，做人跟养花一样，凡事要适可而止。养花，水过了就要沤根，肥过了就要被烧死。做人也是这样，过火了就要偏离正确的道路了。

79. 根据第1段，可以知道什么？
   A 他喜欢逛花市　　　　B 妻子不同意他买花
   C 他晚饭后经常散步　　D 他认识卖花的老者

80. 他为什么很纳闷儿？
   A 果实很小　　　　　　B 花一直不开
   C 花长得不好　　　　　D 花的颜色会变

81. 老者的建议是什么？
   A 少浇水　　　　　　　B 勤松土
   C 换花盆　　　　　　　D 多晒太阳

82. 上文主要想告诉我们：
   A 要爱护环境　　　　　B 凡事要适度
   C 要听长者的教导　　　D 要保持一颗好奇心

5級第4回

問題

聴力試験 ………… P.94 〜 P.97
　　　　　　　　　disk2 track 5〜8

読解試験 ………… P.98 〜 P.113

書写試験 ………… P.114 〜 P.115

1 听力

第 1 部分

第 1-20 题　请选出正确答案。

1. A 挂歪了
   B 摘不下来
   C 还没画完
   D 颜色模糊了

2. A 船上
   B 火车上
   C 飞机上
   D 长途汽车上

3. A 非常累
   B 生病了
   C 想吃点心
   D 没做完家务

4. A 正在结账
   B 是餐厅经理
   C 预订了位子
   D 填错信息了

5. A 雾很大
   B 打雷了
   C 很凉快
   D 阳光很好

6. A 得意
   B 激动
   C 失望
   D 平静

7. A 窗帘该洗了
   B 卧室太暗了
   C 适合挂客厅
   D 那块儿布很贵

8. A 纪录片
   B 连续剧
   C 足球比赛
   D 网球比赛

9. A 脾气好
   B 很会宣传
   C 善于模仿
   D 照片拍得好

10. A 不感兴趣
    B 记错时间了
    C 要上化学课
    D 要写实验报告

11. A 觉得抱歉
    B 出席了宴会
    C 没收到回信
    D 拒绝了邀请

12. A 十分谦虚
    B 会教太极拳
    C 得过武术冠军
    D 打排球很厉害

13. A 银行
    B 邮局
    C 幼儿园
    D 健身房

14. A 去旅游
    B 看展览
    C 去实习
    D 参加婚礼

15. A 射击
    B 划船
    C 钓鱼
    D 打工

16. A 还要修改
    B 没有通过
    C 风险很大
    D 很难实现

17. A 电影没字幕
    B 手机没信号
    C 电话铃声太小
    D 麦克风有问题

18. A 退货
    B 开发票
    C 印名片
    D 办签证

19. A 利润低
    B 资金不足
    C 把股票卖掉
    D 黄金涨价了

20. A 工资低
    B 工作压力大
    C 没有升职空间
    D 想丰富自己的经历

第 2 部分

第 21-45 题 请选出正确答案。

21. A 过期了
    B 持卡五折
    C 节假日不能用
    D 不限制使用对象

22. A 太辣了
    B 特别烫
    C 没放酱油
    D 需要加点儿醋

23. A 房租便宜
    B 房东人很好
    C 租房合同没到期
    D 郊区的环境更好

24. A 收据
    B 驾照
    C 支票
    D 身份证

25. A 关空调
    B 开窗户
    C 拿被子
    D 买扇子

26. A 充值
    B 交电费
    C 咨询事情
    D 换登机牌

27. A 还没毕业
    B 在找工作
    C 不满意待遇
    D 已经退休了

28. A 换手机
    B 换电池
    C 重装系统
    D 再买个充电器

29. A 机票价格
    B 假期安排
    C 家庭情况
    D 换季服装

30. A 过敏了
    B 肩膀疼
    C 腰扭伤了
    D 胃不舒服

31. A 庆祝他升职
    B 祝贺他结婚
    C 祝贺他搬新家
    D 给他庆祝生日

32. A 新房子面积很大
    B 朋友很羡慕老王
    C 家具是老王妻子选的
    D 老王不喜欢家里的装修

33. A 船漏水了
    B 船动不了
    C 没有食物了
    D 没有汽油了

34. A 很懒
    B 不担心
    C 受伤了
    D 不愿离开

35. A 要谨慎
    B 不要悲观
    C 要等待时机
    D 别错失机会

36. A 能吃苦
    B 力气大
    C 胳膊长
    D 身体灵活

37. A 那场比赛很精彩
    B 那个运动员很英俊
    C 那个运动员个子不高
    D 记者很欣赏那个运动员

38. A 要乐观
    B 要积极改正错误
    C 要结合实践经验
    D 要忘掉自己的短处

39. A 选择最轻的那件
    B 选择最值钱的那件
    C 选择最喜欢的那件
    D 选择离门最近的那件

40. A 杂志社破产了
    B 博物馆失火了
    C 很多人参与答题
    D 画家得到了奖金

41. A 要有想象力
    B 遇事不要慌张
    C 不要过分追求完美
    D 制定目标要符合实际

42. A 做人要有礼貌
    B 尊重是相互的
    C 要重视个人形象
    D 批评要讲究方法

43. A 如何与人相处
    B 如何鼓励别人
    C 怎样解决矛盾
    D 怎样克服困难

44. A 最流行的
    B 世上没有的
    C 世上最美的
    D 像水一样的

45. A 张三很善良
    B 张三很聪明
    C 那个人很佩服张三
    D 那个人向张三道歉了

第4回

2 阅 读

第1部分

第 46-60 题 请选出正确答案。

46-48.
  桔子是秋季常见的美味水果，它不仅色彩__46__、酸甜可口，而且营养十分丰富，一个桔子就能__47__人体一天所需的维生素C。另外，桔子中富含的钾元素还有助于调节血压。一项研究显示，如果每天饮用750毫升桔子汁，就可以有效改善体内的血液循环，对于__48__心血管疾病大有益处。桔子虽然有很多功用，但也不宜食用过多，否则容易引起"上火"。一般来说，一天吃一到三个桔子最为合适。

46.	A 光滑	B 舒适	C 整齐	D 鲜艳
47.	A 完善	B 充满	C 满足	D 消化
48.	A 协调	B 预防	C 缩小	D 消灭

49-52.

　　任何人都希望别人给予自己的东西可以"不断增加",而不是"不断减少"。许多销售员就是抓住了人们的这种__49__,在给顾客称货时,总是先抓一小把放在称盘里,然后再一点点地添入,而不是先抓一大把放在称盘里,再一点点拿出。我们在教育孩子时,难免会将他的缺点和优点都评说一番,并常常采用"先褒后贬"的方法。其实,__50__。在教育孩子的时候,我们不妨也__51__"增减效应",先指出孩子一些无伤尊严的小毛病,然后再恰如其分地给予赞扬,这样做__52__也许会更好。

49. A 心理　　　B 标准　　　C 风格　　　D 原则
50. A 这么做很有学问　　　B 这种姿势是不对的
　　C 这是我们应尽的义务　　　D 这是很不理想的评价方法
51. A 运用　　　B 发表　　　C 处理　　　D 从事
52. A 利益　　　B 结论　　　C 效果　　　D 后果

53-56.

战国时期，孙膑初到魏国，魏王召集众官员，想要当面考考孙膑的__53__。魏王对孙膑说："你有什么办法让我从座位上下来吗？"孙膑__54__了下胡须说："大王坐在上边，我是没有办法让大王下来的。但是如果大王在下边，我却有办法让大王坐上去。"魏王得意洋洋地说："那好，我倒要看看，你有什么办法让我坐上去。"__55__。众人一时没有反应过来，都笑孙膑无能，孙膑却忽然哈哈大笑起来，说："大王这不是已经从座位上走下来了吗？"这时，大家才反应过来，对孙膑的才华连连__56__。

53. A 力量　　B 智慧　　C 勇气　　D 个性

54. A 摸　　　B 挥　　　C 扶　　　D 伸

55. A 孙膑感到很轻松　　　B 大臣们议论了起来
    C 说完就回到了自己的位置　D 说完便从座位上走下来

56. A 称赞　　B 嘱咐　　C 提倡　　D 尊敬

57-60.

植物学家在考察了某山脉的植被后，发现了一个奇怪的现象：最近100年来，许多应在山底牧场开放的花已经开到了海拔2000米的高山雪带上，而原先雪带上的植物则越过雪带向更高处攀登。植物学家在研究了相关资料后认为，造成这种情况的主要原因是这个__57__的气温在逐渐升高，那些适宜在低温环境下生长的植物为了__58__适宜的温度，不得不向更高处攀登。这一现象说明许多植物都对自然界有灵敏的反应，__59__，不断调整自身的生存__60__。

57. A 地区　　B 表面　　C 郊区　　D 阶段

58. A 体验　　B 寻找　　C 应付　　D 补充

59. A 植物越来越多　　　　B 它们分布广泛
    C 由此带来许多环境问题　D 并且可以根据环境的变化

60. A 功能　　B 性质　　C 状态　　D 程度

第2部分

第61-70题 请选出与试题内容一致的一项。

61. 荷花又名莲花、水芙蓉，一般分为食用和观赏两大类。它的藕和莲子能食用，根茎、荷叶、莲子等均可入药。另外，作为观赏性植物，荷花既可大面积池栽，美化水面、净化水质，也可盆栽，摆放于庭院，装饰环境。

    A 荷花象征友谊
    B 荷花很难种植
    C 荷花不具观赏性
    D 荷花可以美化环境

62. 《华容道》这款游戏源自一个历史故事，相传三国时曹操曾遭遇兵败，败走华容道。游戏的玩儿法就是通过移动最少的棋子，把曹操移出华容道。由于这款游戏形式变化多样，且有益于智力开发，所以深受人们的喜爱。

    A 《华容道》是曹操发明的
    B 《华容道》是一款益智游戏
    C 《华容道》有两千多年的历史
    D 《华容道》至今没有正确的解法

63. 勤奋是一个人成功的重要因素，所谓"一分耕耘，一分收获"。一个人所取得的报酬和成果，与他所付出的努力有着极大的关系，运气只是一个小因素，个人勤奋努力才是事业得以成功的最基本条件。

    A 要珍惜时间
    B 要懂得创造机会
    C 成功离不开个人努力
    D 付出不见得一定有收获

101

64. 用户凭购物发票即可享受"包修""包换""包退"的"三包"服务。7日内出现质量问题包退；一个月内包换；整机保修一年，主要零部件保修三年。如因消费者自己使用或维护不当，造成产品损坏的，不能享受"三包"服务。

　　A　该商品可以拆洗
　　B　商家提供上门服务
　　C　"三包"服务有时间限制
　　D　消费者对商品不满意可随时退货

65. 满汉全席原是清代宫廷举办宴会时满族人和汉族人合做的一种筵席，一般有108种菜式，南菜和北菜各54道。满汉全席既有宫廷菜的特色，又有地方风味之精华；既突出满族菜特殊风味，又展现了汉族烹调的特色，集两个民族菜式之精华，堪称中华大宴。

　　A　满汉全席菜式多样
　　B　满汉全席需要108位厨师
　　C　满汉全席更符合满族人口味
　　D　满汉全席集56个民族美食精华

66. 黄海是世界上各边缘海中接受泥沙最多的海。这主要是因为流入黄海的江河携带了大量泥沙，而黄海的水浅，泥沙不易沉淀，导致海水中悬浮颗粒增多，海水呈现黄色，黄海之名也由此而来。黄海的生物种类较多，数量大，因此周围的渔场数量很多。

　　A　黄海气候多变
　　B　黄海的水温较高
　　C　黄海面积正不断扩大
　　D　黄海海水含有大量泥沙

67. 少林寺位于中国河南省登封市，是少林武术的发源地，由于其坐落在嵩山腹地少室山下的茂密丛林中，所以取名"少林寺"。少林寺在唐朝时就已享有盛名，以禅宗和武术并称于世，寺内还保存了不少珍贵的文物，很多人去河南旅游都要到少林寺看一看。

　　A　少林寺建于唐朝
　　B　少林寺因武术而出名
　　C　少林寺位于少室山顶
　　D　少林寺是河北省的寺庙

68. 保龄球的计分规则很特别，并不是简单地累计得分。保龄球投掷的对象是10个瓶子，如果每轮都砸倒9个瓶子，最终得分是90分；而如果每轮都能一次砸倒10个瓶子，最终得分将是300分。社会的计分规则也是这样：只要你每次比别人优秀一点点，这些优秀叠加后，你就会取得非同一般的成就，最终拉开与别人的距离。

　　A　保龄球学起来很容易
　　B　不要忽视细微的进步
　　C　要多和优秀的人在一起
　　D　保龄球很受年轻人欢迎

69. 随着生活节奏的加快，人们的读书时间呈现整体下滑趋势，为了鼓励人们多读书，联合国教科文组织把每年的4月23日定为"世界读书日"。为何会把世界读书日定在这一天呢？原来，这一天是世界上很多著名作家去世或者出生的日子，为了纪念这些伟大的作家，遂将这天定为"世界读书日"。

　　A　世界读书日提倡多读书
　　B　世界读书日可免费买书
　　C　世界读书日的日期不固定
　　D　世界读书日是作家的节日

70. 要想在竞争激烈的社会中站稳脚跟并成就一番事业，最重要的是什么？才华？勤奋？人际脉络？都不是，是诚信。社会是一个团体，诚信是维系其秩序和可持续发展的重要条件。没有诚信，你将很快失去伙伴，失去朋友，到最后，无人再敢与你共事。

A　做人要有诚信
B　要跟朋友保持联系
C　才华与勤奋同样重要
D　要认识到自己的不足

第3部分

第71-90题 请选出正确答案。

71-74.

　　一辆货车在通过一个天桥时，由于司机没有看清楚天桥的高度标记，结果车被卡在了天桥下面。当时货车上装的货物很重，所以很难一下子把车开出来或者退回去。为了使货车移动，司机想了很多办法，但都无济于事。在等待救援的过程中，一个站在旁边围观的小伙子走了过来，对司机说道："你把车胎的气放出来点儿不就可以过去了吗？"

　　司机觉得他说得有道理，便将车胎的气放了一些出来，只见车的高度马上降了下来，最后，货车顺利地通过了天桥。

　　许多时候，我们无法从眼前的事物和固定的思维模式中脱离出来，所以始终被问题所困扰。而如果换一种思维方式，也许恰好就能发现问题的本质，从而找到解决问题的答案。

71. 那辆货车怎么了？
　　A 超速了　　　　　　　　B 被撞了
　　C 被人拦住了　　　　　　D 被困在天桥下了

72. 小伙子有什么建议？
　　A 叫人来推车　　　　　　B 给车胎放气
　　C 打电话报警　　　　　　D 把货物搬下来

73. 根据上文，下列哪项正确？
　　A 货物被挤坏了　　　　　B 司机被罚款了
　　C 小伙子的办法很有效　　D 小伙子驾驶技术很高

74. 上文主要想告诉我们：
　　A 要乐于助人　　　　　　B 做人不能骄傲
　　C 要多听别人的意见　　　D 要学会换角度思考问题

75-78.

年幼的儿子说:"冬天的感觉真好!"我问:"为什么?"儿子高兴地回答:"因为冬天有大片大片的雪花,可以堆雪人、打雪仗、在雪地里赛跑。"未等我答话,儿子又问:"明年夏天什么时候到啊?"我说:"春天过后就是夏天。""夏天也很好,能游泳,每天都能吃到雪糕……"儿子喃喃自语,满脸幸福的表情。那一刻,我被儿子的快乐打动了。

我和孩子眼中的世界,差别该有多大啊!冬天,我看到的是北风肆虐、寒气入骨;夏天,我看到的是骄阳似火、<u>酷暑难耐</u>。同样的世界,孩子看到的,却是一个个鲜活的季节,他们尽情享受生活中的每一个细节,生活中处处写着两个字——快乐。

生活也是这样,成人更注重功利和结果,忽视过程和细节。成人的感受,更多的是无奈、愁苦。而孩子眼中更多的是阳光、美好、幸福和快乐。快乐看上去与我们相距甚远,但其实它包含在生活的每一个细节中,触手可及。

75. 儿子觉得冬天怎么样？
    A 路面很滑　　　　　　　B 经常刮风
    C 让人开心　　　　　　　D 到处都很安静

76. 第2段中"酷暑难耐"的意思最可能是：
    A 缺少同情心　　　　　　B 暑假时间长
    C 天热得受不了　　　　　D 热一点儿不要紧

77. 根据上文，下列哪项正确？
    A 儿子讨厌夏天　　　　　B 成人更愿意观察生活
    C 作者不赞同儿子的观点　D 孩子善于发现生活的美好

78. 上文主要想告诉我们：
    A 生活充满挑战　　　　　B 快乐无处不在
    C 要多和孩子沟通　　　　D 看事情不能只看表面

79-82.

相传在很久以前,黄河里有一位河神,人们都叫他河伯。有一天,河伯站在黄河岸上,望着滚滚的浪涛由西而来,又奔腾跳跃着向东流去,兴奋地说:"黄河真大啊,世上没有哪条河能和它相比。我就是最大的水神!"

有人听了,告诉他说:"你的话不对,黄河的东面有个地方叫北海,那才真叫大呢。"河伯说:"我不信,北海再大,能大得过黄河吗?"那个人说:"别说是一条黄河,就是几条黄河的水流进北海,也装不满它。"河伯固执地说:"我没见过北海,我不信。"那个人无可奈何地说:"有机会你去北海看一下,就明白了。"

秋天到了,连日的暴雨使大大小小的河流都注入黄河,黄河的河面更加宽阔了,隔河望去,连对面的牛马都分不清楚了。这下,河伯更得意了,以为天下最壮观的景色都在自己这里。自得之余,他突然想起有人跟他提起过的北海,于是决定去那里看看。

河伯顺流来到黄河的入海口,他眼前一亮,只见北海汪洋一片,无边无涯。河伯呆呆地看了一会儿,深有感触地说:"俗话说,只懂得一点点道理就沾沾自喜,说的正是我啊。今天要不是亲眼见到这浩瀚无边的北海,我还会以为黄河是天下最大的呢!那样,我岂不是要永远被有见识的人笑话了!"

79. 刚开始河伯认为：
    A 黄河最大　　　　　　　　B 自己的知识最多
    C 自己的权力最大　　　　　D 所有河都要流入黄河

80. "连对面的牛马都分不清楚了"说明：
    A 黄河水面宽　　　　　　　B 黄河水很深
    C 河伯很勤劳　　　　　　　D 河伯贡献大

81. 关于上文，下列哪项正确？
    A 河伯上当了　　　　　　　B 北海瞧不起河伯
    C 北海不值得去看　　　　　D 河伯认识到自己错了

82. 下列哪项最适合做上文标题？
    A 河伯的故事　　　　　　　B 神秘的北海
    C 伟大的河流　　　　　　　D 你的心有多宽

83-86.

清朝末年的一天，北京的一家鞋店来了一位老者，这位老者腿有残疾，走起路来十分吃力。见此情景，老板赶忙吩咐店员给老者拿凳子，让老者坐下来慢慢挑选。老者挑好了一双布鞋，付钱后，说："我的腿脚不便，但买鞋必须亲自试穿，所以不得不来。"老板听后，便说："您看这样好不好，我现在按您脚的尺寸大小给您量个鞋样，以后再买鞋的时候，让家里人拿着鞋样来就行，您就不用亲自来了。"老者一听连忙说好。老板就给那位老者做了个鞋样，一共做了两份，一份给老者，一份自己留下。打那以后，老者买鞋再也不用亲自去试穿了。

这件事给了老板很大的启发。他想，有很多人特别忙，没有时间来鞋店试鞋，如果能把他们的鞋样事先保存起来，他们想买鞋的时候让家里人或手下人拿着鞋样来买，这样不就会节省很多时间吗？想到就做，第二天，这个老板就打发店员到一些老客户那里说明来意，当场量了脚的尺寸，做了两份鞋样出来，一份留给客户，另一份附上客户姓名、性别、职业、联系方式、住址、喜好等资料，带回店逐一登记。后来老板把这些信息整理成一本叫做《履中备载》的册子，为每个客户的脚都建立了一份档案。如此一来，鞋店建立了庞大的客户群，鞋的销量大增。

这家鞋店，就是日后名扬京城的北京内联升鞋店。为每一位客户建立一份档案，为客户提供最大的方便，便是内联升的胜出之道。

83. 关于那位老者，可以知道：
    A 很大方　　　　　　　　　B 腿脚不方便
    C 想买新皮鞋　　　　　　　D 没买到合适的鞋

84. 老板受到了什么启发？
    A 培训店员　　　　　　　　B 提供快递服务
    C 为客人制作鞋样　　　　　D 提高售后服务水平

85. 关于《履中备载》，下列哪项正确？
    A 是个账本　　　　　　　　B 已经出版了
    C 记录了顾客的资料　　　　D 介绍了布鞋的样式

86. 上文主要谈什么？
    A 内联升的历史　　　　　　B 怎样挑选布鞋
    C 内联升的成功之道　　　　D 怎样赢得别人的信任

111

87-90.

常坐飞机的人会发现，飞机上并没有配备降落伞，这是为什么呢？

首先，飞机的险情或者故障多出现在起飞和降落的时候，通常都是瞬间发生的，所以，即使每位乘客都有降落伞，也来不及完成跳伞的准备工作。

其次，一般商用客机的飞行高度为10000米左右，而适合跳伞的高度是800米到1000米左右。在飞机飞行的高度，空气十分稀薄，温度极低，人在机舱外根本无法生存。再加上客机的飞行速度很快，即使飞机可以降低至跳伞的高度，但由于空气阻力，乘客跳出机舱后，也会感觉像是重重地撞在了一堵墙上，根本无法承受这种程度的撞击。并且，由于空气阻力，人所有的衣物会被剥离身体。因此，带着降落伞包安全下降9000米，基本上是不可能的。

第三，就算在降落伞没有被剥离身体、并且能够正常打开的情况下，跳伞生还的几率也几乎为零，因为地面条件往往不适合降落。另外，跳伞需要非常专业的技术，并不是未经过特殊训练的一般乘客所能瞬间掌握的。未经训练的人由于不会操纵降落伞，很容易把自己裹到伞包中，然后像一块儿石头一样砸向地面。

最后，如果每个乘客都配备一个降落伞，将会占去很多空间，增加飞机的重量，这将会影响到飞机的营运能力。

87. 飞机险情多出现在：
    A 起降时   B 傍晚时分
    C 受到撞击时   D 遇到冷空气时

88. 根据第3段，可以知道：
    A 机舱外温度较高   B 机舱门不容易打开
    C 飞机无法在低空飞行   D 客机的飞行高度不适合跳伞

89. 关于跳伞，下列哪项正确？
    A 专业性很强   B 很容易掌握
    C 跳伞高度越高越好   D 对跳伞者年龄有特殊要求

90. 上文主要谈什么？
    A 跳伞运动的特点   B 飞机是如何飞行的
    C 影响人们高空跳伞的因素 D 飞机上为什么没有降落伞

第4回　3 书 写

第1部分

第91-98题 完成句子。

例如：发表　　这篇论文　　什么时候　　是　　的

　　　这篇论文是什么时候发表的？

91. 抽屉　　充电器　　不在　　里

92. 服装出口　　今年本市　　增长　　近6%

93. 比陆地　　面积　　海洋的　　大得多

94. 他　　打听一下　　帮我　　答应

95. 竹子的　　很　　用途　　广泛

96. 合租了　　公寓　　那几个年轻人　　一套

97. 主持下礼拜的　　公司决定　　由你　　开幕式

98. 女性　　这种产品　　是专门　　为　　设计的

第 2 部分

第 99-100 题　写短文。

99. 请结合下列词语（要全部使用，顺序不分先后），写一篇80字左右的短文。

    报名　资料　计划　刻苦　实现

100. 请结合这张图片写一篇80字左右的短文。

5級第5回

問題

聴力試験・・・・・・・・・・ P.118～P.121
　　　　　　　　　　　disk3 track 1～4

読解試験・・・・・・・・・・ P.122～P.135

書写試験・・・・・・・・・・ P.136～P.137

1 听力

第 1 部分

第1-20题　请选出正确答案。

1. A 处理存货
   B 增强竞争力
   C 增加销售额
   D 提高知名度

2. A 机场
   B 火车站
   C 加油站
   D 高速公路上

3. A 鼠标
   B 键盘
   C 硬盘
   D 数据线

4. A 课程简单
   B 想当设计师
   C 服装设计很赚钱
   D 听从父母的意见

5. A 通过了
   B 很有创意
   C 内容不全
   D 还需要修改

6. A 客厅小
   B 卧室少
   C 价格不合适
   D 位置特别好

7. A 经常失眠
   B 要求转院
   C 刚吃过药
   D 刚做过手术

8. A 印名片
   B 动画片
   C 招聘计划
   D 公司文件

9. A 写申请
   B 签合同
   C 存钱买车
   D 考驾驶执照

10. A 不能退货
    B 鞋的质量很好
    C 可以取消订单
    D 没有预订成功

11. A 害羞了
    B 过敏了
    C 烫伤了
    D 觉得惭愧

12. A 电话一直占线
    B 开幕式推迟了
    C 主持人还没有到
    D 还有两位嘉宾要联系

13. A 交通不便
    B 服务一般
    C 那家店在装修
    D 菜的味道不好

14. A 在实习
    B 在做实验
    C 去外地旅游了
    D 去农村调研了

15. A 挂号
    B 签字
    C 开发票
    D 递简历

16. A 刚擦完地
    B 水管漏水
    C 水龙头没关
    D 水壶被碰倒了

17. A 太短了
    B 很时髦
    C 显得大方
    D 图案不好

18. A 出差
    B 看亲戚
    C 参加婚礼
    D 同学聚会

19. A 猜谜语
    B 发短信
    C 查资料
    D 看电视连续剧

20. A 打算辞职
    B 被录取了
    C 正在找工作
    D 忘带证件了

第 2 部分

第 21-45 题 请选出正确答案。

21. A 着凉了
    B 发烧了
    C 迷路了
    D 失业了

22. A 说明书
    B 录音材料
    C 会议记录
    D 宣传材料

23. A 明天重播
    B 观众很失望
    C 双方都很厉害
    D 江苏队落后一分

24. A 天气不好
    B 路面太滑
    C 机长生病了
    D 机场关闭了

25. A 手机
    B 钥匙
    C 电池
    D 充电器

26. A 涨工资了
    B 负责新项目
    C 被领导责备了
    D 提出了新方案

27. A 用醋洗
    B 用牙膏刷
    C 去商店更换
    D 送到商店清洗

28. A 要加班
    B 不感兴趣
    C 没有相机
    D 要去机场接人

29. A 报名结束了
    B 女的接到邀请了
    C 男的想做志愿者
    D 学校要举办庆祝活动

30. A 退休了
    B 爱下象棋
    C 现在很清闲
    D 在学太极拳

31. A 它没看见
    B 它受伤了
    C 它已经跑累了
    D 那些羊太狡猾

32. A 目标要专一
    B 做事要主动
    C 要善于观察
    D 要学会配合

33. A 有人预订
    B 打算改卖木盒
    C 喜欢木盒的气味
    D 为了卖出更多珠宝

34. A 相当重
    B 很结实
    C 十分精美
    D 用途很广

35. A 要言行一致
    B 不要以貌取人
    C 不能只看表面
    D 不要不懂装懂

36. A 爱坐前排的
    B 严肃认真的
    C 喜欢提问的
    D 爱与老师交流的

37. A 数据错了
    B 分三个阶段
    C 是教授完成的
    D 多数人喜欢坐后排

38. A 要珍惜时间
    B 要有怀疑精神
    C 要多向别人学习
    D 要保持向上的心态

39. A 淘金方法
    B 成功之道
    C 怎样创业
    D 如何树立企业形象

40. A 放弃回家
    B 建一座桥
    C 绕道过河
    D 买船搞营运

41. A 不要害怕冒险
    B 做生意要讲诚信
    C 要敢于承担责任
    D 学会换角度考虑问题

42. A 便宜了
    B 不新鲜
    C 太硬了
    D 比以前小

43. A 很聪明
    B 很小气
    C 数学不好
    D 带的钱不够

44. A 不去管它
    B 把洞补好
    C 找东西盖上
    D 把衣服扔掉

45. A 知错要改
    B 做人要虚心
    C 应避免犯错误
    D 眼见不一定为实

121

2 阅 读

第 1 部分

第 46-60 题 请选出正确答案。

46-48.

　　如果去参加一个有许多陌生人在场的聚会，你首先应该去寻找比较熟悉的人，这对于消除紧张心理、稳定__46__很有帮助。万一找不到熟人，你也不必紧张，此时先别忙着开口，而是用耳朵去听、用眼睛去看。__47__打量每个在场的陌生人，如果你发现这些人中，有一个人和你一样没有熟人，孤单单地坐在角落里，你可以__48__走到他跟前，向他做自我介绍，同他交谈几句。这时无论是他还是你，都会为摆脱了窘境和孤单而感到高兴。

46. A 情绪　　　B 情景　　　C 语气　　　D 感想
47. A 周到　　　B 勤劳　　　C 仔细　　　D 成熟
48. A 友好　　　B 主动　　　C 体贴　　　D 沉默

49-52.

　　足球运动之所以能成为当今世界上开展最广、影响最大、最具魅力的体育项目，原因有两点：一是足球本身的特点，足球比赛__49__简单，易于开展；二是足球运动对抗性强，技术、战术__50__。比赛常常在高速奔跑中进行，__51__，将高超的个人技术与巧妙的集体战术融为一体，使得足球运动__52__了一种令人不可抗拒的魅力。毫无疑问，有着如此丰富内涵和感染力的足球是一种艺术，是当之无愧的"世界第一运动"。

49. A 纪律　　　　　　　　B 规模　　　　　　　C 规则　　　　　　　D 形势
50. A 复杂　　　　　　　　B 合格　　　　　　　C 深刻　　　　　　　D 宝贵
51. A 输赢具有偶然性　　　　　　　　B 与教练的指导分不开
    C 首先要制定一套计划　　　　　　D 再加上运动员的出色表演
52. A 成长　　　　　　　　B 产生　　　　　　　C 导致　　　　　　　D 成立

53-56.

　　过程是一根线，结果是一个点。就拿登山来说，在登山的过程中，你可以走走停停，欣赏鲜花，_53_ 美景，享受清风的抚摸，静听小鸟的鸣唱。这一路上的胜景，就好像用一根线串在一起，串成一连串的幸福，系在心间。而登山的结果，就是登上山顶。也许在山顶你能享受到一种征服山峰的幸福，但这种幸福 _54_ 是暂时的，因为山顶只是一个点，你终究要从这个点走下来，随着你走下山顶，那种在山顶上的幸福感也就 _55_ 了。

　　过程是绵长的，结果是短暂的。一根线的幸福，是拥有无数点的幸福，而一个点的幸福，_56_，瞬间就会过去。

53. A 游览　　　B 想象　　　C 传播　　　D 思考

54. A 未必　　　B 毕竟　　　C 幸亏　　　D 反正

55. A 消失　　　B 落后　　　C 退步　　　D 省略

56. A 是长久的　　　　　　　B 在征服大自然中
　　C 引起了人们的注意　　　D 在漫长的人生旅途中

57-60.

　　为什么在飞机上打移动电话很危险？原来，飞机在天空中是按照规定的方向飞行的，_57_ 飞行过程都要受到地面管理人员的指挥。飞机在飞行时需要 _58_ 某种设备与地面进行联系，这种设备在接到地面指挥中心不断发出的信号后，_59_。如果发现飞机离开了规定的方向，它就会 _60_ 自动改正错误，保证飞机正常飞行。但是，当移动电话工作时，它所发射的无线电波会影响飞机上的设备和控制系统。因此，在飞机上是不能使用移动电话的。

57. A 整个　　　B 广大　　　C 整体　　　D 个别

58. A 参考　　　B 利用　　　C 从事　　　D 发挥

59. A 可以安全起飞　　　　　B 而且知道飞行速度
　　C 就能避开飞行的鸟　　　D 就能确定飞机的准确位置

60. A 反复　　　B 立即　　　C 相对　　　D 更加

第 2 部分

第 61-70 题　请选出与试题内容一致的一项。

61. 考试紧张是一种常态，绝大多数人考试都会紧张。但是紧张应该有一个度，适度紧张有利于考生集中精力完成考试。所以，如果孩子考试时有些紧张，家长不用过分担心。

　　A　适度紧张有好处
　　B　家长要多关心孩子
　　C　紧张不利于集中精力
　　D　考试成绩不是最重要的

62. 春秋时，宋国司城子罕为官公正廉洁，深受百姓爱戴。有人得到一块儿宝玉，拿去献给子罕，子罕说："您以宝玉为宝，而我以不贪为宝。如果我接受了您的玉，那我们俩就都失去了自己的宝物，倒不如我们各有其宝呢。"

　　A　子罕不喜欢玉
　　B　子罕很珍惜友谊
　　C　子罕没有接受宝玉
　　D　子罕比那个人富有

63. 香蕉味道甘甜，具有较高的药用价值，其主要功用是清理肠胃、治疗便秘，并有清热润肺、止渴、解酒等功效。由于香蕉属于寒性水果，所以脾胃虚寒、胃痛、腹泻的人应该少吃，胃酸过多者最好不吃。

　　A　吃香蕉可以减肥
　　B　喝酒后不能吃香蕉
　　C　香蕉吃得越多越好
　　D　胃不好的人不适合吃香蕉

64. 《舌尖上的中国》是一部大型美食类纪录片。该片全方位地展示了中国博大精深的饮食文化、千差万别的饮食习惯、独特的味觉审美以及由此上升到生存智慧层面的东方生活价值观,让观众从饮食文化的角度,全面认识了传统和变化着的中国。

A 东西方饮食文化差别很大
B 中国饮食文化包含着生存智慧
C 中国南北方饮食习惯基本相同
D 中国饮食文化有1000多年的历史

65. 有些人习惯埋怨别人的过错,指责别人的缺点,他们不是觉得周围的环境和人处处跟自己作对,就是认为自己"曲高和寡",一般人无法理解自己深刻的思想。实际上,他们没有意识到真正的问题不是来自于周围,而是来自于他们自己。有这样心态的人,应该学会反省自己,而不是一味抱怨别人。

A 要学会原谅别人
B 听音乐能缓解情绪
C 要学会从自身找原因
D 不要在背后议论别人

66. 精卫填海讲的是中国上古时期一种叫精卫的鸟努力填平大海的故事。精卫原来是炎帝的女儿,在东海游玩儿时,不幸溺水而亡。死后她变成了鸟,每天衔来石子和树枝,投到大海里,想要把东海填平。后来人们常用精卫填海这个成语,比喻按照既定目标,不畏艰难地奋斗到底。

A 精卫不会划船
B 精卫把东海填平了
C 精卫对东海之神非常敬畏
D 精卫填海体现了坚持到底的精神

67. 机遇就像小偷，来的时候无声无息，走的时候却让你损失惨重，后悔不已。每个人的一生，都会有很多机遇，关键是机遇来临时，你能否把握住。抓住机遇最好的办法，就是每天激情澎湃地工作，把每项工作都当成一次机遇来对待，这样才能在机遇来临时，紧紧将它抓住。

   A　获得机会要靠运气
   B　勤奋的人更受欢迎
   C　要学会合理分配时间
   D　要善于抓住身边的机会

68. 书院是宋代的地方教育组织。书院之名最早见于唐代，发展于宋代。最初的书院是民办的，一些富人和学者自行筹款，在山中僻静的地方修建学堂，组织教学。中国古代有四大书院，即岳麓书院、白鹿洞书院、嵩阳书院和应天书院。

   A　书院在古代不受重视
   B　唐代的书院是官办的
   C　书院最初是民办的学堂
   D　四大书院是宋代的官办教育机构

69. 植物也会"犯困"，比如生长在水面的睡莲，每当旭日东升时，它那美丽的花瓣就会慢慢舒展开，似乎正从甜蜜的睡梦中苏醒；而当夕阳西下时，它便闭拢花瓣，重新进入睡眠状态。由于它"昼醒晚睡"的规律性特别明显，故而获得了"睡莲"的芳名。

   A　植物也有睡眠
   B　睡莲的花期很短
   C　睡莲一般在晚上开花
   D　植物睡眠是由气候变化引起的

70. 心动不如行动，虽然行动未必会成功，但不行动则一定不会成功。生活不会因为你想做什么就给你回报，只有当你真正做了些什么的时候，才会给你回报。理想只是成功的开始，一个人的成功要在行动中实现。只有行动，才是滋养成功的泉水。

   A　成功要靠行动
   B　考虑问题要全面
   C　要敢于挑战自己
   D　理想不能脱离实际

第 3 部分

第 71-90 题　请选出正确答案。

71-74.

　　一家濒临倒闭的食品公司为了起死回生，决定裁员。三种人被列入了裁员名单：一是清洁工，二是司机，三是仓管人员。经理找他们谈话，说明了裁员的意图。清洁工说："我们很重要，如果没有我们打扫卫生，哪有干净整洁的工作环境？大家怎么能全身心投入工作？"司机说："我们很重要，这么多产品，如果没有司机，怎么能迅速销往市场？"仓管人员说："我们很重要，如果没有我们，这些食品岂不要被人偷光？"经理觉得他们说的话都很有道理，权衡再三决定不裁员。最后，经理在公司门口挂了一块儿大匾，上面写着：我很重要。

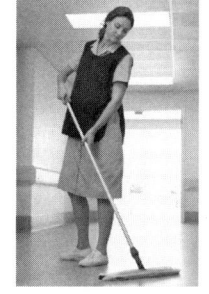

　　职工们每天上班时，第一眼看到的便是"我很重要"这4个字。不管是一线职工还是管理层，都认为领导很重视他们，因此工作都很卖力。这几个字调动了全体职工的积极性，几年后公司便迅速崛起了。

　　任何时候都不要看轻自己，在关键时刻，勇敢地说出"我很重要"，或许你的人生会由此揭开全新的一页。

71. 清洁工为什么觉得自己很重要？
    A 给大家带来了快乐   B 保证了食品的卫生
    C 创造了干净的工作环境   D 减轻了别人的工作负担

72. 经理最后的决定是什么？
    A 关闭公司   B 开发新产品
    C 向银行贷款   D 不辞退任何人

73. 那块儿匾：
    A 是员工送的   B 作用不明显
    C 挂在经理办公室   D 提高了员工的积极性

74. 上文主要想告诉我们：
    A 要尊重别人   B 要重视自己
    C 要多与人合作   D 要严格要求自己

75-78.

　　有个女孩儿用一个月的薪水，买了一件心仪已久的衣服。穿上新衣服的她，看着别人惊艳的眼神，心中充满了自信，工作也有了很大的进步。

　　可是有一天，她发现衣服上的一枚纽扣儿不见了。那是一种形状很奇特的纽扣儿，她翻遍衣柜，也没有找到，于是就穿了另一件衣服去上班。到了公司，她觉得每个人看她的眼神都怪怪的，似乎没有了那件衣服，自己仍然是个极平凡的女孩儿。她心里一直想着那件衣服，一整天都打不起精神，也没有了平日的自信。

　　下班后，她在家里又找了一遍，依然没有找到。随后她又跑遍了商店，也没有买到同样的纽扣儿，她的心情暗淡到了极点。从此，那件衣服便被束之高阁，女孩儿初穿它时的自信与热情消失得无影无踪，工作也慢慢消极起来。

　　一天，一个朋友来访，偶然看到了那件衣服，吃惊地问："这么漂亮的衣服你怎么不穿呢？"她说："丢了一枚扣子，又买不到同样的。"朋友笑着说："那你可以把其他的扣子都换了啊，那不就一样了吗？"女孩儿听了非常高兴，于是选了她最喜欢的扣子，把原来的都换掉了。衣服美丽如初，她也重拾了灿烂的心情。

　　我们常常因为小小的缺憾而放弃一整件事，也常常因为放弃了一件事而使生活变得暗淡。如果我们能用一种全新的心情去替换失望，用笑容填满缺失，那么生命一样是完美无憾的。

75. 那件衣服：
    A 颜色鲜艳   B 样式普通
    C 给了女孩儿自信   D 使女孩儿显得很苗条

76. 女孩儿为什么打不起精神？
    A 衣服丢了   B 晚上没睡好
    C 工作不顺心   D 找不到配套的纽扣

77. 朋友给了女孩儿什么建议？
    A 再买一件   B 把衣服送人
    C 换掉所有纽扣儿   D 找人订做纽扣儿

78. 上文主要想告诉我们：
    A 要学会放弃   B 要追求完美
    C 不要因小失大   D 工作需要好心情

79-82.

　　王献之是著名书法家王羲之的儿子，自幼聪明好学。

　　一天，小献之问母亲："我只要再写上三年，字就可以写得像父亲一样好了吧？"母亲摇摇头。"5年总行了吧？"母亲又摇摇头。小献之急了，"那您说要多长时间？"母亲说："写完院里这18缸水，你的字才会有筋骨、有血肉。"

　　小献之有些不服，但什么也没说，一咬牙又练了5年。一天，他把一大堆写好的字拿给父亲看，希望听到几句表扬的话。谁知，王羲之边看边摇头，当他看到一个"大"字时，才露出了比较满意的表情，并随手在"大"字下添了一个点儿，然后把字稿全部退还给了献之。

　　献之仍然不服，又将全部的字抱给母亲看，并说："您再仔细看看，我和父亲的字还有什么不同？"母亲指着王羲之在"大"字下加的那个点儿，叹了口气说："吾儿磨尽三缸水，惟有一点似羲之。"

　　献之听后很泄气，说："这样下去，什么时候才能赶上父亲呢？"母亲见他不再骄傲，便鼓励道："孩子，只要功夫深，就没有过不去的河、翻不过的山。你只要像这几年一样坚持不懈地练下去，就一定能达到目的。"献之听后深有感触，又锲而不舍地练了下去。功夫不负有心人，后来，献之的书法突飞猛进，字也达到了和父亲一样力透纸背、炉火纯青的程度。

79. 王献之为什么把字拿给父亲看？
    A 想知道练字的重点   B 想得到父亲的称赞
    C 想和父亲交换字画   D 希望以后不用再练字

80. 母亲告诉王献之：
    A 不要骄傲   B 要坚持练习
    C 要懂得欣赏   D 不要羡慕别人

81. 关于王献之，可以知道什么？
    A 好奇心很强   B 不喜欢画画
    C 练字特别刻苦   D 对母亲很孝顺

82. 最适合做上文标题的是：
    A 神童王献之   B 勤奋的王献之
    C 可怜天下父母心   D 青出于蓝而胜于蓝

83-86.

地球上最热的地方在哪里？许多人认为是赤道地区。其实，最热的地方并不在赤道。世界上有许多地方，像中国的塔克拉玛干沙漠、非洲的撒哈拉大沙漠等，白天的最高温度都超过了45℃，而赤道地区，尽管阳光的照射很强烈，但白天气温很少超过35℃。

这是因为赤道附近大多是海洋，海洋一方面能把太阳给它的热量传向深处；另一方面海水蒸发会消耗大量的热量，再加上海水的热容量大，水温的升高速度要比陆地慢。因此，白天赤道附近的温度不会急剧上升。

沙漠地区的情况就完全不同了。那里植物稀少、水资源短缺，几乎没有可蒸发的水分，而且沙子热容量小、升温快，热量不容易向地表下层传递。因此，白天沙地表面被太阳晒得滚烫，而下层的沙子却是冷冰冰的。在沙漠地区，每当太阳露面，气温就会急剧上升，地表开始发烫，到了中午，更是骄阳似火，有时最高气温可达55℃。

另外，赤道上的降雨要比沙漠地区多，几乎每天下午都会下雨，这样一来，下午赤道地区的温度便不会升得很高。而沙漠里经常是大晴天，很少下雨，阳光从早晨一直照到傍晚。所以，最热的地方不在赤道，而是在沙漠里。

83．关于赤道地区，可以知道：
　　A　早晚温差大　　　　　　B　气温升高较慢
　　C　平均温度35℃　　　　　D　四季气候变化明显

84．沙漠地区有什么特点？
　　A　地面传热快　　　　　　B　水分蒸发慢
　　C　日照时间最长　　　　　D　白天地表温度很高

85．根据上文，下列哪项正确？
　　A　赤道地区降雨较多　　　B　沙漠地区空气湿度大
　　C　沙漠地区植物种类多　　D　赤道地区地下水资源丰富

86．上文主要谈什么？
　　A　海洋的作用　　　　　　B　赤道地区的气候
　　C　沙漠缺水的原因　　　　D　沙漠比赤道更热的原因

87-90.

唐太宗李世民堪称中国古代少有的开明君主。他登上皇位后，吸取历史上的教训，广开言路，鼓励大臣们多提意见。魏征是一位敢于说话而且善于言辞的大臣。唐太宗曾问魏征，皇帝如何才能保持头脑清醒而不昏庸？魏征的回答是：兼听则明，偏信则暗。意思是广泛地听取大家的意见就能做到开明；偏信某一个或某一些人就会变得昏庸。

有一年，宰相向唐太宗建议：不满18岁的青年男子，只要身形高大、体格强壮，都可以应征入伍。唐太宗批准了这个建议，但奏章却多次被魏征驳回。唐太宗非常生气，于是召集众臣，当面训斥魏征。谁知魏征毫无惧色，并说道："把湖水淘干，可以把鱼捕得一干二净，但第二年就没有鱼可捕了；把森林烧光，林中的野兽无处藏身，但第二年也就没有野兽可猎了。现在就把不满18岁的强壮男子都收入军队，不留任何余地，那么以后国家向谁去征税呢？"几句话说得唐太宗<u>恍然大悟</u>，于是听从了魏征的意见，并重赏了他。

87. 魏征认为皇帝怎样才能保持头脑清醒？
   A 多读书　　　　　　　　B 多听大家的意见
   C 提高文官的地位　　　　D 坚持自己的想法

88. 关于唐太宗，可以知道：
   A 对宰相很不满意　　　　B 不懂得保护森林
   C 促进了民族团结　　　　D 善于吸取历史教训

89. 第2段中的"恍然大悟"是什么意思？
   A 难以相信　　　　　　　B 不能理解
   C 突然明白了　　　　　　D 有点儿后悔

90. 根据上文，下列哪项正确？
   A 唐朝税收很低　　　　　B 皇帝奖励了魏征
   C 魏征不同意捕鱼　　　　D 魏征和宰相关系不好

第5回　3 书写

第1部分

第91-98题 完成句子。

例如：发表　这篇论文　什么时候　是　的

　　　这篇论文是什么时候发表的？

91. 信号　电梯里的　弱　比较

92. 罐头　那瓶　过期　了

93. 没能　他们俩　谁也　说服对方

94. 是中国的　传统武术　一种　太极拳

95. 这次多亏了　积极　你的　配合

96. 请按照　一下　这个样式　修改

97. 那个小伙子　长得　大家都夸　英俊

98. 消费者要　自己的　权利　维护　懂得

第 2 部分

第 99-100 题　写短文。

99. 请结合下列词语（要全部使用，顺序不分先后），写一篇80字左右的短文。

通讯　促进　随时　距离　普遍

100. 请结合这张图片写一篇80字左右的短文。

5級 第1回 解答・解説

聴力試験…P.140〜P.165
読解試験…P.166〜P.185
書写試験…P.186〜P.188

正解一覧

1. 听力

第1部分
1. A	2. D	3. C	4. B	5. D
6. C	7. B	8. B	9. A	10. C
11. C	12. A	13. B	14. A	15. B
16. A	17. D	18. A	19. A	20. A

第2部分
21. C	22. C	23. C	24. A	25. D
26. A	27. D	28. B	29. D	30. C
31. C	32. B	33. C	34. C	35. B
36. A	37. B	38. A	39. D	40. C
41. C	42. A	43. B	44. C	45. C

2. 阅读

第1部分
46. B	47. D	48. B	49. A	50. C
51. B	52. D	53. A	54. A	55. B
56. D	57. B	58. D	59. B	60. B

第2部分
61. A	62. D	63. A	64. C	65. D
66. D	67. B	68. D	69. A	70. D

第3部分
71. C	72. D	73. C	74. B	75. C
76. C	77. A	78. A	79. B	80. C
81. D	82. B	83. B	84. B	85. C
86. D	87. A	88. D	89. D	90. D

3. 书写

第1部分
91. 这次展览的规模特别大。
92. 有些数据已经被删除了。
93. 项目进行得相当顺利。
94. 她对古典文学很有研究。
95. 请将手机调成振动状态。
96. 我把收据放在信封里了。
97. 他们双方的表现都很出色。
98. 丝绸的价格涨了近一倍。

第2部分 ※ 解答例は解説ページでご確認ください。

第1回

1 听力

第1部分 問題 p.22 〜 p.23

〈問題文〉请选出正确答案。
〈和　訳〉正しい答えを選びなさい。

1　正解 A

スクリプト

女：糟糕，我今天没带橡皮。
男：别着急，我这儿有两块儿，可以借你一块儿。
问：女的怎么了？

スクリプト和訳

女　：いけない、今日消しゴムを持ってきてないわ。
男　：焦らないで、僕のところに2つあるから、1つ君に貸してあげるよ。
問題：女性はどうしたのですか？

選択肢和訳

A　消しゴムを持っていない　　B　まだ本を返していない
C　履歴書をなくした　　　　　D　人と口ゲンカをした

2　正解 D

スクリプト

男：机票订好了吗？
女：订好了，我订的是往返，是打折机票，不能改签。
问：关于机票，可以知道什么？

スクリプト和訳

男　：飛行機のチケットは予約しましたか？
女　：予約しました。私が予約したのは往復のもので、割引されたチケットなので、変更手続きができません。
問題：飛行機のチケットについて、何が分かりますか？

選択肢和訳

A　保険を含んでいる　　　　　B　割引がない
C　変更手続きができる　　　　D　往復チケットである

3 正解 C

スクリプト

女：你平常不是话挺多的吗？怎么今天一言不发？
男：他们讨论的那个话题我不是很感兴趣。
问：男的为什么不说话？

スクリプト和訳

女　：あなたはいつもおしゃべりじゃないの？どうして今日は一言もしゃべらないの？
男　：彼らが話し合ってる話題には特に興味がないんだ。
問題：男性はなぜしゃべらないのですか？

選択肢和訳

A　勇気がないから　　　　　B　記録を作っているから
C　話題に興味がないから　　D　最後に発言するから

4 正解 B

スクリプト

男：这个信箱好久没用，密码又忘了，有什么办法吗？
女：可以申请找回密码啊，或者干脆重新注册个新的好了。
问：男的怎么了？

スクリプト和訳

男　：このEメールは長いこと使っていないので、パスワードをまた忘れちゃったのだけど、何か方法ない？
女　：パスワードが戻るように申請することができるわよ。あるいは新しいのに登録し直せばいいわ。
問題：男性はどうしたのですか？

選択肢和訳

A　情報を書き間違えた　　　B　パスワードを忘れた
C　封筒を買うのを忘れた　　D　申し込む時間がない

5 正解 D

スクリプト
女：你那儿有学太极拳的教材吗?
男：有一套新出版的，而且还带光盘，非常适合初学者。
问：关于那套教材，下列哪项正确?

スクリプト和訳
女　：あなたのところに太極拳の教材はありますか？
男　：新しく出版されたのが1セットあります。しかもDVDもついているので、初心者の人に非常に向いていますよ。
問題：その教材について、次のどの選択肢が正しいですか？

選択肢和訳
A　テープがついている　　　B　売り切れた
C　まだ出版されていない　　**D　初心者向けである**

6 正解 C

スクリプト
男：你们昨天去爬山了吗?
女：没有，有几个朋友临时有些事情要去处理，所以就取消了。
问：女的为什么没去爬山?

スクリプト和訳
男　：あなたたちは昨日山登りに行きましたか？
女　：いいえ、急にやらなければならない用事ができた友人が何人かいたので、キャンセルしました。
問題：女性はどうして山登りに行きませんでしたか？

選択肢和訳
A　車酔いしたから　　　　　B　家に客が来たから
C　友達に急用ができたから　D　会議に出なければならないから

7 正解 B

スクリプト
女：你现在才回来？今天的面试怎么样？
男：运气还不错，下周一去上班。
问：男的是什么意思？

スクリプト和訳
女　：あなたは今頃帰ってきたの？今日の面接はどうだった？
男　：なかなか運が良かったので、来週の月曜日から出勤するよ。
問題：男性が言っているのはどういう意味ですか？

選択肢和訳
A　道が渋滞している
B　採用された
C　社員寮がある
D　結果がまだ発表されていない

8 正解 B

スクリプト
男：你以前不是很喜欢吃辣吗？怎么现在吃得这么清淡？
女：我参加了合唱团，当然要保护好嗓子了。
问：关于女的，下列哪项正确？

スクリプト和訳
男　：君は前に辛いのが好きだったじゃない？どうして今はそんなにあっさりしたものを食べてるの？
女　：私は合唱団に入ったので、もちろんのどを守らないといけなくなったからよ。
問題：女性について、次のどの選択肢が正しいですか？

選択肢和訳
A　のどが痛い
B　あっさりしたものを食べる
C　じゃがいもを食べるのが嫌い
D　よくくしゃみをする

9 正解 A

スクリプト
女：坐了一天的火车，累了吧，赶紧去洗个澡，休息一下。
男：妈，我买的卧铺票，在车上睡了好长时间，一点儿也不累。
问：关于男的，可以知道什么？

スクリプト和訳
女：一日汽車に乗って疲れたでしょう？早くお風呂に入って、ひと休みしなさい。
男：母さん、僕は寝台券を買って、列車の中で長いこと寝てたから、ちっとも疲れてないよ。
問題：男性について、何が分かりますか？

選択肢和訳
A 汽車を降りたばかりである　　B まだ目覚めていない
C 現金を持っていない　　D 切符を買うために列に並んでいる

10 正解 C

スクリプト
男：服务员，我们的烤鸭还没上来，能不能快一点儿？
女：好的，您稍等，我去催一下。
问：男的是什么意思？

スクリプト和訳
男：店員さん、私たちが注文した北京ダックがまだ来ていないので、もう少し早くしてくれませんか？
女：分かりました。少々お待ちください。早くお出しするよう言ってまいります。
問題：男性が言っているのはどういう意味ですか？

選択肢和訳
A 精算したい　　B 北京ダックはおいしい
C 北京ダックが来るのが遅い　　D 食べ物を無駄にしてはいけない

11 正解 C

スクリプト
女：您好，请问这附近有农业银行吗？
男：有，你往前走，到路口向右拐，就能看到。
问：女的要去哪儿？

スクリプト和訳
女　：こんにちは。お尋ねしますが、この近くに農業銀行はありますか？
男　：あります。前に進んで、交差点を右に曲がると、見えますよ。
問題：女性はどこに行こうとしているのですか？

選択肢和訳
A　郵便局　　　　　　　　B　博物館
C　農業銀行　　　　　　　D　建設銀行

12 正解 A

スクリプト
男：姥姥，阳台上的这个水壶坏了吗？
女：是，坏了。还有，阳台上的花都浇过了，你别再浇了。
问：女的是什么意思？

スクリプト和訳
男　：おばあちゃん、ベランダのこのジョウロは壊れてるの？
女　：うん、壊れてるの。それにベランダのお花にはもう水をやってるから、これ以上やらないでね。
問題：女性が言っているのはどういう意味ですか？

選択肢和訳
A　花に水をやらなくてもよい　　B　日光に当てなければならない
C　お湯はすでに沸騰した　　　　D　ベランダを掃除しなければならない

第1回

13 正解 B

スクリプト

女：宝宝是饿了吧？我去给她冲点儿奶粉？
男：我也不知道，一觉醒来，她就一个劲儿地哭，怎么哄都没用。
问：女的准备做什么？

スクリプト和訳

女　：赤ちゃんはお腹が空いたのね？粉ミルクを溶かしてこようかしら？
男　：僕も分からないよ。起きてからずっと泣いていて、どんなにあやしてもだめなんだ。
問題：女性は何をしようとしているのですか？

選択肢和訳

A　物語を話す　　　　　　　B　粉ミルクを溶かす
C　枕を1つ足す　　　　　　D　子供を注射に連れて行く

14 正解 A

スクリプト

男：这些人物照片全是你照的吗？你真让人佩服！
女：谢谢，摄影是我的业余爱好。
问：男的认为这些照片拍得怎么样？

スクリプト和訳

男　：これらのポートレイトはみんな君が写したの？本当に感心するね！
女　：ありがとう。撮影は私の趣味なの。
問題：男性はこれらの写真がどのように撮れていると思っていますか？

選択肢和訳

A　とても上手である　　　　B　とてもアマチュアっぽい
C　美感が足りない　　　　　D　現代的なセンスに富んでいる

15 正解 B

スクリプト
女：你多穿点儿，报纸上说今天有四到五级大风。
男：你看的是什么报纸啊？外面连树叶都一动不动。
问：男的是什么意思？

スクリプト和訳
女　：少し厚着しなさいよ。新聞に今日4級から5級の強い風が吹くって書いてあるわ。
男　：どの新聞を読んでるんだい？外は木の葉も動いていないよ。
問題：男性が言っているのはどういう意味ですか？

選択肢和訳
A　木の葉は皆落ちてしまった　　B　風がまったく吹いていない
C　外は霧が濃い　　　　　　　　D　新聞を買いに行きたい

16 正解 A

スクリプト
男：马上要国庆节了，放长假你有什么安排？
女：我准备跟我丈夫自驾去内蒙古，看看草原去。
问：女的国庆节打算怎么安排？

スクリプト和訳
男　：もうすぐ国慶節ですが、(その)長い休暇にどんな予定がありますか？
女　：車を運転して夫と内モンゴルに草原を見に行く予定です。
問題：女性は国慶節にどんな予定がありますか？

選択肢和訳
A　自分で車を運転して旅行する　　B　友達を訪ねる
C　郊外に船を漕ぎに行く　　　　　D　ネットゲームで遊ぶ

17 正解 D

> **スクリプト**
> 女：王总开会去了，要不这份文件先放我这儿，一会儿我帮你转交给他。
> 男：算了，不麻烦你了，我一会儿再来吧，我还要请他签字的。
> 问：关于男的，下列哪项正确？

> **スクリプト和訳**
> 女：王社長は会議に出ていますので、もし何でしたらとりあえず私のところに預けてください。後ほどお渡しいたします。
> 男：結構です。ご面倒をおかけするので、また後で来ます。社長の署名も必要なので。
> 問題：男性について、次のどの選択肢が正しいですか？

選択肢和訳

A 失業した
B 領収書を切っている
C 契約書を取り間違えた
D 王社長に会ってサインがもらいたい

18 正解 A

> **スクリプト**
> 男：如今在网上几乎可以买到所有的商品，服装、数码产品、图书，什么都有。
> 女：是，现在在网上买东西确实很方便。
> 问：对网上购物，女的是什么看法？

> **スクリプト和訳**
> 男：今やネット上でほとんどすべてのものが買えますね。衣服、デジタル製品、図書、何でもあります。
> 女：そうですね、今はネットでのショッピングは確かに便利です。
> 問題：ネット上のショッピングについて、女性はどのような考えをもっていますか？

選択肢和訳

A 便利である
B 商品を届ける速度が遅い
C サービスの質に改善の余地がある
D 小企業の発展を促進している

19 正解 A

スクリプト
女：我的手有点儿滑，怎么也拧不开这个瓶盖。
男：你给我吧，我给你拧开。
问：男的是什么意思？

スクリプト和訳
女 ：ちょっと手が滑るので、このビンのふたをどうしても開けられないの。
男 ：貸してごらん。僕が開けてあげるよ。
問題：男性が言っているのはどういう意味ですか？

選択肢和訳
A 彼が開ける
B 缶詰めを買わないように
C やけどしないように
D ビンが割れてしまった

20 正解 A

スクリプト
男：这批设备的运输费用是由谁来承担？
女：一般来说，应该是销售商承担，但对方认为费用太高，因此我们正在谈判。
问：他们在谈论什么？

スクリプト和訳
男 ：この設備の運送費用は誰が負担するのですか？
女 ：普通は売り手が負担するべきなのですが、相手が高いと思っているので、ただ今交渉中です。
問題：彼らは何について話をしていますか？

選択肢和訳
A 運送費
B 生産原料
C 投資金額
D 製品価格

第2部分 問題 p.24～p.25

〈問題文〉请选出正确答案。
〈和　訳〉正しい答えを選びなさい。

21　正解 C

スクリプト
女：你休息会儿，我们轮流开。
男：没事，一路走的都是高速，不累。
女：不行，你都开了一上午了，疲劳驾驶很危险的。
男：好吧，到前面服务区停下来换你。
问：女的认为什么很危险？

スクリプト和訳
女　：少し休んで。私たちは代わりばんこで運転しましょう。
男　：大丈夫。道中ずっと高速だから疲れないよ。
女　：だめ。午前中ずっと運転してたじゃない。疲れて運転すると危ないわよ。
男　：分かったよ。この先にあるサービスエリアで（車を）止めて君と交替しよう。
問題：女性は何が危ないと考えていますか？

選択肢和訳
A　速度オーバーでの運転　　B　飲酒運転
C　疲れて運転すること　　　D　電話をしながらの運転

22 正解 C

スクリプト

男：你这些图片处理得真棒，你是怎么弄的？
女：我下载了一个软件，就是这个，你没用过吗？
男：没有，是免费的？
女：对，是免费的，我一会儿传给你。
问：关于那个软件，下列哪项正确？

スクリプト和訳

男　：君のこれらの画像の処理は本当にすごいね。どうやったの？
女　：あるソフトをダウンロードしたの。これだけど、使ったことない？
男　：ないよ、無料なの？
女　：そう、無料。後であなたに送ってあげるわ。
問題：そのソフトについて、次のどの選択肢が正しいですか？

選択肢和訳

A　ウイルスに感染している　　　B　有料である
C　画像処理の（ソフト）である　　D　動画を処理できる

23 正解 C

スクリプト

女：你怎么了？
男：胃有点儿不舒服。
女：是不是着凉了？
男：不是，可能是消化不良，中午吃太多了。
女：我这儿有助消化的药，你吃一粒吧。
问：男的怎么了？

スクリプト和訳

女　：どうしたの？
男　：胃の具合がちょっと悪いんだ。
女　：（体を冷やして）風邪気味なんじゃない？
男　：いや、たぶん消化不良だよ。お昼に食べすぎちゃったから。
女　：私のところに消化を助ける薬があるから、1粒飲んだら。
問題：男性はどうしたのですか？

選択肢和訳

A　眠れなくなった　　　　B　風邪をひいた
C　胃の具合が悪い　　　　D　唐辛子を食べすぎた

24 正解 A

スクリプト
男：告诉你一个好消息，"五月天"要来北京开演唱会了。
女：真的吗？什么时候？
男：就这个月的最后两天，连续举办两场，现在已经开始售票了。
女：太好了，这次无论如何我都要去！
问：关于这场演唱会，下列哪项正确？

スクリプト和訳
男　：いい知らせを教えてあげる。「五月天（Mayday）」がもうすぐ北京に来てコンサートを開くんだ。
女　：本当？いつ？
男　：今月最後の2日間だよ。2公演連続で、今すでにチケットは発売開始されてるんだ。
女　：すごいわ。今回はどうあっても私は行くわよ！
問題：このコンサートについて、次のどの選択肢が正しいですか？

選択肢和訳
A　北京で開催される
B　1公演しかやらない
C　公演時間は未定である
D　今月中旬に開催される

25 正解 D

スクリプト
女：新房子装修大概需要多少钱啊？
男：我咨询了一下装修公司，如果是简单装一下的话，五万左右吧。
女：那加上家具呢？
男：加上家具的话，估计得十万。
问：根据对话，可以知道什么？

スクリプト和訳
女　：新しい家の内装・外装の工事にはだいたいどのぐらいお金がかかるかしら？
男　：内装・外装工事の会社に尋ねてみたんだけど、もし簡単にやるのであれば5万ぐらいだって。
女　：じゃあ、家具を加えたら？
男　：家具を加えたら、10万ぐらいかかるかな。
問題：この会話から、何が分かりますか？

選択肢和訳
A　家賃が値上がりしている
B　家具は買い揃えている
C　彼らはローンを組むつもりである
D　家はまだ内装・外装工事をしていない

26 正解 A

スクリプト
男：看我这身衣服怎么样？
女：挺好的，很合身，你穿西装显得更精神了，不过……
男：不过什么？
女：你为什么不打领带，搭配上一条领带就完美了。
问：女的有什么建议？

スクリプト和訳
男　：僕のこの服をどう思う？
女　：とってもいいわ。体にもぴったりだし、あなたはスーツを着るともっと元気に見えるわね。でも…。
男　：でも何？
女　：どうしてネクタイをしないの？ネクタイを1本組み合わせれば完璧なのに。
問題：女性は何を提案していますか？

選択肢和訳
A　ネクタイを締める　　B　手袋をする
C　革靴に替える　　　　D　黒い靴下を履く

27 正解 D

スクリプト
女：这个暑假你想去实习？
男：是，我已经投了好几份简历，正在等消息呢。
女：我也有这个打算，有实习经验的话，毕业后好找工作。
男：是呀，现在用人单位基本上都要求有一定的工作经验。
问：男的打算暑假做什么？

スクリプト和訳
女　：この夏休みはインターンに行くの？
男　：うん、何通か履歴書を送ったので、ちょうど連絡を待っているところ。
女　：自分もそうするつもりなの。インターンの経験があれば、卒業後に仕事を探しやすいし。
男　：そうだね。今、人材が必要な職場は基本的にある程度の仕事の経験を求めているからね。
問題：男性は夏休みに何をするつもりですか？

選択肢和訳
A　運転免許をとる　　　B　アイススケートを学ぶ
C　手術をする　　　　　D　インターンに行く

28 正解 B

スクリプト
男：你怎么买了这么多书啊?
女：书店正在搞活动，满一百返二十，所以我一下子买了很多。
男：都是些什么书啊?
女：大部分是关于如何投资的。
问：女的为什么买了很多书?

スクリプト和訳
男：どうしてこんなにたくさん本を買ったの？
女：本屋さんがちょうどキャンペーン中で、100元買うと20元バックされるの。だからいっぺんにたくさん買っちゃった。
男：どんな本を買ったの？
女：ほとんどがどうやって投資をするかについての本よ。
問題：女性はどうして本をたくさん買ったのですか？

選択肢和訳
A 試験を受けるから
B 本屋がキャンペーン中だったから
C 新しい本棚を1つ買ったから
D 息子に誕生日プレゼントを買うために

29 正解 D

スクリプト
女：你这么兴奋，天上掉馅儿饼啦?
男：差不多吧，我的那个教材项目领导已经同意了，批下来了。
女：真的？恭喜你！真是"功夫不负有心人"啊。
男：谢谢你！
问：男的为什么很兴奋？

スクリプト和訳
女：そんなに興奮して、空からお饅頭でも降ってきたの？
男：似たようなものだよ。僕のあの教材プロジェクトに、上司が賛成してくれて、認可が下りたんだ。
女：本当？おめでとう！本当に「石の上にも三年（努力は人を裏切らない）」ね。
男：ありがとう！
問題：男性はどうして興奮しているのですか？

選択肢和訳
A 昇進したから
B ビザが下りたから
C 教材の編集が終わったから
D プロジェクトの認可が下りたから

30 正解 C

スクリプト

男：把遥控器给我。
女：爸，别换频道，马上就是网球决赛了。
男：我看一下天气预报，一会儿就好。
女：好吧。
问：女的想看什么节目？

スクリプト和訳

男　：リモコンを取ってくれ。
女　：お父さん、チャンネルを変えないでよ。もうすぐテニスの決勝戦なんだから。
男　：ちょっと天気予報を見るだけだよ。すぐに終わるから。
女　：ならいいわ。
問題：女性は何の番組を見たがっていますか？

選択肢和訳

A　テレビドラマ　　　　B　アニメーション
C　テニスの決勝戦　　　D　動物の世界

31 - 32

スクリプト

　一家公司的总经理把部门主任找来说："有人想收购我们公司，你要想办法把我们的股票价格抬高，让他们买不起。我不管你用什么办法，只要能达到目的就行！"第二天，该公司股票的价格上涨了五个点。第三天又上涨了五个点。总经理非常满意，问部门主任："你是怎么做到的？""我放了一个假消息。""什么假消息？""我说您快要辞职了。"

スクリプト和訳

　ある会社の社長が部署の主任を呼んで言った。「我が社を買収しようとしている人がいる。うちの株価を引き上げて、彼らに買えないようにする方法を考えてくれ。どんな手段を使っても構わないから、目的を果たせればそれでいい！」2日目、その会社の株価は5ポイント上昇した。3日目もまた5ポイント上昇した。社長は非常に満足して、部署の主任に尋ねた。「君はどうやったんだい？」「あるニセの情報を流したのです。」「どんなニセの情報だ？」「社長がもうすぐ辞職する、と言いました。」

31 正解 C

設問スクリプト
总经理有什么要求?

設問スクリプト和訳
社長はどんな要求をしましたか？

選択肢和訳
A　さらに多くの資金を集めること　　B　広告のプランを考え直すこと
C　会社の株価を引き上げること　　　D　セールスプランを決めること

32 正解 B

設問スクリプト
部门主任放了一个什么消息?

設問スクリプト和訳
部署の主任はどんな情報を流しましたか？

選択肢和訳
A　製品を値下げする　　　　B　社長が辞職する
C　新しい職員を募集する　　D　新しい製品を売り出す

33 - 35

スクリプト

　一位母亲给她三岁的孩子买了一个漂亮的气球。孩子开心地抓着系在气球上的那根细线，在路上跑着跳着。不知怎的，一不小心，手一松，气球往天空飞去了。

　孩子伤心地哭了起来。这时，母亲蹲下身子，以一种愉快的声调对他说："瞧，宝贝儿，气球的妈妈喊它回家吃饭了，你还不赶快和它说再见！"

　听了妈妈的话，孩子觉得很新奇，立即不哭了，举起胖胖的小手，向着升上天的气球，大声喊道："再见，再见。"可爱的脸上，充满了天真的笑容。

スクリプト和訳

　ある母親が自分の3歳の子供にきれいな風船を1つ買ってあげた。子供は喜んで風船についた細いひもを掴んで道路で走ったり跳んだりしていた。どういうことか、ちょっとした不注意で、（ひもを握った）手を緩めてしまい、風船は空に飛んでいってしまった。

　子供は悲しそうに泣き始めた。その時、母親がしゃがんで、楽しそうな調子で子供に語りかけた。「ご覧なさい、いい子だから。風船のお母さんがあの風船にご飯だからうちに帰って来なさいって言ったのよ。早くさようならって言わなきゃ！」

　母親の話を聞いて、子供は不思議に思って、すぐに泣き止んで、丸々とした小さな手を上げて、空に昇っていく風船に向かって、大きな声で叫んだ。「さようなら、さようなら。」そのかわいい顔には、天真爛漫な笑みがあふれていた。

33 正解 C

設問スクリプト
孩子为什么哭?

設問スクリプト和訳
子供はどうして泣いたのですか?

選択肢和訳
A 転んだから
B 風船が割れたから
C 風船が飛んでいってしまったから
D 母親とはぐれたから

34 正解 C

設問スクリプト
母亲是怎么安慰孩子的?

設問スクリプト和訳
母親はどうやって子供を慰めたのですか?

選択肢和訳
A 新しいのを買ってあげた
B 風船は大きくなった（と言った）
C 風船はうちに帰った（と言った）
D 子供を娯楽施設に連れて行った

35 正解 B

設問スクリプト
关于那位母亲，可以知道什么?

設問スクリプト和訳
母親について、何が分かりますか?

選択肢和訳
A 親孝行である
B 子供を慰めるのが上手である
C 幼稚園の先生である
D 子供の考えが分からない

36 - 38

> **スクリプト**

　我曾租过一套公寓。那时，左右两家租住的也是和我一样的年轻人，可是他们都是一进门就把门紧紧关上了。我一直都没机会认识他们。一天，我主动敲开了一扇紧闭的门。短暂的惊讶之后，是轻松而愉快的聊天儿。就这样我认识了三个和我同龄的男孩子。后来，通过敲门，我又认识了另一户，一个学画画儿的女孩子。大家熟悉之后，交往也随意了很多。有一次闲聊中，我责备他们以前为什么总是关着门，对方大笑：你不也总是关着门吗？原来如此，交往中，别人的反应是一面镜子，照出了我们的行为。责备别人冷淡，其实是自己的态度吓退了别人。很多时候是你自己把门关上了，别人才同样关上了门。

> **スクリプト和訳**

　私はかつてアパートを1部屋借りたことがあった。その時、左右両隣を借りて住んでいたのも私と同じ若者だったが、彼らは部屋に入るとすぐにドアを固く閉じてしまっていた。私はずっと彼らと知り合う機会がなかった。ある日、私は自分からぴったりと閉じられたドアをノックしてみた。驚いたのも束の間、気楽で楽しいおしゃべりができた。このようにして私は3人の私と同い年の男の子と知り合った。その後、ドアをノックすることによって、もう1部屋の、1人の絵画を学んでいる女の子と知り合った。みんなが互いによく知り合うと、付き合いもずっと気楽になった。ある時のおしゃべりの中で、私は彼らが以前どうしてドアを閉じたままだったのかと責めたら、相手は大笑いして、君だってドアを閉じてたじゃないか？と言った。そういうことだったのか。付き合いにおいて、他人の反応は鏡であり、自分の行為を映し出しているのだ。他人の冷たさを責めても、実際には自分の態度が他人を脅して遠ざけていることになる。たいていの場合は自分自身がドアを閉じているので、他人も同じようにドアを閉じているのである。

36 正解 A

設問スクリプト
说话人是怎么认识邻居的?

設問スクリプト和訳
話をしている人はどうやって隣人と知り合ったのですか？

選択肢和訳
A 自分でドアをノックしに行った　　B 友達に紹介された
C 集会の時に知り合った　　D バレーボールをしている時に知り合った

37 正解 B

設問スクリプト
几个年轻人认识后相处得怎么样?

設問スクリプト和訳
この数人の若者たちは知り合った後うまく付き合いましたか？

選択肢和訳
A 普通である　　B 楽しく（付き合った）
C 対立がたくさんあった　　D 相変わらずよく知らない同士だった

38 正解 A

設問スクリプト
这段话主要想告诉我们什么?

設問スクリプト和訳
この話は主に何を我々に伝えようとしていますか？

選択肢和訳
A 積極的にコミュニケーションをとらなければならない
B 驕り高ぶってはならない
C 他人をもっと褒めなければならない
D 同じ過ちを犯してはならない

39 - 41

> **スクリプト**
>
> 　　人生的道路有千百条，但每一条路都只通向一个目标。一个人，不可能同时向南又向北。路只能一步一步地走，目标只能一个一个地实现。你如果什么都想要，最终可能什么也得不到。太多的幻想，往往使人不知如何选择。当你还在举棋不定时，别人或许已经到达目的地了。
>
> 　　目标是指路明灯。人生没有目标，就没有坚定的方向。在人生的竞赛场上，一个人无论多么优秀，如果没有一个明确的人生目标，也很难取得事业上的成功。许多人并不缺少信心、能力、智力，之所以没成功，只是因为没有确立目标或没有选准目标。
>
> **スクリプト和訳**
>
> 　　人生の道路の数は数千数百もあるが、どの道もただ1つの目標に向かっている。1人の人間は、同時に南と北に向かうことは不可能だ。道はただ一歩一歩歩むしかなく、目標は1つ1つ実現するしかない。もし何でも欲しがれば、結局何も得られないだろう。多すぎる幻想は、往々にして人に何を選んだらいいか分からなくさせてしまう。あなたが次の一手を決めかねて躊躇している間に、他の人がもしかするとすでにその目的地に達しているかもしれない。
>
> 　　目標は道を指し示す灯りである。人生に目標がなければ、確固とした方向性もないことになる。人生の競技場において、1人の人間がいくら優秀でも、明確な人生の目標がなければ、事業で成功を収めることも難しいだろう。多くの人が自信や能力や知力が欠けてはいないのに成功しないのは、ただ目標を確立していないか目標を正しく選んでいないだけなのである。

39 正解 D

設問スクリプト
关于人生的道路，可以知道什么?

設問スクリプト和訳
人生の道路について、何が分かりますか？

選択肢和訳
A （道は）1本しかない　　B　高速道路である
C　目的地がない　　D　一歩一歩歩まなければならない

40 正解 C

設問スクリプト
这段话中的"举棋不定"是什么意思?

設問スクリプト和訳
この話の中の「挙棋不定（碁石を手にして考えあぐねる）」とはどういう意味ですか？

選択肢和訳
A　うんざりしている　　B　希望に満ちている
C　ためらって決めかねている　　D　大変後悔している

41 正解 C

設問スクリプト
这段话主要想告诉我们什么?

設問スクリプト和訳
この話は主に何を我々に伝えようとしていますか？

選択肢和訳
A　個性的でなくてはならない　　B　懐疑精神を持たなくてはならない
C　人生には目標が必要である　　D　責任逃れをしてはならない

42 - 43

スクリプト

没有天敌的动物往往最先消失，有天敌的动物则会逐步壮大。大自然中的这一现象在人类社会也同样存在。敌人的力量会让一个人发挥出巨大的潜能，创造出惊人的成绩。尤其是当敌人强大到足以威胁到你的生命的时候，你一刻不努力，你的生命就会有万分的惊险。在你的人生中，一定会遇到各种各样的对手，不必过于担心，因为敌人是一把双刃剑，可能对你造成威胁，但也可能成为你进取的动力。

スクリプト和訳

天敵のいない動物は往々にして真っ先に消えてしまい、天敵のいる動物は次第に栄えていく。大自然におけるこの現象は人類社会にもまた同じように存在する。敵の力は人間の巨大な潜在能力を発揮させ、驚くべき成績を作り出す。とりわけ敵の強大さが自分の生命を脅かすほどになった時に、もし少しでも努力の手を緩めれば、あなたの命は極めて危険な状態にさらされるのである。あなたの人生において、きっと様々なライバルに出会うであろうが、心配しすぎることはない。敵は1振りの両刃の剣のようで、あなたの脅威になるかもしれないが、あなたが向上しようと努力する原動力にもなりうるのである。

42 正解 A

設問スクリプト
对手对我们有什么意义？

設問スクリプト和訳
ライバルは我々にとってどんな意味を持っていますか？

選択肢和訳
A 進歩を促してくれる　　B 良いアドバイスをくれる
C 孤独感を感じなくさせてくれる　　D 自信を失わせる

43 正解 B

設問スクリプト
这段话主要想告诉我们什么？

設問スクリプト和訳
この話は主に何を我々に伝えようとしていますか？

選択肢和訳
A 公平に競争しなければならない　　B 人生には敵が必要である
C 成長は友人と切り離せない　　D 失敗は成功の母である

44 - 45

スクリプト

在武汉进行的男篮亚锦赛上，人们很关注担任解说嘉宾的姚明。"很专业，挺幽默，如果声调再高一点点就好了。"这是人们对他的评价。姚明的思维颇为敏捷，口才也相当优秀，虽然没有接受过正规的主持训练，但是解说比赛有自己独特的风格。虽然已经不再打篮球了，但篮球水平高超的姚明，对球场上的现象，点评及时而准确，很有预见性。

スクリプト和訳

武漢で行われているバスケットボールのアジア選手権で、人々は解説を担当しているゲストの姚明に注目した。「専門的で、とてもユーモアがあるが、もう少し声の調子が高いといいのに。」これが人々の彼に対する評価だ。姚明は頭の回転が大変速く、スピーチのスキルもとても優れているので、たとえ正規の司会の訓練を受けていないとはいっても、試合の解説には（彼）独自のスタイルがある。もうバスケットボールはやらなくなってしまっているが、バスケットボールのレベルがずば抜けて高い姚明は、コートでの出来事への講評がタイムリーかつ正確で、予見性にも富んでいる。

44 正解 C

設問スクリプト

人们怎么评价姚明？

設問スクリプト和訳

人々は姚明をどのように評価していますか？

選択肢和訳

A ユーモアが足りない　　B 話し方が速すぎる
C 声の調子がやや低い　　D 厳しそうに見える

45 正解 C

設問スクリプト

关于姚明，下列哪项正确？

設問スクリプト和訳

姚明について、次のどの選択肢が正しいですか？

選択肢和訳

A 試合に参加した　　　　B コーチになりたくない
C 解説ゲストを担当した　D 開幕式に出席しなかった

2 阅读

> **第1部分** 問題 p.26～p.28

〈問題文〉请选出正确答案。
〈和　訳〉正しい答えを選びなさい。

46 - 48

問題文和訳

　空気、日光、そして愛と肉親の情、これらは普通でありふれているように見えるが、まさにいつも容易に得ることができるからこそ、よく我々に（46）軽視されてしまう。しかしいったん私たちの側からひっそりと去ってしまうと、私たちは初めて、これらがありふれているものに見えても、その重要性はお金より何（47）倍も高いことをはっと悟るのである。ゆえに、私たちは（物事を）見極め、選択し、取捨することを学んで身につける（48）必要があり、何が私たちにとって本当に必要なものなのかをはっきりさせなければならないのである。

46　正解 B

選択肢和訳

A　執行する　　B　軽視する　　C　称賛する　　D　勝ち取る

> **解説**　空欄の前に書いてある部分の論理関係をよく考えると「容易に得ることができる」から「（例えば）大事にされない」という文脈の展開を予測して空欄にどういう言葉が入るといいか考えてから選択肢を見る。するとBがふさわしいことが分かる。

47　正解 D

選択肢和訳

A　幅（量）　　B　グラム　　C　批（量）　　D　倍

> **解説**　"比金钱高出多少"の部分は比較の構文になっている。比較の構文の中で比較の差を盛り込みたい場合は形容詞（や動詞）の後に入るので、空欄には「重要性がどのくらい大きいか」ということを入れる。それを考えるとDがふさわしいことが分かる。選択肢はいずれも量詞。Aは絵画などを数える。Bは重さの単位。Cはまとまった大量の人や荷物を数える。

48　正解 B

選択肢和訳

A　原則　　B　必要　　C　権利　　D　価値

> **解説**　空欄の前後の文脈から考えて、「～しなければならない」というような意味の言葉が入ることをまず予想しよう。考えられるものとしては"应该""必须""需要"などがあるが、ここは空欄の前に"有"があるので、"有必要"がふさわしい。というわけでBが正解。

49 - 52

問題文和訳

　小説を書く人は繰り返しを恐れるので、自分の作品の繰り返しを避けるために、創作する時間が回数を重ねるごとに長くなる。しかし生活は小説とは異なり、時には、(49) 繰り返しもまたある種の幸せであり、毎日自分の好きな人と一緒にいること、たびたび彼と一緒に旅行に行くこと、同じ約束や夢を繰り返すこと、彼が (50) 数え切れないほど何回も話す小さい頃の思い出を聞くこと、毎年同じ日に彼と誕生日を (51) 祝うこと、毎年のバレンタインデーや大晦日を彼と一緒に過ごすこと。私たちのいわゆる幸せとはまさに同じことを繰り返し行うことではないだろうか？口ゲンカさえも繰り返しで、つまらないことでケンカして、冷戦状態になるが、その後に狂ったように (52) 相手のことが恋しくなり、最後には仲直りする。私たちはずっとこれらと似たようなことを繰り返して、これが幸せだと信じているのではないだろうか？

49　正解 A

選択肢和訳

A　繰り返しもまたある種の幸せ　　B　生活はいつも冒険であってはならない
C　自分の理想をしっかり持ち続ける　D　小説を書くのに必要なのは想像力

解説　最初に「小説を書く人は"害怕重复"」と言い、空欄の前では"生活不同于写小说"と言っているので、つまり実際の生活では「繰り返し」ということがよく起こるということを言っている。そしてその後の空欄直前部分で"有时候（時には）"と言っているということは、空欄内には、繰り返しが好ましいこともある、という方向の言葉が入るはずである。それを踏まえて選択肢を見ると、Aがふさわしいことが分かる。

50　正解 C

選択肢和訳

A　繰り返し　　B　ひどい　　C　無数の　　D　余分な

解説　空欄49の後の文を見ていくと、最初のフレーズで"每天"と言い、次のフレーズで"常常"と言い、次のフレーズでは"重复"と言った後、空欄50のフレーズにつながっている。上記の単語たちはいずれも回数が多いことを表したり暗示したりしているので、空欄50にもそのような言葉を入れたい。そして空欄50の後には"次"という回数を表す量詞がある。これを踏まえて選択肢を見ると、Cがふさわしいことが分かる。Aも回数が多くなることを暗示する言葉になるが、これは動詞もしくは副詞なので、"次"の前に置くことは難しいので不適。

51　正解 B

選択肢和訳

A　従事する　　B　祝う　　C　参加する　　D　別れる

解説　空欄直後に"生日"という言葉があるので、「誕生日を過ごす」もしくは「誕生日をお祝いする」というような言い回しであることを予想して選択肢を見ると、Bがふさわしいことが分かる。

52 正解 D

選択肢和訳
A 個人　　B 双方　　C ライバル　　D 相手

解説　空欄の含まれている文の内容を時系列で整理しながら見てみると、「つまらないことでケンカして」→「冷戦になって」→「狂ったように〜が恋しくなり」→「最後に仲直り」となっている。冷戦になった後、何が恋しくなって仲直りに到るかというと、明らかに相手のことが恋しくなるはずなので、Dが正解。

53 - 56

問題文和訳

　ある農夫が、日の出とともに耕作し、日が暮れると休んでいた。懸命に田畑で耕作をし、暮らしは豊かとは言えなかったが、(53)かえって穏やかで楽しくもあった。

　ある日の夜、農夫は、自分が18個の金塊を得る夢を見た。(54)偶然ながら、その次の日に、農夫は自分の土地でなんと本当に1つの金塊を掘り出したのである。彼の家族や親戚、友人たちは皆そのことでしきりに喜んだが、農夫は憂鬱な様子で、一日中心配事が山積みであった。他の人が彼に尋ねた。「あんたはもう金塊を1つ手にしたのに、これ以上何か不満なことがあるのかい？」農夫は答えた。「私は、(55)他の17個の金塊がどこに行ってしまったかと考えているのだ。」

　金塊を1つ手にして、かえって生活の楽しみを(56)失ったのである。思うに、本当の楽しみは金銭とは関係ない時もあるのである。

53 正解 A

選択肢和訳
A かえって　　B 〜に乗じて　　C すなわち　　D 〜すれば…する

解説　空欄の前のフレーズに"虽"がある。"虽然〜但是…（〜ではあるが…）"というのとほぼ同じ呼応関係を作るので、後半部分には逆接の接続語が入るはずである。それを踏まえて選択肢を見ると、Aが逆接を表す副詞として使えるのでこれが正解。

54 正解 A

選択肢和訳
A 偶然ながら　　B 皮肉なことに　　C 残念なことに　　D まるで冗談のように

解説　空欄の前で夢の話をし、空欄の後では夢の一部が現実に起こったことを表しているので、空欄にはその不思議さとか偶然の妙を述べる言葉が入ると考えて選択肢を見る。するとAがふさわしいことが分かる。

55 正解 B

選択肢和訳

A どうりで　B 他の　C とりわけ　D 合計で

解説 この農夫は、夢では18個の金塊を拾ったのに現実には1つしか拾わなかったので、残りの17個が気になって仕方ないわけである。つまり空欄には「残りの」とか「その他の」という言葉が入ると自然な流れとなる。それを踏まえて選択肢を見ると、Bがふさわしいことが分かる。

56 正解 D

選択肢和訳

A もたらす　B 縮める　C しっかり掴む　D 失う

解説 元々この農夫は、生活は豊かでなくとも楽しい生活だと思っていたわけであるが、金塊を1つ得たことでそうではなくなってしまったのである。つまり空欄には「生活の楽しみ」という目的語を持つ「失う」というような動詞が入ると思われる。それを踏まえて選択肢を見ると、Dがまさに「失う」という意味なので、これが正解。

57 - 60

問題文和訳

ある社長が、居酒屋で客を招待していたのに、すでに時間になったが3人しかやってこなかった。社長は気が急いて、独り言で「来るべき人がどうしてまだ来ないんだ？」と呟いた。3人のうちの1人が彼がそう言うのを聞いて、怒ってしまい、立ち上がって眉をひそめて帰ってしまった。社長は誰かが帰ったのを見て、さらに焦って、(57)残りの2人に向かって言った。「ああ、帰るべきでない人が帰ってしまった。」その2人もそれを聞いて眉をひそめて、その中の1人が立ち上がって帰ってしまった。社長はそれを見てますます焦って、残ったその人に向かって「(58)ほら、私は彼のことを言ったのではないのに。」と言った。3人目の客もそれを聞くと、立ち上がって(59)そそくさと帰ってしまった。

この社長は口のきき方がよくなかったので、客にご馳走をするはずが客を追い払うことになってしまい、客を(60)追い出してしまったのである。

57 正解 B

選択肢和訳

A その他　B 残りの　C お互いに　D 各自

解説 最初3人の客がいて、そのうちの1人が帰ってしまったので、「残りの2人」と言いたい。それを踏まえて選択肢を見るとBがふさわしいと分かる。A "此外" と迷うかもしれないが、これは基本的に接続詞的に使うので、ここでは使えない。

169

58　正解 D

選択肢和訳

A　彼はお手洗いに行きました　　B　私たちは待たされすぎです
C　もう少し考えさせてください　D　ほら、私は彼のことを言ったのではないのに

解説　1人目が帰った時の言葉"该来的怎么还没来？"とか2人目が帰った時の言葉"不该走的又走了。"はいずれもその場にいる客に「自分はお呼びでないのか？」と思わせるような発言なので、空欄に入る発言も同じような効果をもたらす発言であるべき。それを踏まえて選択肢を見ると、Dが正解と分かる。Dの「私は彼のことを言ったのではないのに」は、裏返せば「残ったあなたのことを言ったのだ」と解釈できるので、残った1人の客も帰ってしまったのである。

59　正解 B

選択肢和訳

A　こっそり　　B　そそくさと　　C　次々と　　D　次第に

解説　消去法で見てみよう。この人は怒って帰るわけなのでこっそりと帰るはずはない。そこでAは不適。またここは最後の客が帰るシーンなので「次々と帰る」というのはおかしい。そこでCも不適。また人が帰ることについて「次第に、段々と」と表現するのもそぐわないのでDも不適。よってBが正解。

60　正解 B

選択肢和訳

A　追いかける　　B　追い出す　　C　促す　　D　引き留める

解説　文脈から、空欄には「追い払う」とか「追い出す」というような意味が入ると考えられる。それを踏まえて選択肢を見るとBがふさわしいと分かる。Aと迷うかもしれないが、Aはどちらかというと「追いかける・追い求める」というようなニュアンスなので、ここではBがよい。

第2部分　問題 p.29～p.32

〈問題文〉请选出与试题内容一致的一项。
〈和　訳〉問題の内容と一致するものを1つ選びなさい。

61　正解 A

問題文和訳

北京の秋は寒暖のバランスのとれた気候で、レジャーに出かけるのに最適な季節である。ただ春・夏・秋・冬の四季の中で、秋が最も短く、平均して52日しかなく、たった27日の短さだった年もある。だから、いい天気を利用して遊びに出かけるチャンスを逃さないようにしなければならない時がやって来たのである。

選択肢和訳

A　今は秋である
B　秋は砂嵐が激しい
C　秋は温度差が大きい
D　北京の秋は長い

解説　"所以"の前までは北京の秋の説明をしているだけで、今が何の季節なのか分からないが、"所以"の後で、今が秋であることが分かる。というのは、この文の最後に変化の"了"がついているので、今そういう時になった、ということになるからである。というわけでAが正解。

62　正解 D

問題文和訳

私たちは言葉でのコミュニケーションを重視するが、実際には、私たちが口を開く前に、体がすでに多くの情報を伝達している。初めて人に会った時に、あなたの印象の55％があなたの外見や身体言語によるもので、38％があなたの話し方、たった7％があなたが話したことによるものなのである。

選択肢和訳

A　沈黙は金である
B　言行は一致すべきである
C　話すことを少なめにして、行動を多めにする
D　身体言語は多くの情報を表現することができる

解説　日本語でもそうだが、逆接の接続語の後のところに筆者の最も言いたいことが現れていることが多い。この文では"其实"がそれにあたるので、この後の部分を見ると"身体就已经传递了很多信息"と書いてある。よってDが正解。

63 正解 A

問題文和訳

仕事と生活のストレスが大きすぎたり、仕事と休息が不規則だったりすることなどが、睡眠の質の低下を招き、さらには目の周りにくまを作ってしまう。専門家の指摘では、目のくまを覆うためのいろいろな製品を絶えず取り換えるよりは、睡眠を改善し、飲食を整えた方がよく、そうしてこそ、目のくまの問題もうまく解決するのである。

選択肢和訳

A 目のくまは睡眠の質と関係がある
B 目のくまは一種のアレルギー現象である
C 目のくまができるのは年を取ったということである
D 目のくまの問題を解決するにはよく運動をすることである

解説 この文章の最初の文の後半部分で"会导致睡眠质量下降，进而产生黑眼圈"と言っている。これは要するに睡眠の質が目のくまを左右するということなので、Aが正解。

64 正解 C

問題文和訳

「土地がそこに住む人々を育む」というのはことわざの1つだが、(これは) 1つの環境はそれ相応の人材を作り出すということの比喩である。どの地域も水や土の環境や文化的な環境がそれぞれ異なり、人々の生活様式・風俗習慣や思想観念もそれによって変化する。同じ環境で生活する人は、性格もまた似ているので、それによってその地域の独自性が現れてくるのである。

選択肢和訳

A 環境を保護しなければならない
B 気分は気候の影響を受けやすい
C 同じ環境下にある人には共通点がある
D 異なる地区の経済状況の差は大きい

解説 問題文最後の方で"生活在同一个环境中的人，性格也会很相似"と言っているのでCがふさわしい。

65 正解 D

問題文和訳

青島といえば、多くの人が思いつくのが美しい海・金色の砂浜・おいしい海鮮・爽やかなビールなどであるが、青島の街を話題にする人はほとんどいない。しかし青島に来ると、青島の街はきっと深い印象を残すだろう。青島は山と海に囲まれているので、真南や真北に行く道がなく、青島で道を尋ねれば、現地の人は東に行けとか北に行けとか教えずに、ただいくつ目の交差点を左に曲がるか右に曲がるかを教えてくれるだけだろう。

選択肢和訳

A　青島の人は親切である
B　青島の街の通りはまっすぐである
C　青島の公共の交通手段は発達している
D　青島の街の通りは独特である

解説　この問題は消去法で見ていく方がいいかもしれない。Aについては本文中に特に言及がないので不適。"没有一条路是正南或是正北的"と言っており、道がまっすぐではないことをうかがわせるのでBも不適。Cについても言及がないので不適。よってDがよい。

66 正解 D

問題文和訳

スキーをする人はみんな軽やかに山の坂に沿って滑り下りてくるということを望むが、その過程を得るためには必ずまず山頂まで登らなければならない。私たちの心理状況もそのようなものである。最終的に正しい方向に向かって前進するためには、まず反対の方向に向かってしばらく歩く必要がある。より長い楽しみを得るためには、時には相応の悲しみに耐える必要がある。だから、もし自分が暗く気のふさぐ境遇にあったとしても、くれぐれも諦めてはならない。山頂まで登れば、楽しい新生活を迎えることができるのだから。

選択肢和訳

A　リラックスすることを学ばなければならない
B　ディテールが事の成り行きを決める
C　期待が大きいほど失望も大きい
D　困難に直面しても諦めてはならない

解説　この文章は最後に結論が出ている文体なので、最後の方を見てみると、"如果你的心情正处在幽暗的境地，千万不要放弃"と言っているのでDが正解。

67 正解 B

問題文和訳

水車は水流を動力にして田に水を引く道具の1つで、「水転筒車（水で回転する車）」ともいう。歴史的な資料によれば、水車は隋の時代に発明され、唐の時代に盛んになったという記載があり、今から1000年あまり隔てた歴史がある。この水力による自動の古い歴史を持つ水車は中国の昔の人が発明したもので、各地の山や渓流で1つまた1つと古い田園の春の風景画を形作っているのである。

選択肢和訳

A 水車は唐の時代に発明された
B 水車は水の流れを動力にしている
C 水車は発電に用いることができる
D 水車は運搬道具の1つである

解説 問題文冒頭で"筒车是一种以水流做动力取水浇田的工具"と言っているのでBが正解。

68 正解 D

問題文和訳

長い間、人々は怠惰ということを極度に忌み嫌ってきた。しかし実際には、「怠ける」ということはある角度から見れば、創造の原動力となることもできれば、さらには生産の効率を向上させることも可能である。人間はまさに挽き臼を回すのがおっくうだったからこそ、風車を発明し、道を歩くのがおっくうだったからこそ、自動車を発明した。怠けることに巧みな人は、その身にいつも創造の火花がきらめいているのである。

選択肢和訳

A 勤勉は非才を補う
B 愚かな人にはそれなりの幸せがある
C 怠け者はより満足しやすい
D 怠惰は創造の原動力になることができる

解説 問題文の中盤あたりで"既能成为一种创造的动力"と言っているのでDが正解。

69 正解 A

問題文和訳

多くの人は何かをするのによく中途半端で終わってしまうが、実際には、もう少し力を使って、もう少しの時間頑張れば、目的を達成することができるのである。人々が容易に諦めてしまうのは、主に根気が足りないからである。困難に出合って諦めようとする時は、自分に次のことを気づかせるのを忘れてはならない。人生は四季のように移り変わるもので、今のこの時は人生の冬にすぎない。冬が来たのならば、春も遠くはないだろう。

選択肢和訳

A 頑張り続けることが成功につながる
B 小さなことから始めなければならない
C 他人を手伝うことに力を尽くさなければならない
D 物事を行うのにこだわりすぎてはならない

解説 問題文最初の方で"再坚持一点点时间，就会胜利"と言っているのでAが正解。

70 正解 D

問題文和訳

瑠璃廠大街は北京の和平門外に位置する、北京の有名な文化的な大通りである。それは清代に形成され、当時各地から北京に科挙の試験を受けに来た挙人の大多数が集中してこの一帯に住んでおり、そのためにここで書籍や文具（筆・墨・紙・硯）を売る店が比較的多くなり、文化的な雰囲気も比較的濃厚になったのである。今日では、ここには多くの骨董や書画を商う店があり、多くの北京に旅行にやって来た人々がここに見物散歩に来たがるのである。

選択肢和訳

A 瑠璃廠には多くの有名大学がある
B 瑠璃廠を知っている人は次第に少なくなっている
C 瑠璃廠大街はグルメ通りである
D 多くの人が瑠璃廠大街に遊びに行く

解説 問題文の最後で"很多来京旅游的人都要到这里逛逛"と言っているのでDが正解。

第3部分　問題 p.34～p.43

〈問題文〉请选出正确答案。
〈和　訳〉正しい答えを選びなさい。

71 - 74

問題文和訳

　ある出版社の友人は、人に会いに出かける前には毎回必ずまず相手の星座を調べている。そうすることで彼女は相手を素早く分類し、相手を自分のよく知る言葉の中に引き込むことができるのである。さらに別の友人の何人かは、人がどの大学を卒業したか、何に興味があるのかとか趣味は何であるのかということを調べるのが好きだが、それらの質問の中からは、たいてい相手と共通の話題を見つけることができる。いったん（共通の話題）が見つかると、距離がまたずっと近づいたようになる。

　ある私と同郷の人は、人と会う度に最初にまずする質問は相手の実家がどこにあるかということである。彼による各地の人の性格の特徴の研究に基づくと、この質問は話し合える話題をすぐに引き寄せることができるらしい。もしうまい具合に相手と同郷だったのであれば、その親しく打ち解けた感覚で、すぐに兄弟のように付き合わずにはいられないという。

　これらは皆素早く人との距離を縮める方法であり、これらの習慣を持つ人は、たいてい素早く人と良い関係を築くことができる。心理学では、これを「名刺効果」と呼んでいる。つまり2人の人が付き合う際に、もしあることに関する自分の態度、価値観、興味が相手と同じであることを最初に表せば、相手にあなたと自分とのより多くの相似点を感じさせ、それによって素早くあなたとの心理的な距離を縮めることができるということである。

71　正解 C

問題文和訳　友人はどうして他人に興味のあることや趣味を尋ねるのですか？

選択肢和訳
A　好奇心が強いから　　　B　尊敬の念を表すため
C　距離を縮めたいから　　D　心理の研究をしているから

解説　第1段落の最後で"一旦找到，似乎距离又拉近了很多"と言っているのでCが正解。

72 正解 D

問題文和訳 その同郷の人について、下のどの選択肢が正しいですか？

選択肢和訳
A にぎやかなのが嫌い
B すでに退職した
C 何人も兄弟がいる
D 異なる出身地の人の性格を理解している

解説 "老乡（同郷の人）"は第2段落に出てきて、"基于他对各地人性格特点的研究"と言っており、その「同郷の人」が各地の人の性格を研究していることが分かる。よってDが正解。

73 正解 C

問題文和訳 「名刺効果」について、分かるのは：

選択肢和訳
A 効果がはっきりしない
B 失敗する時もある
C 人との交際において役立つ
D 面接の時によく起こる

解説 第3段落後半では、「名刺効果」により心理的な距離を縮めることができる、と言っているのでCがふさわしいことが分かる。

74 正解 B

問題文和訳 上の文章は主に何を我々に伝えようとしていますか？

選択肢和訳
A 話す時には重点を際立たせなければならない
B 交流には共通の話題が必要である
C 習慣はゆっくりと形成される
D むやみに他人を責めてはならない

解説 第1段落では星座の話題を出したり趣味の話を出して相手との共通の話題を探すと言っているし、第2段落でも各地の人々の性格上の特徴を研究することで多くの人との共通の話題を探す人が出てくる。それを踏まえて選択肢を見るとBが正解と分かる。

75 - 78

問題文和訳

伝説に寒号鳥という小鳥がいる。

夏、寒号鳥は全身がきらびやかで美しい羽毛で覆われていて、とても美しかった。寒号鳥は非常に驕り高ぶり、自分が世の中で一番美しい鳥で、鳳凰さえも自分にはかなわないと思っていた。そして一日中羽毛を揺らして、あちこちを歩き回り、得意気に「鳳凰は自分にかなわない！鳳凰は自分にかなわない！」と歌っていた。

夏が過ぎて、秋が来ると、鳥たちはそれぞれ忙しくなってくる。仲間と一緒になって南方に飛んで、そこで暖かい冬を過ごす鳥もいれば、留まって、一日中せっせと働いて、食べ物を集め、巣を繕い、冬を過ごす準備をする鳥もいた。ただ寒号鳥だけが、南方に飛んで行く能力もなければ、せっせと働きたくもなかったので、相変わらず一日中遊びほうけて、ひたすらあちこちで自分のきれいな羽毛を見せびらかしていた。

冬がとうとうやって来て、寒さもひどくなったので、鳥たちは自分の暖かい巣に戻った。この時の寒号鳥は、体のきれいな羽毛がすっかり抜け落ちていた。夜、寒号鳥は岩の隙間に身を隠して、ずっとぶるぶると凍え、ひっきりなしに「寒いよ、寒いよ、夜が明けたら巣を作ろう！」と叫んだ。夜が明けて、太陽が出て、暖かい日光が照ると、寒号鳥はまた夜の寒さを忘れ、そしてまたひっきりなしに「気にしない、適当でいいさ。お日様の下は暖かい、お日様の下は暖かい。」と歌っていた。

寒号鳥はそのように一日一日をいい加減に過ごし、一日また一日と、ずっと自分の巣を作れずにいた。そして結局、寒号鳥は寒い冬を越すことができずに、岩の割れ目で凍え死んでしまった。

そのようなただ目の前のことだけを気にし、その場限りのいい加減な暮らしをして、長いスパンでの計画を立てず、勤勉に働いて生活を創造しようとしない人は、寒号鳥とたいして差はないのである。

75 正解 C

問題文和訳 寒号鳥はどうして驕り高ぶっていたのですか？

選択肢和訳

A 歌声が心を打つから　　B 舞う姿が美しいから
C 美しい羽毛が生えていたから　　D 普通の鳥より高く飛ぶから

解説 問題文第2段落で"寒号鸟全身长满了绚丽的羽毛，十分美丽。寒号鸟骄傲得不得了…"と言っているのでCが正解。

76 正解 C

問題文和訳 寒号鳥について、何が分かりますか?

選択肢和訳
A 勤勉である
B とても謙虚である
C 冬を越す準備をしなかった
D 他の鳥の巣を奪った

解説 第3段落で、ほかの鳥たちは"准备在那里度过温暖的冬天"もしくは"做好过冬的准备工作"なのに寒号鳥だけは"既没有飞到南方去的本领，又不愿辛勤劳动"と言っているので、Cがふさわしい。

77 正解 A

問題文和訳 上の文章の「得过且过」はどんな意味である可能性が最も高いですか?

選択肢和訳
A 要求が高くない
B 奮闘努力する
C チャンスを探す
D あまり現実的でない

解説 "得过且过"は「その日暮らしをする」というような意味だが、意味を知らなくても前後の文脈から「どうにかなる・なんとでもなる」というような、消極的に自己肯定をするニュアンスで使われていることは推測できるだろう。それを踏まえて選択肢を見ると、BやCのように積極的なニュアンスの言葉は却下できることが分かる。またDのように自己批判するようなニュアンスも不適である。よってAが正解。

78 正解 A

問題文和訳 上の文章は主に何を我々に伝えようとしていますか?

選択肢和訳
A 目の前のことだけを気にしては絶対にならない
B すぐに経験をまとめなければならない
C 計画は変化に追いつけない
D 観察力を訓練しなければならない

解説 問題文最後の段落で書いてあることをまとめると、目先のことしか見ていない人は寒号鳥と同じことだ、ということ。はっきり書いてはいないが、この文章では寒号鳥を批判的に見ていることは明らかなので、要するに目先だけを見ていてはいけない、ということを言っている。よってAが正解。

79 - 82

問題文和訳

　小さい頃からバレエを練習しているある女の子が舞踊の専門学校を受験することに決めて、ダンスを一生の職業にしようとした。しかし彼女は自分にその天分があるかどうかをはっきりさせたかった。そして、あるバレエ団が女の子の住む街に公演にやって来た時に、彼女はそのバレエ団の団長に会いに駆けつけた。

　女の子は「私は一番優れたバレエダンサーになりたいのですが、自分にその天分があるかどうかが分かりません。」と言うと、「一くさり踊って見せてくれ。」と団長は言った。5分後、団長は女の子を止め、かぶりを振って言った。「君にはその天分はない。」

　女の子は心を痛めて家に帰り、バレエシューズを箱に投げ入れて、二度と履かなかった。その後、彼女は結婚して子供を生み、スーパーの店員になった。何年も後にバレエの公演を観に行くと、劇場の入り口で彼女はあの団長とまたばったり会った。彼女は「あの時、団長はどうやって私に天分がないと見抜いたのですか？」と言った。「ああ、君が踊っている時に、私は大して見ていなかったから、君にはただ他の人にも言うようなことしか言っていないよ。」「ええ？」彼女は叫んだ。「あなたの言ったことは私の人生をぶち壊しにしたんですよ。私は本当は一番優れたバレエダンサーになれたのに！」「私はそうは思わないな。」団長は反論して言った。「もし本当に君がダンサーになりたくてしょうがないのだったら、私が君に言ったことなんか気にしないはずじゃないか。」

　人生が成功するか失敗するかはそのすべてがチャンスにかかっているのではなく、一種の選択（によって）なのであり、我々はすべてを他人の手配や手助けに頼ってはならず、必ず自分の努力によって未来を作り上げてゆかなければならないのである。

79 正解 B

問題文和訳　その女の子はどうして団長に会いに行きたかったのですか？

選択肢和訳

A 公演に参加したかったから
B 団長に評価してもらいたかったから
C 団長を驚喜させたかったから
D 専門的な指導が受けたかったから

解説　第1段落で"她很想搞清楚自己是否有这个天分"と思って団長に会いに行ったので、才能を見極めてもらおうと思ったことは明らかである。そこでBがふさわしいことが分かる。

80 正解 C

問題文和訳 団長の話を聞いて、その女の子はどういう決定をしましたか？

選択肢和訳
A 外国に留学する　　　　B 故郷を離れる
C ダンスをやめる　　　　D スーパーを開く

解説 第3段落で"把舞鞋扔到箱底，再也没有穿过"と言っているので、バレエをやめたことがうかがえる。そこでCが正解。

81 正解 D

問題文和訳 その団長は：

選択肢和訳
A 素朴である　　　　　　B 人を励ますのが上手
C 多くの人材を育てた　　D 女の子の考えに同意しなかった

解説 団長は第3段落で女性の「私は本当はバレーダンサーになれたのに」という訴えに対して、"我不这么认为"と言っているのでDが正解。

82 正解 D

問題文和訳 上の文章が主に我々に伝えているのは：

選択肢和訳
A 他人を信じなければならない
B 他人を尊重しなければならない
C 人を親切に助けなければならない
D 人生は自分でしっかりとコントロールしなければならない

解説 文章の最後の部分で"必须凭借自己的努力创造未来"と言っているのでDがふさわしい。

83 - 86

問題文和訳

　子供は普通みんな遊びに興味をもっており、そのうえ親と一緒に遊びたがる。しかし、子供と一緒に遊ぶにもテクニックが必要であり、そうしないと、理想的な効果を得ることは難しい。

　1つ目に、遊びに興味を示すことである。親が子供と一緒に遊ぶ時には、子供と一緒に夢中になって、集中しなければならない。短時間の間に完全な注意力を注ぐ方が、長時間お茶を濁して過ごすことよりも効果的である。

　2つ目に、積極的に耳を傾けることである。子供はみんな親の気を引きたがっており、さらにそれが多ければ多いほどよい。耳を傾けることは子供にあなたの関心と愛情を感じさせ、より自分を表現したくさせる。子供が遊びの中で表現することはそれに秘められた意味があるのかもしれないし、もっと心を砕いて子供の言うことに耳を傾けて得たものは子供があなたに向かって言う勇気のない、もしくはどう言えばいいのか分からない本音なのかもしれない。耳を傾けることで、子供にあなたを子供の目の中の世界に連れて行かせるのである。

　3つ目に、開放的な質問を多くすることである。子供の世界に入っていくには、多く聞くことのほかに、自分を開放し、たくさん尋ねてたくさん学ばなければならない。子供が自分と一緒の考えだと仮定したり、焦ってまず自分の考えを示したりしてはならない。子供の想像力には我々はいつも足元にも及ばないのである。太陽は緑でもありうるし、雲は黄色でもありうる。親にそのような寛容な心があれば、子供はより自分を表現できるのである。

　4つ目に、問題に出合った時に、子供に自分で解決させてみることである。遊びも日常生活の縮図であり、子供も問題や困難に出くわすことがある。親は気がつかないうちに子供が問題を解決する手助けをしているかもしれない。しかし実際には遊びは子供が問題を解決することを学ぶ最も有効な方法である。例えば、子供が積み木がいっぱいに入った箱を持って運べない時に、子供に「どうしたらいい？」と聞いてみるといい。じっと辛抱していれば、あなたは彼（子供）が箱を開け、積み木を運び出し、問題を解決する満足感と誇りを子供と一緒に味わうことができるだろう。

83 正解 B

問題文和訳 親が子供と一緒に遊ぶ時に、注意すべきことは何ですか？

選択肢和訳

A　時間を長くかけすぎてはならない
B　真剣に子供の話を聞かなければならない
C　子供の写真をもっと撮ってやる
D　十分な食物と水を持つ

解説 "第二"のところで述べられているのが"积极地倾听"ということなので、Bが正解。

84 正解 B

問題文和訳
上の文章の「望尘莫及（前を走る馬が立てた砂塵が見えるだけで追いつけない）」はどんな意味である可能性が最も高いですか？

選択肢和訳
A 心配する　　　　　　　　　B 追いつけない
C 大丈夫である　　　　　　　D 非常にうらやましい

解説 "望尘莫及"は「実力や才能が足元にも及ばない」ことを表す。意味を知らなくても文脈から「及ばない」というニュアンスの言葉だとは想像できるだろう。また4文字中の最後の2文字"莫及"が及ばないという意味であることも想像できるかもしれない。それさえ分かれば、Bが正解だと分かる。

85 正解 C

問題文和訳 子供が面倒なことに出くわした時に、親がすべきなのは：

選択肢和訳
A 子供にすぐに解決させる　　　B 子供に解決方法を教える
C 子供が自分で解決するように励ます　D 一緒に解決してくれる人を子供に探させる

解説 "第四"のところで"遇到问题，试着让孩子自己解决"と言っているので、Cが正解。

86 正解 D

問題文和訳 上の文章は主に何について語っていますか？

選択肢和訳
A 遊びの魅力　　　　　　　　B 子供の苦悩
C 子供を遊ばせなければならない　D どうやって子供と遊ぶか

解説 第1段落で"陪孩子玩儿也得讲技巧"と言っており、この後その"技巧"について1つ1つ説明していることを考えると、Dが正解。

87 - 90

問題文和訳

甲・乙の2人がある展示館の入り口で待ち合わせて、一緒に展示を見学する時間を約束した。甲は時間通りに到着した。乙は途中で古い友人に出会って、しばらく時候の挨拶とおしゃべりをしてしまい、約束の場所に急いだが、30分遅刻してしまった。乙は言った。「ごめん！ちょっと遅れちゃった。」甲は言った。「僕はずっと長いこと待っていたんだ。立ちっぱなしで足が疲れちゃったよ。『ちょっと』って、そのちょっとはどれぐらいなんだ？」乙は言った、「長くて10分以内だよ。」甲は言った。「少なくとも1時間だ。」

客観的な時間は30分でも、乙は「長くて10分以内」と考え、甲は「少なくとも1時間」と考えたが、甲はわざと大げさに言い、乙はわざと（時間を）縮めようとしたのだろうか？いや、彼らの言っていることは皆自分が内面的に体験した本当の話である。それではどうしてこのような現象が起こるのだろうか？それこそが時間感覚における特徴、相対的な主観性である。

同じ時間の中で、人々はどうしてその長さの違いを感じるのだろうか？それはまず人々が参加している活動の内容が人々の時間の感じ方に影響しているからである。上記の事例では、甲が無駄に待って、立ちっぱなしで足が痛くなってしまったが、乙は古い友達と久しぶりに再会して、時候の挨拶とおしゃべりをした。1人の活動内容は無味乾燥で、もう1人の活動は積極的で面白いものであり、時間感覚上でのギャップを生んでしまうことは避けられない。次に、情緒と態度も人の時間の感じ方に影響を与える。これこそまさに人々がよく言う「楽しさは時の短きを恨む」「寂しさは時の長きを嫌う」「光陰矢のごとし」「1日暮らすのを1年に感じる」といったことなのである。つまり、心理学の研究から、多くの要素が人々の時間に対する感覚に影響することが分かっている。実際には、客観的な時間は人々の主観的な感覚で早くなったり遅くなったりはしない。しかしながら人々は心理学の知識を用いて、時間的な錯覚を理解したり、時間的な錯覚を利用したりして、何らかの実践活動から特殊な心理効果を生み出すことができるのである。

87 正解 A

問題文和訳 第1段落によると、何が分かりますか？

選択肢訳

A 甲は時間通りに来た
B 乙は約束をキャンセルした
C 甲は1時間待った
D 乙は10分遅刻した

解説 問題文第1段落で"甲按时到达"と言っているのでAが正解。CとDは似たようなことが問題文中に見受けられるが、いずれも甲と乙の感覚上のことであり、実際に起こったことではないので不適。

88 正解 D

問題文和訳 どうして甲は時間を特に長く感じたのですか？

選択肢和訳
A 足を怪我したから　　　　　　　　B 腕時計をしていなかったから
C 事実を大げさに言うのが好きだから　D 待つことは人を退屈にさせるから

解説 第3段落中盤で"一个活动内容枯燥"と言っている。これは甲の「待つ」という行為を指して言っており、このことで時間の感覚に乙との差が出たとしている。第1段落で書かれている「待つ」という行為が無味乾燥だから甲は時間が長いと感じたことを示唆している。よってDが正解。

89 正解 D

問題文和訳 「欢乐恨时短（楽しさは時の短きを恨む）」の説明としては：

選択肢和訳
A 時間が短いこと　　　　　　B 生活について楽観的にならねばならない
C 時間を有効利用すること　　D 情緒が人々の感じ方に影響する

解説 この言葉は要するに、楽しい時間はすぐに経過してしまうように感じる、ということを言っている。つまり、楽しいという感情が時間の感覚に影響を与えているということなので、Dが正解。

90 正解 D

問題文和訳 上の文章が主に我々に伝えようとしているのは：

選択肢和訳
A 時間を大切にしなければならない　B 生命は運動にある
C 時間は人によって異ならない　　　D 時間には相対的な主観性がある

解説 第2段落最後で"这就是时间知觉的特点：相对主观性。"と言っているので、Dが正解。

3 书 写

第1部分　問題 p.44

〈問題文〉完成句子。
〈和　訳〉文を完成させなさい。

91　正解 这次展览的规模特别大。

和　訳 今回の展覧会の規模はとりわけ大きい。

解説 動詞がないので"特別大"を述語にする。残ったものを見ると「今回の展覧会の規模」とできそうなので"这次展览 的 规模"と並べ、これを主語として文頭に置き、述語"特別大"を後に置けばよい。

92　正解 有些数据已经被删除了。

和　訳 すでに削除されたデータもある。

解説 動詞に"了"がついた形の"删除了"を述語にする。また"被"は受け身の文を作るので、動詞の前に置き"被删除了"とする。残ったものの中から名詞的なものを主語に据えたいので"有些数据"を主語として文頭に置き、最後に残った"已经"は副詞なので述語の前に置けばよい。

93　正解 项目进行得相当顺利。

和　訳 プロジェクトはかなり順調に進んでいる。

解説 動詞に"得"がついた形の"进行得"があるので様態補語の文を作る。"进行得"の後ろには"进行"という行為がどのような様子で行われたかを表す言葉が入るのだが、形容詞が入ることが非常に多い。語群の中で形容詞は"顺利"だけなので、これを"进行得"の後にとりあえず入れてみる。これだけでもいいが、"相当"という副詞があるので、先ほどの"顺利"の前に置いて"进行得相当顺利"とする。最後に残った"项目"は主語に据えればよい。

94　正解 她对古典文学很有研究。

和　訳 彼女は古典文学について造詣が深い。

解説 "她对"の"对"は介詞である。介詞フレーズは主語の後に置く可能性が高いので、"她对"も"她"を主語とみなし、"她对"を文頭に置く。次に"对"の後には名詞が並ぶので"古典"と"文学"を並べて"古典文学"とし"对"の後に置く。残りのうちの"有研究"は「動詞＋目的語」の形をしているが、この3文字で1つの形容詞のような役割を果たし「造詣が深い」というような意味になるので、その前に程度の副詞の"很"をつけることができる。そして"很有研究"を述語として最後に置けば完成。

95 正解 请将手机调成振动状态。

和訳 携帯電話をバイブモードにしてください。

解説 "将手机"の"将"は、口語の"把"とほぼ同じ使い方なので、"把"構文と同義の"将"構文を作る。後には動詞句が並ぶので"调成"を後に並べる。"调成"の"成"は結果補語であり、"调～"とは"调"をして「～」ということになるようにする、という意味を表す。ここは「バイブモードになるようにする」としたいので"调成 振动状态"とする。残った"请"は命令文の頭に置いて丁寧な依頼の文にする働きがあるので、文頭に置く。

96 正解 我把收据放在信封里了。

和訳 私は領収書を封筒の中に入れた。

解説 "把"という字が見えるので、"把"構文を作る。"把"を含む"我把收据"を最初に置き、その後動詞の"放在"を置く。"放在"の"在"の後ろには場所を表す言葉が来るので、"里"がくっついて場所を表す言葉になった"信封里"を置く。最後に残った"了"を文末に置いて完成。

97 正解 他们双方的表现都很出色。

和訳 彼らは双方ともパフォーマンスが際立っていた。

解説 "他们双方的"の"的"の後ろには名詞的成分が入るので、"表现"という名詞を並べる。残りのうち"出色"は形容詞なので"很"をつけて"很出色"とし、述語に使う。最後に残った"都"は副詞なので述語の前に置き"都很出色"とすればよい。

98 正解 丝绸的价格涨了近一倍。

和訳 シルクの値段は2倍近くに上がった。

解説 "丝绸的"の"的"の後ろには名詞的成分が入るので、"价格"という名詞を並べる。また、何かが増減した時の具体的な増減量や増減した割合を言いたい時は動詞の後に置くので"涨了 近一倍"というふうに並べる。そして先ほど作った"丝绸的价格"を主語とし、"涨了近一倍"を述語として並べる。

第2部分 問題 p.45

〈問題文〉写短文。
〈和　訳〉短い文章を書きなさい。

99

〈問題文〉请结合下列词语（要全部使用，顺序不分先后），写一篇80字左右的短文。
〈和　訳〉下に並んでいる語句を使って（全て使用すること。順序は問わない）、80字前後の短い文章を書きなさい。

解答例

他今年没考上大学，这次失败让他觉得很灰心，很失望。他不知道该如何面对他的父母。我们不知道如何安慰他，只能建议他与其烦恼不如多跟朋友交流一下。

和　訳

彼は今年大学の受験で不合格になり、この失敗で彼はとても落胆失望していた。彼は親にどう顔を合わせてよいか分からなかった。私たちは彼をどう慰めればいいのか分からず、ただ彼に思い悩むよりは友達とたくさん付き合った方がいいと勧めることしかできなかった。

100

〈問題文〉请结合这张图片写一篇80字左右的短文。
〈和　訳〉この写真に関連する80字の短い文章を書きなさい。

解答例

她下班回家后不知为什么觉得全身没力气，很累。她先坐在沙发上看电视，但是觉得越来越冷，要一直拿纸巾擦鼻子。她觉得自己感冒了，于是把电视关掉去休息了。

和　訳

彼女は仕事が終わってうちに帰ってからなぜか全身がだるく、とても疲れているように感じた。彼女はとりあえずソファーに座ってテレビを見始めたが、次第に寒気を感じ、ずっとティッシュで鼻をかまなければならなかった。彼女は自分が風邪をひいていると感じて、テレビを切って、休むことにした。

5級 第2回 解答・解説

聴力試験···P.190～P.215
読解試験···P.216～P.235
書写試験···P.236～P.238

正解一覧

1. 听力

第1部分
1. A	2. B	3. A	4. D	5. B
6. B	7. D	8. C	9. A	10. B
11. A	12. B	13. D	14. B	15. B
16. D	17. D	18. D	19. A	20. A

第2部分
21. D	22. D	23. C	24. B	25. A
26. C	27. A	28. B	29. A	30. B
31. D	32. C	33. C	34. D	35. B
36. D	37. C	38. D	39. B	40. D
41. A	42. A	43. D	44. A	45. A

2. 阅读

第1部分
46. B	47. D	48. C	49. A	50. B
51. C	52. A	53. C	54. C	55. B
56. C	57. B	58. C	59. B	60. A

第2部分
61. D	62. D	63. C	64. C	65. D
66. B	67. C	68. D	69. D	70. A

第3部分
71. A	72. C	73. D	74. A	75. C
76. C	77. D	78. B	79. C	80. A
81. B	82. C	83. D	84. C	85. C
86. B	87. B	88. A	89. A	90. D

3. 书写

第1部分
91. 方案设计得很详细。
92. 这个餐厅每天可以接待1000名顾客。
93. 隔壁住着一对上年纪的夫妻。
94. 她从事出版工作已经10年了。
95. 不要为自己的错误找借口。
96. 煤是一种不可再生能源。
97. 难怪大家都叫他胆小鬼。
98. 那家工厂购买了一批新设备。

第2部分 ※ 解答例は解説ページでご確認ください。

第2回

1 听 力

第1部分　問題 p.48～p.49

〈問題文〉请选出正确答案。
〈和　訳〉正しい答えを選びなさい。

1　正解 A

スクリプト

女：一个礼拜不见，你怎么变得这么黑?
男：晒的，我和朋友去海南玩儿了几天。
问：男的怎么了?

スクリプト和訳

女：1週間見ないうちに、どうしてそんなに黒くなったの？
男：日に焼けたんだよ。僕は友達と海南（島）に何日か遊びに行ったんだ。
問題：男性はどうしたのですか？

選択肢和訳

A　日に焼けた　　　　　　B　アレルギーになった
C　眠れなくなった　　　　D　後悔した

2　正解 B

スクリプト

男：这是机票，你拿好。
女：谢谢，多亏你送我过来，不然我真没法儿准时到机场。
问：他们现在在哪儿?

スクリプト和訳

男：これが飛行機のチケットだよ。なくさないように。
女：ありがとう。あなたが送ってくれなかったら、本当に空港に時間通りに着くことなんかできなかったわ。
問題：彼らは今どこにいますか？

選択肢和訳

A　バー　　　　　　　　　B　空港
C　郵便局　　　　　　　　D　汽車の駅

3 正解 A

スクリプト

女：您好！请问去国家博物馆是朝这个方向走吗？
男：对，你走到第二个红绿灯，向右拐就到了。
问：根据对话，下列哪项正确？

スクリプト和訳

女　：こんにちは！お尋ねしますが国家博物館に行くにはこの方向に歩くのですか？
男　：そうです。2つ目の信号まで歩いて、右に曲がればすぐに着きます。
問題：この会話について、次のどの選択肢が正しいですか？

選択肢和訳

A　女性が道を尋ねている　　　　B　男性が道に迷った
C　彼らは船を漕いでいる　　　　D　彼らは行く方向を間違えた

4 正解 D

スクリプト

男：出国手续办好了？
女：没，还有些材料没准备好，看来得等到五月底了。
问：关于女的，可以知道什么？

スクリプト和訳

男　：出国するための手続きはちゃんと済んだ？
女　：まだよ。まだ準備できてない資料があって、たぶん五月末まで待たなければいけないみたい。
問題：女性について、何が分かりますか？

選択肢和訳

A　インターン中である　　　　　B　論文を書き終えていない
C　ボランティアをやったことがある　　D　出国手続きをしている

5 正解 B

スクリプト
女：我也安装了这个软件，为什么没有你那个功能呢？
男：这个软件已经升级了，我这是最新的版本。
问：根据对话，可以知道什么？

スクリプト和訳
女　：私もこのソフトを入れたけど、どうしてあなたのみたいな機能がないの？
男　：このソフトはもうアップグレードしたので、僕のは最新バージョンなんだ。
問題：会話から、何が分かりますか？

選択肢和訳
A　ハードディスクを落として壊した
B　ソフトがアップグレードした
C　パソコンがウイルスに感染した
D　携帯電話が圏外である

6 正解 B

スクリプト
男：你就坐这儿吧，以后有什么问题，可以随时来找我，我就在隔壁办公。
女：好的，谢谢张主任。
问：关于女的，可以知道什么？

スクリプト和訳
男　：君はここに座りなさい。これからもし何か問題があったら、いつでも私のところに来なさい。隣で仕事をしているから。
女　：分かりました。ありがとうございます、張主任。
問題：女性について、何が分かりますか？

選択肢和訳
A　辞職したい
B　新しく来た
C　パフォーマンスが際立って優れている
D　商品の宣伝の責任者である

7 正解 D

スクリプト

女：婚礼的日期定了吗？
男：定了，我们想九月十六号举行婚礼，那时天气不冷也不热。
问：根据对话，下列哪项正确？

スクリプト和訳

女　：結婚式の日付は決まりましたか？
男　：決まりました。私たちは9月16日に結婚式を挙げたいと思います。その時分は寒くも暑くもないですし。
問題：会話について、次のどの選択肢が正しいですか？

選択肢和訳

A　指輪が高すぎる
B　部屋はまだ内装工事をしていない
C　結婚式が豪華である
D　男性は9月中旬に結婚する

8 正解 C

スクリプト

男：还是得吃点儿肉，光吃蔬菜营养不够。
女：我知道，别担心。等我瘦下去了一定会吃的。
问：女的是什么意思？

スクリプト和訳

男　：やっぱり肉も少し食べなきゃ。野菜ばっかり食べてたんじゃ栄養が足りないよ。
女　：分かってるわ、心配しないで。痩せたら必ず食べるから。
問題：女性の言っていることの意味は何ですか？

選択肢和訳

A　お腹いっぱいになった
B　ダイエットがうまくいっている
C　今は肉を食べたくない
D　野菜を食べた方が健康的である

9 正解 A

スクリプト
女：听说咱们班新来的那个同学是华裔。
男：是吗？难怪他汉语说得那么好。
问：关于新来的同学，可以知道什么？

スクリプト和訳
女　：私たちのクラスに新しく来たあの人って中国系らしいわよ。
男　：本当？どうりで中国語があんなに上手なはずだ。
問題：新しく来たクラスメートについて、何が分かりますか？

選択肢和訳
A　中国系である　　　　　B　ピアノが弾ける
C　人に親切である　　　　D　物理（の成績）がいい

10 正解 B

スクリプト
男：打雷了，估计快要下雨了。
女：糟糕，我没带伞。天气预报也没说今天要下雨啊。
问：女的为什么说"糟糕"？

スクリプト和訳
男　：雷が鳴り始めたから、もうすぐ雨が降るかもね。
女　：いけない、傘を持ってきていないわ。天気予報も今日雨が降るって言ってなかったのよ。
問題：女性はどうして「いけない」と言ったのですか？

選択肢和訳
A　水がこぼれたから　　　　B　傘を持っていなかったから
C　窓を閉めなかったから　　D　衣服が濡れたから

11 正解 A

スクリプト

女：经理，网站的风格我又调整了一下。
男：我看了，还是不太理想。要注意用户需求，这个网站是针对儿童的，要再活泼一点儿。
问：男的觉得那个网站怎么样？

スクリプト和訳

女　：社長、ホームページの雰囲気をまたちょっと調整してみました。
男　：見たけど、まだあまり理想的じゃないな。ユーザーのニーズに気を配って。このホームページは子供向けなのだから、もう少し元気がいい感じにしないと。
問題：男性はそのホームページをどう思っていますか？

選択肢和訳

A　元気な感じが足りない　　B　アニメーション効果が良くない
C　コンテンツが乏しい　　　D　画像が魅力的でない

12 正解 B

スクリプト

男：这房子真不错，你是直接找房东租的吗？
女：不是，我当时找了一家中介，和他们签的合同。
问：女的是怎么租到房子的？

スクリプト和訳

男　：この家は本当にすばらしいね。君が直接家主を探して借りたのかい？
女　：いいえ、私はその当時仲介業者のところに行って、そこで契約したの。
問題：女性はどうやって家を借りたのですか？

選択肢和訳

A　広告を見た　　　　　　B　仲介業者を通した
C　友達の紹介　　　　　　D　自分で家主を探した

13　正解 D

スクリプト

女：这样做太冒险了，这笔钱可不是个小数目，我们再想想吧。
男：我觉得这是个投资的好机会，再犹豫，机会可就没了。
问：男的是什么意思？

スクリプト和訳

女：そうするのはあまりに冒険だわ。このお金の額は決して少なくないのだから、もうちょっと考えましょうよ。
男：僕はこれが投資をするいいチャンスだと思うんだ。これ以上ためらってると、チャンスがなくなっちゃうよ。
問題：男性の言っていることの意味は何ですか？

選択肢和訳

A　設備が足りない　　　　B　計画が通った
C　資金が着金した　　　　D　チャンスを逃してはならない

14　正解 B

スクリプト

男：踢得太棒了！咱们班肯定能赢。
女：是，只要继续保持这种状态，冠军肯定是我们的！
问：根据对话，下列哪项正确？

スクリプト和訳

男：サッカーがすごくうまいね！僕らのクラスはきっと勝つよ。
女：うん、この状態が保てさえすれば、優勝もきっと私たちのものね！
問題：会話について、次のどの選択肢が正しいですか？

選択肢和訳

A　会議がキャンセルになった　　B　試合がまだ終わっていない
C　彼らはバレーボールをしている　D　試験時間が繰り下げられた

15 正解 B

スクリプト
女：前面胡同太窄，不好倒车，我在这儿下车就可以。
男：好吧，那我就不开进去了，你到家给我发个短信吧。
问：女的是什么意思？

スクリプト和訳
女　：前の小路は狭すぎて、バックしにくいから、ここで降ろしてくれれば大丈夫。
男　：分かった。じゃあ入っていかないことにしよう。うちに着いたらメール送ってね。
問題：女性の言っていることの意味は何ですか？

選択肢和訳
A　散歩をしたい
B　今車を降りたい
C　前が渋滞している
D　運転免許証をまだとれていない

16 正解 D

スクリプト
男：这是你的第一份工作，挣钱多少是次要的，主要还是积累经验。
女：我知道了，爸。
问：关于第一份工作，男的有什么看法？

スクリプト和訳
男　：これがお前の最初の仕事だ。いくら稼げるかは二の次で、大事なのはやはり経験を積むことだよ。
女　：分かったわ、お父さん。
問題：最初の仕事について、男性はどんな考え方を持っていますか？

選択肢和訳
A　運が必要である
B　真剣に細部まで気を配らなければならない
C　学んだ専門と一致しなければならない
D　収入が一番大事なことではない

17 正解 D

スクリプト
女：趁开幕式还没开始，我去买两瓶矿泉水。
男：就剩十分钟了，别去了，来不及了。
问：女的要去做什么？

スクリプト和訳
女　：開幕式が始まらないうちに、ミネラルウォーターを2本買いに行ってくるわ。
男　：あと10分しかないから、やめなよ。間に合わないよ。
問題：女性は何をしに行こうとしているのですか？

選択肢和訳
A　チケットを払い戻す　　　B　荷物を預ける
C　おやつを買う　　　　　　D　ミネラルウォーターを買う

18 正解 D

スクリプト
男：您检查一下包裹，如果没有问题，请在这儿签个字。
女：好，我先打开看看。
问：根据对话，下列哪项正确？

スクリプト和訳
男　：小包をチェックしてください。もし問題がなければ、ここにサインをお願いします。
女　：分かりました。まず開けてみます。
問題：会話について、次のどの選択肢が正しいですか？

選択肢和訳
A　品物を間違って送った　　B　領収書がなくなった
C　男性は名刺を忘れた　　　D　女性は小包を受け取った

19 正解 A

スクリプト

女：现在请您设置一下密码，是六位数字，输入后请按确认键。
男：好的，谢谢。
问：女的让男的做什么？

スクリプト和訳

女　：これからパスワードを設定してください。6ケタの数字で、入力したら確認キーを押してください。
男　：分かりました。ありがとう。
問題：女性は男性に何をさせていますか？

選択肢和訳

A　パスワードを設定する　　B　住所を訂正する
C　数を確認する　　D　ファイルをダウンロードする

20 正解 A

スクリプト

男：这两种方案其实很相似，除了实施的步骤，其他几乎都一样。
女：我倒不这么认为，我觉得它们首先在预期目标上就有很大的不同。
问：女的认为两种方案的不同之处在哪儿？

スクリプト和訳

男　：この2つのプランは実際よく似ていて、実施する手順を除くとその他はほぼ一緒だ。
女　：私はそうは思いません。それらはまず想定している目標で大きな違いがあると思います。
問題：女性は2つのプランの違いはどこにあると考えていますか？

選択肢和訳

A　想定している目標　　B　指導原則
C　最終的な成果　　D　適用対象

第2部分 問題 p.50〜p.51

〈問題文〉请选出正确答案。
〈和　訳〉正しい答えを選びなさい。

21　正解 D

スクリプト

女：这条围巾不错，很柔软，摸起来很舒服。
男：您真有眼光，这是纯手工制作的。
女：可是红色太艳了，还有别的颜色吗？
男：有，还有紫色和灰色的，我拿给您看看。
问：女的觉得那条围巾怎么样？

スクリプト和訳

女　：この襟巻きはいいわね。柔らかくて、触ると気持ちがいいわ。
男　：本当にお目が高いですね。これは純粋な手作りです。
女　：でも赤色が派手すぎるわ。別の色はありますか？
男　：はい、紫とグレーのもありますので、お持ちいたします。
問題：女性はその襟巻きをどう思っていますか？

選択肢和訳

A　少し薄い　　　　　B　値段が高すぎる
C　洗いにくい　　　　D　色が合わない

22　正解 D

スクリプト

男：昨天去健身房了？感觉如何？
女：别提了，今早起来腰酸背疼的。
男：你平时太缺乏锻炼了。
女：是，所以我决定以后每天都去。
问：关于女的，可以知道什么？

スクリプト和訳

男　：昨日ジムに行ったんでしょう？どんな感じだった？
女　：やめてよ、今朝起きたら腰はだるいし背中は痛いし。
男　：普段から運動不足すぎるんだよ。
女　：そうね、だから毎日行くことに決めたわ。
問題：女性について、何が分かりますか？

選択肢和訳

A　スリムである　　　　　　　B　しょっちゅう咳をしている
C　動作が機敏である　　　　　D　運動を続けるつもりである

23　正解 C

スクリプト

女：你现在在做室内设计？
男：是，我本科的专业就是室内设计。
女：不错，以后我家要是装修房子，一定请你来设计。
男：没问题。
问：男的是做什么的？

スクリプト和訳

女　：あなたは今インテリアデザイナーをしているの？
男　：うん、僕は本科での専門はインテリアデザインだったんだ。
女　：いいわね。これからうちが内装工事することがあったら、絶対にあなたにデザインしてもらうわ。
男　：いいよ。
問題：男性は何をしている人ですか？

選択肢和訳

A　秘書　　　　　　　　　　　B　弁護士
C　（インテリア）デザイナー　　D　カメラマン

24 正解 B

スクリプト

男：喂，是平安酒店吧？我们公司十二月底开年会，想在你们那儿预订一个宴会厅。
女：请问贵公司年会规模有多大？多少人参加？
男：四百人左右。我们这两天可以去看一下吗？
女：当然可以，您来之前给我打个电话就行。
问：男的打电话做什么？

スクリプト和訳

男　：もしもし、平安酒店（ホテル／レストラン）ですか？うちの会社が12月末に年次総会をやるので、そちらで宴会のホールを1つ予約したいのですが。
女　：御社の年次総会の規模はどれぐらいですか？何人の方が参加されますか？
男　：400人ぐらいです。近いうちに見に行ってもいいですか？
女　：もちろん結構です。お越しになる前にお電話をいただければと存じます。
問題：男性は何をするために電話しましたか？

選択肢和訳

A　ローンを組みたい　　　　　　　B　会場を予約したい
C　食事の予約をキャンセルしたい　D　謝りたい

25 正解 A

スクリプト

女：您好，请问有什么可以帮您的吗？
男：你好，我想咨询一下人身意外保险的事情。
女：是给您自己投保，还是给家人？
男：给我和我妻子。
问：男的想咨询什么问题？

スクリプト和訳

女　：こんにちは。何かお手伝いできることはございますか？
男　：こんにちは。人身事故の保険のことについて問い合わせたいのですが。
女　：ご自分にかける保険ですか、それともご家族に？
男　：私と妻にです。
問題：男性はどんなことを問い合わせたいのですか？

選択肢和訳

A　保険に入る　　　　　　B　株を買う
C　ビザの手続きをする　　D　許可書の手続きをする

26 正解 C

スクリプト

男：实际上我一直在犹豫，要不要辞职专门在家写小说。
女：你现在的工作很稳定，辞了多可惜。
男：当职业作家是我的梦想。可现在我只能下班后写，总觉得精力不够。
女：你说得也对，如果你真的决定了，那就试试吧。
问：男的为什么想辞职？

スクリプト和訳

男　：実は僕は迷ってるんだ、仕事を辞めてうちで小説を書くのを本職にするべきかどうかを。
女　：あなたの今の仕事は安定してるし、辞めるのはとてももったいないわ。
男　：プロの作家になるのは僕の夢なんだ。でも今は仕事が終わってから書くしかなくて、いつも体力と気力が足りなく感じてる。
女　：それもそうね。もし本当にそう決めたのならば、試してみたら。
問題：男性はどうして仕事を辞めたがっているのですか？

選択肢和訳

A　留学したい　　　　　　　B　もっと家族と一緒にいたい
C　小説の執筆に専念したい　D　今の社長が好きではない

27 正解 A

スクリプト

女：高老师，不好意思，刚才信号不好，我没听清楚。
男：你的论文整体还可以，就是有些小错误，修改意见我发到你的邮箱里了。
女：好的，老师，我改完马上发给您。
男：好。
问：男的认为女的论文怎么样？

スクリプト和訳

女　：高先生、申し訳ありませんが、さっき電波が悪かったので、はっきり聞こえませんでした。
男　：あなたの論文は全体的にはまあまあなのだけれど、ただミスがいくつかあるので、訂正案を君のアドレスに送っておいたよ。
女　：分かりました、先生。訂正し終わったら、すぐに先生に送ります。
男　：よろしい。
問題：男性は女性の論文をどう思っていますか？

選択肢和訳

A　全体的に悪くない　　B　構造に問題がある
C　修正の必要はない　　D　発表できる

28 正解 B

スクリプト

男：你把这个项目的材料交给王会计。
女：她今天请假了，她女儿发烧。
男：那先放你这儿，等她回来后请你交给她。
女：好的。
问：根据对话，下列哪项正确?

スクリプト和訳

男：このプロジェクトの資料を会計の王さんに渡してください。
女：彼女は今日休みを取っています。娘さんが熱を出したので。
男：じゃあとりあえず君のところに置いておいて、彼女が戻ったら渡してください。
女：分かりました。
問題：会話について、次のどの選択肢が正しいですか？

選択肢和訳

A　ファイルをなくした　　　B　会計の王さんは休みをとっている
C　チーム主任が遅刻した　　D　契約書を作り直さなければならない

29 正解 A

スクリプト

女：先生，您一共消费了五百六十八，您刷卡还是付现金？
男：现金。这个优惠券可以用吗？
女：可以，满一百减三十，减完之后是……四百一十八元。
男：好的，给你。
问：根据对话，下列哪项正确？

スクリプト和訳

女：お客様、合計で568元になります。お支払いはカードですか、それとも現金ですか？
男：現金です。このクーポン券が使えますか？
女：使えます。100元につき30元の割引ですので、割り引いた後は…418元になります。
男：分かりました。どうぞ。
問題：会話について、次のどの選択肢が正しいですか？

選択肢和訳

A　男性が会計をしている　　　　　B　クーポン券が期限切れだった
C　ホテルは今日営業していない　　D　女性が領収書を切るのを忘れた

30 正解 B

スクリプト

男：你有胶水吗？借我用一下。
女：你要胶水做什么？
男：简历上不是得贴照片吗？
女：你没有电子版的照片吗？直接放在简历上，打印出来就行了。
问：女的是什么意思？

スクリプト和訳

男　：液体のりを持っていないかな？ちょっと貸してよ。
女　：液体のりで何をするの？
男　：履歴書に写真を貼らなきゃいけないじゃないか。
女　：デジタル画像の写真を持ってないの？直接履歴書に取り込んで、プリントすればいいのよ。
問題：女性の言っていることの意味は何ですか？

選択肢和訳

A　液体のりが切れていた
B　**写真をプリントできる**
C　履歴書の情報が不完全である
D　写真の大きさを調整できる

31 - 32

スクリプト

　有个记者向某著名演员提出要求说："我想采访您的妻子和儿子。"那位演员笑着说："他们除了是我的妻子和儿子外，和别人没太大的区别，所以，还是不要采访他们了。"记者紧接着说："您作为一个公众人物，大家很想了解您的另一面，您不让采访怎么行呢？"听完这话，演员把身子一转，背对着那位记者说："你想了解我的另一面？好，请看，这就是我的另一面。"

スクリプト和訳

　ある記者が有名な俳優に向かって要求して言った。「私はあなたの奥さんと息子さんを取材したいのですが。」その俳優は笑って言った。「彼らは私の妻と息子であるという以外に、他の人とたいして違いはありませんよ。だから、やはり彼らを取材するのはやめてください。」記者は間を置かずに言った。「あなたは1人の公人の身なのですから、みんなあなたの別の一面を知りたがっています。取材させないなんていけませんよ。」その言葉を聞き終わって、俳優はくるっと回って、その記者に背を向けて言った。「別の一面が見たいですって？いいでしょう、見てください。これが私の別の一面です。」

31 正解 D

設問スクリプト

记者向那位演员提出了什么要求？

設問スクリプト和訳

記者はその俳優にどんな要求をしましたか？

選択肢和訳

A 一緒に記念撮影をする　　B サインをする
C 映画を撮る　　D 彼の家族を取材する

32 正解 C

設問スクリプト

关于那位演员，可以知道什么？

設問スクリプト和訳

その俳優について、何が分かりますか？

選択肢和訳

A 服装が質素である　　B たくさんの賞を取ったことがある
C 家族に迷惑がかかってほしくない　　D 記者の言っていることを理解していない

33 - 35

スクリプト

　　每一个人都会在自己的生命旅程中，遇到完全不同的"三种人"。第一种是能够理解、欣赏和重视自己的人；第二种是曲解、排斥甚至伤害自己的人；第三种是与自己没有任何关系、毫不重要的人。第一种人对自己有很大帮助，应当尊为师友，尽力报答。第二种人会对自己造成深深的伤害，需要远离，而不是为之烦恼。至于第三种人，要以礼相待、和平共处。

スクリプト和訳

　　どの人も自分の生命の旅路において、完全に異なる「3つのタイプの人」に出会う。1タイプ目は自分を理解し、気に入り、重視してくれる人、2タイプ目は自分を曲解し、排斥し、傷つけさえする人、3タイプ目は自分と何の関係もない、まったく重要でない人である。1タイプ目の人は自分に大きな助けになるので、先生や友人として尊敬し、全力で報いなければならない。2タイプ目の人は自分に深い傷を与えるので、距離をとって、そのために悩まないようにしなければならない。3タイプ目の人については、礼儀正しく向き合って、平和的に共存しなければならない。

33 正解 C

設問スクリプト
关于第一种人，可以知道什么？

設問スクリプト和訳
1タイプ目の人について、何が分かりますか？

選択肢和訳
A 非常に傲慢である
B 出会いやすい
C 先生や友達になることができる
D 過去の思い出にふけるのが好きである

34 正解 D

設問スクリプト
我们为什么要远离第二种人？

設問スクリプト和訳
私たちはどうして2タイプ目の人と距離をとらなければならないのですか？

選択肢和訳
A 彼らは人を騙すのが好きだから
B 彼らは性格が良くないから
C 彼らは要求が多すぎるから
D 彼らは我々を傷つけるから

35 正解 B

設問スクリプト
怎样对待第三种人？

設問スクリプト和訳
3タイプ目の人とどのように向き合えばいいですか？

選択肢和訳
A 多く接触する
B 平和的に共存する
C 距離を保つ
D 公平に競争する

36 - 38

スクリプト

　同在一家公司的张小姐和苏小姐关系一直不好。
　有一天，张小姐忍无可忍地对另一个同事李先生说："你去告诉苏小姐，我真受不了她，请她改改她的坏脾气，否则没有人愿意理她。"
　李先生说："好！我会转告她的。"
　没多久，张小姐再遇到苏小姐时，苏小姐果然是既和气又有礼貌，与从前相比，简直判若两人。
　张小姐向李先生表示谢意，并好奇地问他："你是怎么说的？竟如此有效。"
　李先生笑着说："我跟她说，张小姐总是称赞你，说你又温柔又善良、脾气也好。如此而已。"

スクリプト和訳

　同じ会社にいる張さんと蘇さんの関係はずっと良くない。
　ある日、張さんは我慢しきれない様子でもう1人の同僚の李さんに言った。「蘇さんに言ってきてくださいよ。私はもう本当に我慢できないわ。彼女に性格の悪さを直してもらわないと誰も彼女を相手にしなくなるわよ。」
　李さんは言った「分かった！彼女に伝えておくよ。」
　しばらくして、張さんが再び蘇さんに会った時に、蘇さんは思った通り穏やかで礼儀正しく、以前と比べると、まるで別人のようだった。
　張さんは李さんにお礼を言い、不思議に思って彼に尋ねた。「あなたはどうやって言ったの？こんなに効果があったなんて。」
　李さんは笑って言った。「僕は彼女に言ったんだ。張さんはいつも君が優しくて善良で、性格もいいって褒めてるって。それだけさ。」

36 正解 D

設問スクリプト
关于张小姐和苏小姐，可以知道什么？

設問スクリプト和訳
張さんと蘇さんについて、何が分かりますか？

選択肢和訳
A　クラスメートである　　B　相手を尊敬している
C　長年の隣人である　　　D　以前は関係があまり良くなかった

37 正解 C

設問スクリプト
苏小姐为什么变化那么大？

設問スクリプト和訳
蘇さんはどうしてそんなに大きく変化したのですか？

選択肢和訳
A　昇進のチャンスを得た　　B　社長の提案を受け入れた
C　他人の褒め言葉を聞いた　D　自分に不足しているものに気づいた

38 正解 D

設問スクリプト
关于李先生，下列哪项正确？

設問スクリプト和訳
李さんについて、次のどの選択肢が正しいですか？

選択肢和訳
A　楽観的である　　　　B　とてもユーモラスである
C　エンジニアである　　D　巧みに対立を解決した

39 - 41

スクリプト

　有一个人不会游泳，他向一位水手求教。水手告诉他游泳是件非常简单的事情，很快就能学会。于是这个人跟着水手来到海边。看到辽阔的大海，水手兴奋地冲进了波涛里，可是这个不会游泳的人还是坐在沙滩上。水手冲他喊道："快过来啊，你不是想学游泳吗？"这个人说："你还没有教会我游泳呢！我怎么能到海里呢？这样太危险了，要是出了差错，谁负责啊？"结果，这个人一直也没有学会游泳。

　不下水，永远也学不会游泳；不上公路，永远也学不会开车。一个人需要学习的东西太多了，若是一味害怕、担心，不敢尝试，终究会一事无成。

スクリプト和訳

　ある1人の泳げない人がいて、彼は水夫に教えを請うた。水夫は彼に泳ぎは非常に簡単なことで、すぐにマスターできると教えた。そしてその人は水夫について海辺までやって来た。広い海を見ると、水夫は興奮して大波の中に飛び込んで行ったが、その泳げない人はそのまま砂浜に座っていた。水夫は彼に向かって叫んだ。「早くおいでよ。泳ぎを学びたいんじゃないのか？」その人は言った。「君はまだ僕に泳ぎ方を教えて（できるようにして）くれてないぞ！海の中に入れるもんか。そうすると危なすぎる。もし事故があったら、誰が責任を取るんだ？」結局、その人はずっと泳ぎをマスターできなかった。

　水の中に入らなければ、永遠に泳ぎをマスターすることはできない。道路に出なければ、永遠に車の運転もマスターできない。1人の人が学ばなければならないものはとても多く、もしひたすら怖がったり、不安がったりして、チャレンジしなければ、結局何もできないままで終わるだろう。

39 正解 B

設問スクリプト
来到海边，水手让那个人做什么？

設問スクリプト和訳
海辺に来て、水夫はその人に何をさせようとしましたか？

選択肢和訳
A　救命浮き輪を買う　　　　　　　B　海の中に入る
C　まず魚を捕ることを学ぶ　　　　D　準備運動をする

40 正解 D

設問スクリプト
关于那个人，可以知道什么？

設問スクリプト和訳
その人について、何が分かりますか？

選択肢和訳
A　腕に怪我をした　　　　　　　　　　B　コーチを変えたかった
C　海の水が冷たすぎるのを心配した　　D　結局泳ぎをマスターしなかった

41 正解 A

設問スクリプト
这段话主要想告诉我们什么？

設問スクリプト和訳
この話は主に我々に何を伝えようとしていますか？

選択肢和訳
A　勇気を持って実践しなければならない　　　　B　泳ぎを学ぶには根気が必要である
C　絶えず完璧な自分を目指さなければならない　D　すべて実際から出発する

42 - 43

> **スクリプト**
>
> 在非语言的交流中，眼睛起着重要的作用。人的眼睛很难做假，人的一切心理活动都会通过眼睛表露出来。因此，你可以通过眼睛的细微变化，来了解和掌握对方的心理状态。一般来说，如果对方一直注视着你，是重视、关注你的表现；如果对方看都不看你一眼，则表示看不起你；如果是斜视，则表达一种不友好的感情；如果是怒目而视，当然表示一种仇视心理；如果对方是说了谎话而心虚的人，往往会避开你的目光。
>
> **スクリプト和訳**
>
> 非言語におけるコミュニケーションにおいて、目は重要な役割を果たしている。人の目はごまかすことが難しく、人のすべての心理活動は皆目を通して表れてくる。そのため、目の細かな変化を通じて、相手の心理状態を理解し、把握することができる。一般的に言って、もし相手がずっとあなたを見つめていれば、それはあなたを重視し、注目していることの表れであり、もし相手があなたを一目も見なければ、それはあなたを見下しているということである。もし横目で見ているのならば、それは非友好的な感情を表しており、もし怒った目で見ているのならば、もちろん敵視している心理を表している。もし相手が嘘をついて心中びくびくしている人であれば、往々にしてあなたの視線を避けるだろう。

42 正解 A

設問スクリプト
如果对方一直注视着你，说明了什么？

設問スクリプト和訳
もし相手がずっとあなたを見つめていれば、それは何を表していますか？

選択肢和訳
A　あなたに注目している　　　B　あなたを疑っている
C　あなたの頼みについて考えている　　　D　話題に関心がない

43 正解 D

設問スクリプト
这段话主要谈什么？

設問スクリプト和訳
この話は主に何について語っていますか？

選択肢和訳
A　交渉のテクニック　　　B　どうやって相手を説得するか
C　いかに他人の信用を得るか　　　D　コミュニケーションにおける目の役割

44 - 45

スクリプト

某大公司准备以高薪雇佣一名司机，经过层层筛选，只剩下三名技术最好的竞争者。主考官问他们："悬崖边有块儿金子，开着车去拿，你们觉得能开多近同时又不至于掉下去呢？"第一位说："两米。"第二位很有把握地说："半米。"第三位说："我会尽量远离悬崖，越远越好。"结果公司录取了第三位。

スクリプト和訳

ある大きな会社が高給で新しい運転手を雇うのに、何度もふるいにかけて選別すると、技術が最も良い競争者が3人残った。主任試験官は彼らに尋ねた。「断崖に金塊があり、車を運転して取りに行くとすると、君たちはどれだけ近づけるかな？落ちないぐらいにだが」。1人目が言った。「2メートルです。」2人目は自信ありげに言った。「50センチです。」3人目が言った。「私はできるだけ断崖に遠く止めます。遠ければ遠いほどいいです。」その結果会社は3人目を採用した。

44 正解 A

設問スクリプト

关于第三位应聘者，下列哪项正确？

設問スクリプト和訳

3人目の応募者について、次のどの選択肢が正しいですか？

選択肢和訳

A 慎み深い
B 一番年上である
C 技術が未熟である
D 会社に採用されなかった

45 正解 A

設問スクリプト

这段话主要想告诉我们什么？

設問スクリプト和訳

この話は主に我々に何を伝えようとしていますか？

選択肢和訳

A 安全第一
B 目標は明確でなければならない
C 焦って結論を下してはならない
D 完璧さを追求しすぎてはならない

2 閲 読

> 第1部分　問題 p.52 〜 p.54

〈問題文〉请选出正确答案。
〈和　訳〉正しい答えを選びなさい。

46 - 48

問題文和訳

どの人も皆多かれ少なかれ各種のストレスに出合うものだ。しかしストレスは障害物となったり、原動力に変えたりすることも可能であり、それは自分が（46）いかに（それに）向き合うかによる。ストレスに出合った時に、比較的賢明な方法は積極的な態度で向き合うことである。本当に（47）耐えられない時であっても、自分をその中に陥らせてはならない。本を読んだり、音楽を聴くなどの（48）方法を通して、気持ちをゆっくりリラックスさせるのがよい。その後改めて（ストレスに）向き合った時、あなたはストレスが実際にはそんなに大きくないことに気づくだろう。

46　正解 B

選択肢和訳

A　いったん　　B　いかに　　C　必ずしもそうではない　　D　いつでも

> **解説** 空欄の少し前で"压力可以是阻力，也可以变为动力"と言っており、ストレス自体が悪いわけではなく要はストレスにどう立ち向かうかだ、というような文脈が予想される。それを踏まえて選択肢を見ると、Bがふさわしいと分かる。

47　正解 D

選択肢和訳

A　担当する　　B　認める　　C　対処する　　D　耐える

> **解説** 空欄前後の文脈から、空欄の部分は「どうしても耐えられない時は」というような意味になると考えられる。それを踏まえて選択肢を見ると、Dがよいと分かる。D "承受"は試練などを「受け入れる・耐える」というような意味。

48　正解 C

選択肢和訳

A　項目　　B　要素　　C　方法　　D　形勢

> **解説** 空欄の少し前の"通过看看书，听听音乐等 48"をよく見ると最初のところに"通过"がついている。つまり本を読む、音楽を聴くなどの「やり方」を通して、というような言葉が空欄に入ると予想される。それを踏まえて選択肢を見ると、Cがふさわしいと分かる。

49 - 52

問題文和訳

　プロ野球において、1人の打者の平均打率が2割5分、つまり4回のバッティングのチャンスで1回打つことができるならば、ある1（49）つのそこそこの球団の二軍の選手になれるが、平均打率が3割を超える選手は立派な大スターになれる。

　毎年シーズンが終わる頃、平均成績が3割に（50）達する人は、球界における最高の厚い待遇を受けられるだけではなく、多額の賞金も獲得することができる。そうなのだ、偉大な打者と二軍選手との差は実際には小さく、たったの20分の1しかない。20回のバッティングのチャンスだと、二軍選手は5回打ち、スター選手は6回打つ——たった1球の差しかないのだ！（51）人生はまるで野球の試合のようなもので、あなたも私もみんな1人の選手であり、そのようなスター級の選手と普通の二軍選手との差はただの1球にすぎないのである。言い換えれば、「そこそこ」から「最高の極致」まで（登るには）（52）往々にして小さな一歩しか必要ないのである。

49　正解 A

選択肢和訳

A　支（量）　　B　幅（量）　　C　片（量）　　D　节（量）

解説　空欄の前が数詞なので、空欄には量詞が入ると考えられる。空欄の後は"不錯的球队"なので"球队"を数える量詞を入れる。選択肢を見ると、Aが部隊などを数える量詞なので、これがふさわしい。選択肢はすべて量詞。Bは絵画などを数える。Cはスライス状のものを数える。Dは主に授業のコマ数を数える。

50　正解 B

選択肢和訳

A　満たす　　B　達する　　C　構成する　　D　形成する

解説　空欄の後が数詞なので、その数字に「達する」、その数字まで「落ちる」というような言葉が入る可能性が高い。しかも文脈から"0.3（3割）"という数字は結構高い数字という位置づけなので、「3割に達する」というニュアンスの言葉がよい。それを踏まえて選択肢を見ると、Bが正解と分かる。Aと迷うかもしれないが、Aは「活力で満ちている」とか「目が涙で満たされる」というように使われる。「3割（という条件）を満たす」という意味では使えないので不適。

51　正解 C

選択肢和訳

A　謙虚さは人を進歩させる　　　　　　　B　失敗は避けがたいものである
C　人生は野球の試合のようなものである　D　我々は自分の優勢を保たなければならない

解説　少し分かりにくいが、空欄の前の部分は一貫して野球の話であるのに対し、空欄後の部分、特に最後の部分によく表れているが、野球の話を一般化していることが分かる。それを踏まえて選択肢を見ると、Cが良いことが分かる。つまり、人生を野球に例えているというわけ。

52 正解 A

選択肢和訳

A 往々にして　B 再三　C 繰り返して　D こっそりと

解説　文脈から、空欄を含む文で言いたいことを予想してみると、「そこそこ」と「最高」の実力の差は実はそんなに大きくないものだ、というように、自分の経験や過去の事例を踏まえての発言になっている。そういう場合はAがふさわしい。

53-56

問題文和訳

ある日の晩、神が突然ある小さな村に姿を現した。村の人はみんな希望に満ちた様子で、神が彼らに何か宝物をくれるのではないかと（53）期待した。「あなたたちは石を多めに拾って、自分の袋に入れなさい。明日の夜、あなたたちは非常に喜びますが、また非常に後悔もするでしょう。」神は言い終わると、姿を消した。（54）村人たちはとてもがっかりした。彼らはてっきり神が自分たちに（55）貴重な物をもたらしてくれると思っていたが、まさか神がそのようなまったく意味のないことをさせるとは思ってもみなかった。しかしどうあれ、彼らは（56）それぞれ小石を拾って袋に入れた。翌日の晩になり、彼らは突然昨日袋に入れた石がなんとすべて黄金に変わっていることに気づいた。彼らは非常に喜んだと同時に、みんなひどく後悔もした。もっとたくさんの石を拾っておかなかったことを後悔したのだ。

53 正解 C

選択肢和訳

A 懐かしむ　B 感謝する　C 期待する　D たくらむ

解説　空欄の直前に"村子里的人都满怀希望"と言っており、空欄後には神が物をくれるという具体的な希望の内容を書いているので、空欄には「期待する・希望する」というような言葉が入るはずである。それを踏まえて選択肢を見ると、Cがふさわしいと分かる。

54 正解 C

選択肢和訳

A 村人たちはとても不思議がって　B 村人たちは興奮した様子で
C 村人たちはとてもがっかりして　D 村人たちは急に緊張して

解説　空欄後の文を見ていくと"神却让他们去做这样一件没有丝毫意义的事"と言っており、期待はずれであったようである。それを踏まえて選択肢を見ると、Cがふさわしいことが分かる。

55 正解 B

選択肢和訳

A 行き届いた　　B 貴重な　　C 長い歴史のある　　D 発達した

> **解説** 空欄55の文では"他们以为〜"と言っている。"以为"は「思い込む・誤解する」というようなニュアンスを含む言葉。つまり実際とは異なる予想を村人たちはしていたことになる。それを踏まえて選択肢を見ると、Bが正解だと分かるだろう。

56 正解 C

選択肢和訳

A 相対的に　　B 平均して　　C それぞれ　　D 残りの

> **解説** 空欄の後に動詞があるのでここには動詞を入れて連動文にするか、副詞を入れて後の動詞にかけることになると思われるが、Aは副詞ではあるものの意味が合わないので不適。Bは後に具体的な小石の個数が書いてあれば「平均10個」のように言えるので入りうるが、ここでは"一些"という漠然とした数量しか言っていないので、Bも不適。Dは副詞的にも動詞的にも使えないので不適。よってCがふさわしい。

57 - 60

問題文和訳

　2匹のアリが壁を1つ越えて、向こう側に食べ物を（57）探しに行こうとした。アリの1匹が壁のすそのところまで行き、少しもためらわずに上に向かって登っていったが、半分まで登ったところで、いつも疲れて落ちてきた。しかしそのアリは（58）失望せずに、毎度落ちてきては、また素早く気を取り直して、改めて上に向かって登り始めるのだった。

　別の1匹のアリは少し観察すると、壁を迂廻して行くことに決めた。間もなく、そのアリは壁のすそに沿って壁を迂廻して行き、食べ物の前までやってくると、（59）おいしそうに食べ始めた。しかし1匹目のアリはいまだにひっきりなしに落ちてはまた仕切り直していた。

　多くの場合成功というものは、勇敢さやたゆまぬ努力のほかに、さらに方向性も必要である。もしかすると1つの良い方向を持てば、成功がやって来るのが（60）想像するよりずっと早いかもしれない。

57 正解 B

選択肢和訳

A 募集する　　B 探す　　C 尋ねる　　D 問い合わせる

> **解説** 文脈から、食べ物を「求める」もしくは「探す」というふうにしたい。選択肢を見るとBがふさわしいことが分かる。Aも求めるというような意味だが、Aは意見などを募集するような文脈で使われる動詞なので、ここでは不適。

58 正解 C

選択肢和訳
A 待ち望む　　B 心配する　　C 失望する　　D 損をする

解説 文脈から、ここには「あきらめなかった」という言葉が欲しい。それを踏まえて選択肢を見ると、Cがそれに近いので、Cが正解。

59 正解 B

選択肢和訳
A 嗅ぐと本当にいいにおいだった　　B おいしそうに食べ始めた
C これ以上一歩も進みたくなかった　　D もう1匹のアリと対立するようになった

解説 食べ物の前に来たら次に何をするか考えながら選択肢を見ると、Bがふさわしいことが分かる。Bの"享用"は「享受する」という意味だが、ここでは要するに「食べる」ことを指す。

60 正解 A

選択肢和訳
A 想像する　　B 提唱する　　C 強調する　　D ふりをする

解説 空欄の前の文脈から考えると、勇気や努力だけでなく方向性も必要で、方向性が合っていれば「思ったよりも早く」成功する、というようにするのが最も自然。それを踏まえて選択肢を見ると、Aがふさわしいことが分かる。Bの「提唱していたよりも早く」やCの「強調していたよりも早く」は、その前の部分で提唱も強調もしていないので、いささか唐突な感は否めない。よって不適。

第2部分　問題 p.55 〜 p.58

〈問題文〉请选出与试题内容一致的一项。
〈和　訳〉問題の内容と一致するものを1つ選びなさい。

61　正解 D

問題文和訳

夫や妻の生活習慣を変えようと試してみてはならない。それは彼らがすでにそのように2、30年も生活してきたからである。ちょうど中国から古くから言われてきた言葉である「山河を変えることはたやすいが、(人の) 本性を変えるのは難しい」の通りで、彼らに自分を変えさせようとして、あなたの要求に従って生活させることは非常に達成しがたいことなのだ。あなたがやらなければならないことは相手に適応することであるべきはずである。

選択肢和訳

A　性格が運命を決める
B　夫婦の間には相互の信頼が必要である
C　自分の長所を理解しなければならない
D　**お互いの生活習慣を尊重しなければならない**

解説　冒頭で "不要试着改变丈夫或妻子的生活习惯" と言い、最後で "你要做的应该是适应对方" と言っているので、Dが最も近い。

62　正解 D

問題文和訳

ことわざに「黄山の四季は皆絶景だが、ただ冬の景色はことさら良い」とあるので、冬は黄山の風景を楽しむ最も良い時期である。冬に黄山に行くと、山を登れば雪を楽しみ雲海を眺めることができ、山を下れば温泉につかることもでき、さらにはその道中の珍しい松の木や、不思議な形の岩などの景観も加わり、黄山の冬の旅に独特の特色を備えさせている。

選択肢和訳

A　黄山は年中春のようである
B　秋の黄山は旅行客が最も多い
C　黄山は夏によく虹を見ることができる
D　**冬は黄山旅行に最も良い時節である**

解説　問題文前半で "冬天是黄山赏景的最佳时期" とはっきり言っているのでDが正解。

63 正解 C

問題文和訳

研究者は5000名余りの調査対象の体験結果および生活、飲食習慣、心理や社会的要素についてのアンケートの調査結果に対して分析を行ったところ、気分が人々の食事に影響する重要な要素であることを発見した。男女を問わず、気分に任せた食事は均しく肥満を招きやすく、そのうえこの現象は女性においてさらに普遍的である。研究ではさらに、気分がふさいでいる人はますます気分に任せた食事をしやすく、しかも運動を続けることがより難しいため、ますます肥満を招きやすい、ということを発見している。

選択肢和訳

A　環境の健康への影響は大きい
B　男性は女性より肥満になりやすい
C　気分と肥満の程度は密接な関係にある
D　飲食が不規則だと胃病を引き起こしやすい

解説　問題文中盤で "情绪化进食均易导致肥胖（気分に任せた食事は均しく肥満を招きやすく）" と言っているのでCが正解。

64 正解 C

問題文和訳

ある著名な理論に、人間の差異は余暇の時間にあり、人の運命は夜の8時から10時の間に決定する、というのがある。毎晩2時間の時間を割いて本を読んだり、考え事をしたり、あるいは有意義な講演会やディスカッションに参加したりすれば、あなたは、あなたの人生が変化を起こしていることに気づくだろう。そしてそれを努力して数年続ければ、成功があなたに手招きをするだろう。

選択肢和訳

A　人は大切にすることを身につけなければならない
B　良い習慣は小さい頃から養わなければならない
C　余暇の時間を十分に利用しなければならない
D　読書好きな人はより頭が良い

解説　問題文前半で "人的差别在于业余时间" と言っており、"业余时间" を活かすように説く文章なのでCが正解。

65 正解 D

問題文和訳

紫と紫がかった赤色の土壌は、紫色土と通称されている。紫色土の地層は浅くて薄く、通常は50センチに満たず、1メートルを超えるものは極めて少ないが、カルシウム、リン、カリウムなどの微量元素に富んでおり、肥沃である。四川盆地は中国で紫色土の土壌の分布が最も集中している地区なので、四川盆地は「紫色盆地」とも呼ばれている。

選択肢和訳

A 紫色土の地層は比較的厚い
B 紫色土は貯水能力が高い
C 紫色土は穀物の栽培には適さない
D **紫色土は四川盆地に集中して分布している**

解説 問題文最後の方で"四川盆地是中国紫色土壌分布最集中的地区"と言っているのでDが正解。

66 正解 B

問題文和訳

何人かの人はいつも明日に希望を寄せているのに、明日が昨日に変わったら、「もしももう一度やりなおせたなら…」などと言う。あまりに多くの人が「もしも」に理想、熱望、栄誉を持ち去られてしまっていて…その結果彼らは何も成し遂げることができない。正しく情勢に見通しをつけ、現在をしっかり掴んでこそ、成果をあげることができる。1分間躊躇すれば、必ず60秒を失うことになる。だから、今すぐに行動しよう！

選択肢和訳

A 明日はさらに良いだろう
B **現在をしっかりと把握しなければならない**
C 昨日の教訓をしっかり覚えていなければならない
D 理論と実践は不可分である

解説 問題文後半で"正确地估计形势，抓住现在，才能有所作为"と言っているので、Bが正解。

67　正解 C

問題文和訳

寒波は災害をもたらす気象の一種で、人々は習慣的にそれを「寒流」と呼んでいる。いわゆる寒波は、北方の冷たい空気が大規模に南に向かって襲ってくるもので、24時間の間に気温を急激に8℃以上下げる気象の過程である。寒波が通過する時には、しばしば雨、雪あるいは強風を伴う。寒波は一般的に冬、晩秋、初春といった季節に多く発生する。

選択肢和訳

A　寒波はどんな危害ももたらさない
B　寒波が発生する時は昼夜の温度差が小さい
C　寒波は冷たい空気が南下することで引き起こされるものである
D　寒波の発生は未然に防ぐことができる

解説　問題文前半で"所謂寒潮，就是北方的冷空气大规模地向南侵袭"と書いてあるのでCが正解。

68　正解 D

問題文和訳

よく「男は涙を軽々しく見せぬもの。」と言うが、長きにわたって、人々はずっと、泣くことは意気地がなくて、脆弱なことの表れだと思い、特に男性にはますますそうだった。しかしながら、我々が無理に涙を我慢し、苦痛や悲しみが体を損ねるままに任せている時は、実際には健康的なガス抜きの方式を拒絶しているのである。涙を流すことは精神の負担を緩和するのに有効な方法であり、それが感情を穏やかにし、ストレスを解き放つのである。

選択肢和訳

A　男性は泣くべきではない
B　泣く原因には多くのタイプがある
C　女性の忍耐能力は比較的強い
D　適切に泣くことは体に有益である

解説　問題文最後のところで"流泪是缓解精神负担的有效方法，它可以舒缓情感、释放压力"と言っており、泣くことを肯定しているのでDが正解。Aのようなことは確かに冒頭に書いてあるが、筆者はそれを後で否定しているのでAは不適。

69 正解 D

問題文和訳

自らを守るために、樹木は休眠しなければならない。そして越冬休眠の時にも、樹木自身は養分が必要なので、体内のバランスを保つために、多くの木が葉を落として、水分と養分の消耗を減少させ、エネルギーを蓄える。そして条件が整った時には、また新たに葉を生やすのである。しかし一部の松やヒノキなどの樹木は葉が針の先のようになっており、消耗する水分や養分が特に少ないので、常に緑を保つことができるのだ。

選択肢和訳

A 松やヒノキは休眠を必要としない
B 樹木の落葉は養分を失いかねない
C 樹木は休眠する時養分を必要としない
D 落葉は樹木が自らを守る一種の方式である

解説 問題文前半で、「自らを守るために樹木は休眠する」→「休眠時にも養分が必要」→「葉を落として養分の消耗を減らす」という論理が展開されている。これは「葉を落とすことは自らを守るため」とまとめることができる。よってDが正解。Aで迷った人がいるかもしれないが、松やヒノキは「緑を保てる（葉を落とさない）」ということしか言っておらず、休眠しないとは言っていないので、やはりAは不適。

70 正解 A

問題文和訳

人生は1問また1問と続く選択問題である。先生を正しく選べば、一生聡明である。友人を正しく選べば、一生助け合える。配偶者を正しく選べば、一生仲むつまじく暮らせる。環境を正しく選べば一生快適である。職業を正しく選べば、一生幸せである。よって、最も肝要なことは正確な道を選んで歩んでいくことなのである。

選択肢和訳

A 人生は至る所に選択肢がある
B 勤勉に努力することが重要である
C 人として言ったことは必ず実行しなければならない
D 事をなすには（その）軽重と緩急を区別しなければならない

解説 問題文冒頭で、人生を選択問題に例えている。ここで"一道又一道"と言っており、人生の中で次々に選択問題が現れることを示唆している。そこでAが正解と分かる。

第3部分 問題 p.59〜p.65

〈問題文〉请选出正确答案。
〈和　訳〉正しい答えを選びなさい。

71 - 74

問題文和訳

　春に、南の雁は北に帰ってゆく。我々は空に雁が「一」の字の形に、あるいは「人」の字の形になって、連れ立って飛んでいるのを目にするだろう。雁たちがそのように飛ぶのは、隊列を組むことによって「空気動力学」の効果を発揮させることができるからだ。同じエネルギー量を消耗する条件下なら、1羽の雁が雁の群れに従って飛ぶ場合は、単独で飛ぶ場合より70％も長い道のりを飛ぶことができる。これはまさにグループの力である。

　しかしグループの力が求めているのはグループを構成する1つ1つの要素が力を尽くして努力することであって、グループが成果を作り出してから一人労せずして甘い汁をすすりに行くことではない。考えてみれば分かるようにどの雁も仕事を怠けて、力を奮って飛ばなければ、「一」の字の形も、「人」の字の形もおそらく形作ることは困難であり、協力の効果も生まれないだろう。雁の1羽1羽が自分の位置で一所懸命に飛び、自分の職務と責任を尽くしてこそ、グループ全体がさらに高く飛び、さらに遠くまで飛ぶことができるのである。

71　正解 A

問題文和訳 雁が隊列を組んで飛ぶことの主な目的は：

選択肢和訳

A　より力を節約するため　　　B　行くルートを間違えることを避けるため
C　天敵を発見するのに便利だから　　D　互いに暖をとることができるから

解説　第1段落後半で"在消耗相同能量的条件下，一只大雁随一群大雁排队飞行，能比它单独飞行多飞70％的路程"と言っている。これは言いかえると、群れて飛ぶ方が単独で飛ぶよりもエネルギー消費を節約できるということである。よってAが正解。

72 正解 C

問題文和訳 第2段落の「消极怠工（仕事を怠ける）」はどんな意味である可能性が最も高いですか？

選択肢和訳
A　問題を悲観的に考える　　B　ディテールを重視しない
C　**仕事に積極的でない**　　D　他人の仕事を妨害する

解説　"消极怠工"は「仕事を怠けることに消極的だ」という意味ではない。"消极"と"怠工"がくっついていると考えよう。すなわち「消極的かつ怠ける」というような意味。後ろの部分にも"不奋力飞行"といった消極的な内容が続いていることから考えてもCが正解。

73 正解 D

問題文和訳 上の文章によると、下のどの選択肢が正しいですか？

選択肢和訳
A　幼い雁が一番前を飛ぶ　　B　雁は仲間をとても重視している
C　雁は羽毛を大事にする　　D　**雁の隊形は科学的である**

解説　第1段落中盤で"它们这样飞行，是因为编队能够发挥"空气动力学"的作用"と、雁の飛び方を科学的に分析しているのでDが正解。

74 正解 A

問題文和訳 上の文章が主に我々に伝えようとしているのは：

選択肢和訳
A　**団結の力は大きい**　　　　　　B　距離が美しさを生む
C　経験はゆっくりと蓄積されるべき　D　勇敢に困難と向き合わねばならない

解説　1羽より群れで飛ぶ方が長く飛ぶことができるという雁の例を挙げてグループで行動することの効果が挙げられているのでAであることが予測できるが、他も見てみよう。距離と美しさの関係についてはこの文章では語られていないのでBは不適。経験の蓄積についても言及がないのでCも不適。困難と向き合うというようなことも特に書かれていないので、Dも不適。よってAが正解。

227

75 - 78

問題文和訳

　街を渡り歩いて放浪しているある物乞いは毎日、もし自分の手に数万元のお金があったらいいなといつも考えていた。ある日、その物乞いはふと1匹の迷子になった子犬を見つけ、その子犬をかわいく思って、自分の住んでいる場所に抱いて帰った。

　その犬の主人は現地の有名な大富豪だった。その富豪は愛犬を失ってから非常に慌てふためいて、現地中に「もし見つけた者があれば、速やかに返されたし。謝礼金は2万元。」という迷い犬を探すための広告を出した。

　翌日、その物乞いは通りに沿って物乞いをしている時に、その広告を見て、待ちきれないように子犬を抱いていって2万元をもらおうとした。しかし彼が子犬を抱いてまた知らせが貼ってある場所を通り過ぎた時、彼は謝礼金が3万元に変わっていることに気づいた。なんと、大富豪は犬が見つからなかったので、謝礼金を3万元に引き上げていたのである。

　物乞いはほとんど自分の目が信じられないようで、前に向かって歩いていた足を止めて、ちょっと考えてからまた犬を抱いて戻っていった。3日目、謝礼金の値段は果たしてまた上がり、4日目にもまた上がり、7日目になる頃には、謝礼金は人が驚くほどにまで上がっていたので、物乞いはそこでようやく駆け戻って犬を抱いた。しかし思いがけないことに、そのかわいい子犬は腹を空かせて死んでしまっていた。

　多くのものは我々に縁がなくて得られないのではない。我々の望みが高すぎて、往々にして1つの目標に近づこうとするその時に、突然別のさらに高い目標に向きを変えてしまうので、結局のところ何も得られないのである。

75　正解 C

問題文和訳　富豪は犬を失ってから：

選択肢和訳

A　非常に怒った　　　　　B　知らないふりをした
C　大金を出して探した　　D　警察に手助けを頼んだ

解説　第2段落で"这位富翁丢失爱犬后十分着急，于是便在当地遍发寻狗启事"と言っている。この"寻狗启事"は「迷い犬を探すための広告」のことで、広告の内容に"酬金两万元"とあることからも、Cが正解。

76 正解 **C**

問題文和訳 どうして物乞いはすぐに犬を返さなかったのですか？

選択肢和訳
A 子犬が逃げてしまったから
B 彼は非常にその犬が気に入っていたから
C 彼はもっと多くの謝礼金が欲しかったから
D 彼は富豪がお金を払うのを惜しむことを心配したから

解説 なぜなのかはっきりとは書かれていないが、第2段落で2万元だったのが翌日（第3段落）には3万元になったのを彼が見て、もっと値段を吊り上げようとしたことが想像できるのでCが正解。

77 正解 **D**

問題文和訳 上の文章によると、下のどの選択肢が正しいですか？

選択肢和訳
A 子犬はいたずら好きである
B 物乞いはとても思いやりがあった
C 富豪は物乞いに感謝した
D 物乞いは一銭も得られなかった

解説 これまたはっきり書かれていないので、消去法で見てみよう。子犬の性格については本文中に言及がないのでAは不適。物乞いの彼は犬を拾って帰っているので思いやりがあると思った人もいたかもしれないが、その後金のために犬を手放そうとしているところを見ると思いやりがあるとも言えないのでBも不適。富豪が物乞いと会っている様子が描かれていないのでCも不適。よってDが正解。

78 正解 **B**

問題文和訳 上の文章は主に何を我々に伝えようとしていますか？

選択肢和訳
A 喜んで人を助けなければならない
B 満足することを覚えなければならない
C お金が多くても幸福とは限らない
D 得られないものこそが最も良いものである

解説 一番最後の段落をまとめると、欲を出したら結局何も得られなくなる、ということなので、要するに「足るを知れ」ということになると思われる。それを踏まえて選択肢を見るとBがふさわしいことが分かる。

79 - 82

問題文和訳

　ある詩人は、たくさんの詩を書き一定の名声も得たが、彼はまだいくらかの詩を発表しておらず、誰も鑑賞したことがなかった。そのことで、詩人は思い悩んでいた。詩人には友達がいて、(彼は) 知恵者だった。ある日、詩人は知恵者に自分の思い悩んでいることを話した。知恵者は笑って、窓の外の1本の生い茂っている植物を指差して言った。「ごらん、あれは何の花だい？」詩人は一目見て「夜来香だ。」と答えた。「そうだ。この夜来香は夜にだけ咲く。夜に咲いて、誰にも気づかれない。花を咲かせるのは、ただ自分を喜ばせるためだけなんだ。」詩人はびっくり仰天して「自分を喜ばせるだって？」と言うと、知恵者は笑って言った。「昼間に花を咲かせるのは、すべて人の気を引いて称賛を得るためだ。でも夜来香が、誰にも観賞されない状況で、それでも依然として (花を) 咲かせているのは、それはただ自分を楽しませるためだけなんだ。1人の人間が、まさか1本の植物にも及ばないというんじゃないだろうね？」

　多くの人は、いつも自分を楽しませるカギを他人に渡し、自分がなすことすべてを、皆他人にやってみせて、他人に称賛してもらうのは、まるでそうすることでしか楽しむことができないかのようである。しかしその実、人は他人に見せるために生きているのではなく、自分のために生きるべきなのである。

79　正解 C

問題文和訳　詩人はどうして思い悩んでいたのですか？

選択肢和訳

A　原稿料があまりに少なかったから　　B　友人が彼を理解しないから
C　多くの詩が人に鑑賞されてなかったから　　D　花を育てる技術が分からないから

解説　問題文最初の方で"他还有相当一部分诗没有发表，也无人欣赏。为此，诗人很苦恼。"と言っているのでCが正解。

80 正解 A

問題文和訳 夜来香について、何が分かりますか？

選択肢和訳
A 夜に花が咲く　　　　　　B 香料の一種である
C 花だけ咲いて実がならない　D 野外でよく見かける

> **解説** 問題文中盤で"这夜来香只在夜晚开放，夜晚开花"と言っているのでAが正解。

81 正解 B

問題文和訳 上の文章の「"取悦自己"（自分を喜ばせる）」の意味は：

選択肢和訳
A 自分を責める　　　　　　B 自分を楽しくさせる
C 自分の長所を発見する　　D 自分をねばり強く変える

> **解説** "取悦"とは「(人の)機嫌を取る」というような意味。つまり"取悦自己"とは「自分の機嫌を取る→自分を喜ばせる」ということであり、第1段落の最後にも"为了让自己快乐（自分を楽しませるために）"とあるので、それを踏まえて選択肢を見るとBがふさわしいことが分かる。

82 正解 C

問題文和訳 上の文章のタイトルとするのに最も適切なものは：

選択肢和訳
A 窓の外の緑の葉　　　B 詩人の花園
C 夜来香の楽しみ　　　D 月明かりの下の物語

> **解説** 人のためではなく自分の喜びのために事をなす人を、夜中に花開く夜来香という花に例えている文章なので、Cが最もふさわしいであろう。

83 - 86

問題文和訳

商人と（その）息子がロバを急がせて定期市に買い物に行った。

出発してそんなに行かないうちに、彼らに向かって叫ぶ人がいた。「あんたたちは馬鹿じゃないのか？ロバがいるのに乗らずに歩いているなんて。」商人は（その言葉を）聞いて一理あると思い、慌ただしく息子をロバに跨がらせて、自分はその後を歩いた。

いくらも経たないうちに、彼らは1人の老人に出くわした。老人はその情景を見ると、ため息をついて言った。「ああ、若くて力もある息子がロバに乗って、自分の年老いた父親を歩かせているだなんて、なんて親不孝なんだ！」商人はその言葉を聞いてそれも一理あると思い、息子を下ろして、自分がロバに跨がった。

また2、3里行くと、1人の婦人が不思議そうに商人に尋ねた。「あなたはどうして自分がロバに乗って、息子に後ろを歩かせるなどということができるのですか？」（その）婦人の言葉を聞いて、商人は心外極まりなく思ったが、他人が二度と自分を笑いものにしないように、すぐに息子をロバの背の上に抱き上げた。

そしてなんと数歩歩いたばかりのところで、また大声で彼らに尋ねる人がいた。「ちょっと、このロバはあんたのじゃないんだよね？」「私のだよ。（それが）どうしたんだい？」商人は驚いて問い返した。「自分のロバだったら、何だってそんなにそいつを苦しめるようなことをするんだい？そいつは今にもあんたらに押しつぶされて死にそうじゃないか！」「じゃあ、どうすればいいんだい？」考えが尽きた商人はその人に尋ねた。その人は冗談で言った。「あんたらがそいつを担いで行けばいいんだよ！」「それは本当に名案だ！」商人は望外の喜びようで、ロバを息子と担いで道を急ぎ続けた。

しかし1里も行かないうちに、彼らは2人ともくたくたに疲れ果ててしまった。彼らが立ち止まって休んでいる時、後ろに野次馬の一群が着いてきていることに気づいた。その中にはぺちゃくちゃと「本当にこの2人は大馬鹿だ！」と言う人たちも何人かいた。「私がどうやったらあんたらは満足なんだ！」商人は不本意極まりなかった。

まさにいわゆる「皆の口に合う料理は作れない」ということであり、もし誰かが「全員皆満足」するようにしようと妄想しても、その人は次のような結果に見舞われるしかないだろう。——自分は楽しくないし、周囲の人も皆不満足という。

83 正解 D

問題文和訳 第3段落によると、その老人は：

選択肢和訳

A 転んで倒れた　　　　B ケチである
C ロバを買いたがっている　　D 商人の息子が親不孝だと思っている

解説 第3段落では、息子がロバに乗り父親が歩いている様子を老人が「親不孝だ」と批判しているので、Dが正解。

84 正解 **C**

問題文和訳
その婦人は商人をどう思っていますか：

選択肢和訳
A　ずる賢すぎる　　　　　B　仕事熱心である
C　**非常にわがままである**　D　非常に善良である

> **解説**　第4段落では、父親がロバに乗り息子が歩いている様子を見て"你怎么能…（略）…？""どうしてそんなことができるのか？」と批判的に言っている。つまり父親（商人）のことをわがままな父親だと思ったということが読み取れるのでCが正解。ただ、婦人が"自私"やそれに似た言葉を使っていないので、念のため消去法でも確かめてみよう。自分がロバに乗って息子に歩かせる行為がずる賢い行為とは言いにくいのでAは不適。婦人は商人を批判しているので、良い意味のBとDは不適。よって、やはりCが正解。

85 正解 **C**

問題文和訳　なぜこのロバが商人のものではないと疑う人がいたのですか？

選択肢和訳
A　ロバの売値が安かったから　　　　B　商人がロバを担いで歩いていたから
C　**父子が2人ともロバに乗っていたから**　D　ロバは何日も物を食べていなかったから

> **解説**　問題文ではこの人は"既然是你自己的驴，你干嘛要这么折腾它呢？"と言っている。これは商人と息子が2人でロバに乗っていることを指しているので、Cが正解。

86 正解 **B**

問題文和訳　上の文章が主に我々に伝えようとしているのは：

選択肢和訳
A　問題を考えるには全面的でなければならない
B　**自分の考えを堅持しなければならない**
C　他人の感じ方に配慮しなければならない
D　豊かな想像力をもたねばならない

> **解説**　最後の段落をまとめると、全員を満足させることはできない、そんなことをしようとしても、「自分も楽しくないし周りも不満に思うだけ」ということである。つまり裏返せば、周りに左右されてはならない、ということが読み取れる。よってBがふさわしいと分かる。

87 - 90

問題文和訳

自信は子供の成長過程で必要不可欠な基本的要素である。尊重、励まし、称賛は子供に対する最大の信頼であり、子供の自信を育てる前提である。

両親は子供の選択、気持ち、意見を尊重し、あわせて行動において彼らが自信を築く手助けをしなければならない。両親は多方面から彼らに関心を寄せ、理解するべきで、その趣味や出される質問、さらには彼らの友達にまで、すべてに興味を示すべきである。間接的な方法で子供に自分の不足しているものを認識させ、同時に子供を打ち解けた家庭の雰囲気の中で、自分の意見が尊重されていることを体験させなければならない。

子供がある問題を解決しようと試みていたり、ある課題、例えば洗濯や掃除をやり遂げようとしたりしている時には、くれぐれも彼らに「このことはあなたにはできっこない」などと言って干渉してはならない。干渉は往々にして暗に批判の意味が込められている。子供が困難に出くわした時、両親は彼らが冷静に分析するように導き、彼らが勇敢に挑戦することを励ますべきで、叱りつけたり、皮肉を言ったり、あるいは「あなたはどうしてそんなに馬鹿なの」などと子供の自尊心を傷つけるようなことを言ってはならない。総じてこのような言葉は子供が自分の能力を低く見積もったり、次第に臆病になったり、卑屈になったり他人に依存するようなことを導いてしまう。子供が助けを求めた時は、両親は代わりにすることを請け負わずに、子供の能力を信じていることを表明すべきである。同時に、両親はアドバイスの形式で意見を言ってもいいだろう。

子供がある課題をやり遂げて成功を収めた時は、両親は適切なタイミングで褒めたたえ称賛し、彼らにその中から成功の喜びを体験させてやるべきである。ある1人の父親は、自分の娘が勉強はあまりできないが、チェスが非常に好きで、よく大人を打ち負かしていることに気づいた。そこで、彼は子供のその長所をしっかりと捉えて、そのチェスの腕前が抜群に良いのは努力の結果であることを指摘して、彼女がその精神を学習やその他の活動に応用するように示唆したのだ。このようなことは子供がその他の活動での自信を育てることについても同様に積極的な効果をもっているのである。

87 正解 B

問題文和訳 子供の欠点について、両親がすべきなのは：

選択肢和訳

A 厳しく批判する B 間接的に指摘する
C 先生とコミュニケーションを図る D 心理学の専門家に尋ねる

解説 第2段落で"要通过间接方式使孩子认识到自己的不足"と言っているのでBが正解。

88 正解 A

問題文和訳 子供がある課題をやり遂げようと試みている時に、両親は：

選択肢和訳

A 彼らがそれをすることを励ますべきである
B 彼らに自分の経験を教える
C 子供を手伝って一緒にやり遂げなければならない
D 適切に課題の難度を上げるべきである

解説 このことに関しては、直接的には第3段落で"千万不要干渉他们"と言っているが、その後、子供が困難に出くわした時には"鼓励他们去勇敢地尝试"と言っているので、Aが正解。

89 正解 A

問題文和訳 第4段落で挙げられている父親の例が主に説明しているのは：

選択肢和訳

A 褒めることの効果
B 有効的なコミュニケーションの重要性
C 子供を尊重することの必要性
D 課外活動への興味を発展させることの利点

解説 第4段落で例に挙がっている父親は、娘のチェスの腕前を誉めて自信をつけさせ、他のことにつなげようとしている。それを踏まえて選択肢を見ると、Aがふさわしいことが分かる。

90 正解 D

問題文和訳 上の文章は主に何について語っていますか？

選択肢和訳

A どのように子供と友達になるか
B どのように子供の成績を向上させるか
C いかにして子供に独立することを習得させるか
D いかにして子供の自信を養うか

解説 第1段落では子供の自信を育てる前提となる要素、第2段落では子供の自信を育てる両親の役割、第3段落以降では具体的にどうすべきかが書かれているので、Dが正解と分かる。子供と友達になろうということは特に出てきていないのでAは不適。成績を上げる話は最後の段落で間接的に出てきているが、それが最終目的ではない。誉めることで自信をつけさせ勉強などにもつなげようとしているだけなので、Bも不適。子供の独立のことも特に言及がないのでCも不適。

3 书 写

> 第**1**部分　問題 p.66

〈問題文〉完成句子。
〈和　訳〉文を完成させなさい。

91　正解 方案设计得很详细。

和　訳　プランは詳細に計画されている。

解説　"得"があるので様態補語の文を作ることを考える。動詞は"设计"があるので、これに"得"をつけて"设计得"とし、この後に様子・状態を具体的に表す言葉を置くのだが、それは"很详细"が使える。最後に残った"方案"は名詞なので文頭に置き主語とすればよい。

92　正解 这个餐厅每天可以接待1000名顾客。

和　訳　このレストランは毎日1000人の客をもてなすことができる。

解説　動詞は"接待"しかないのでこれを述語動詞とする。"每天可以"の"可以"は助動詞なので動詞の前に置かなければならない。よって"每天可以接待"となる。次に"接待"は「(客を)もてなす」という意味なので目的語となれるのは「客」というような意味の言葉である。語群の中では"1000名顾客"があるので、これを目的語として"每天可以接待1000名顾客"となる。残った"这个餐厅"は主語として文頭に据える。

93　正解 隔壁住着一对上年纪的夫妻。

和　訳　隣にはお年寄りの夫婦が住んでいる。

解説　"一对"の"对"はペアを数える量詞なので、これは"夫妻"と組み合わせる。また"上年纪的"も意味から考えて"夫妻"を修飾する言葉であることは間違いない。そこで3者を組み合わせて"一对 上年纪的 夫妻"とする。与えられた単語から文意を想像すると「お年寄りの夫婦が隣に住んでいる」としたいが、「～に」にあたる介詞"在"がないので、存現文を使う。存現文とは、ある場所に不定の物や人が存在する(もしくは出現・消滅する)ことを表す時に用いる構文で、語順は「場所＋(存在を表す)動詞＋(存在する)物や人」となる。与えられた言葉の内、場所を表す言葉は"隔壁"なので、これを最初に据え、次に動詞"住着"を置き、最後に存在する人である"一对上年纪的夫妻"を置く。

94 正解 她从事出版工作已经10年了。

和訳 彼女が出版の仕事に従事してすでに10年になる。

解説 「〜をして何年になる」という言い方は「主語＋動詞＋目的語」を言った後に"已经〜年了"というふうに言う。この問題だと、後半部分は"已经10年"と"了"をつなげて"已经10年了"とする。前半部分は残りを「主語＋動詞＋目的語」の順に並べる。動詞は"从事"があるのでこれを使う。これは「従事する」という意味なので、主語は人、目的語は職業のような言葉がよいので、"她 从事 出版工作"という順に並べる。

95 正解 不要为自己的错误找借口。

和訳 自分のミスに言い訳を探してはならない。

解説 "找借口"は「言い訳をする」という意味。「〜の言い訳をする」と言いたい時は"为〜找借口"というように言う。"为"は介詞なので後には名詞が来る。よって名詞的成分である"自己的错误"を"为"の後に置き"为 自己的错误 找借口"とする。最後に禁止の意味を表す"不要"を文頭につけて終了。介詞フレーズのある文に禁止の意味を加えたい時、"不要"は介詞の前に置くので注意しよう。

96 正解 煤是一种不可再生能源。

和訳 石炭は再生できないエネルギー資源である。

解説 語群を眺めると"不可再生"と"能源"を組み合わせて"不可再生能源"「再生できないエネルギー」とすることができるのに気づく。この文は石炭の説明をしている文だと考えると自然なので、"煤"を主語にする。"一种"の"种"は量詞なので名詞の前に置けばいい。名詞は"煤"と"不可再生能源"の2つがあるが、意味を考えると、石炭は数あるエネルギー資源のうちの一種なので、"不可再生能源"の前に置くとよい。

97 正解 难怪大家都叫他胆小鬼。

和訳 どうりでみんなが彼を臆病者と呼ぶはずだ。

解説 「AをBと呼ぶ」と言いたい時は"叫AB"というので、"叫他 胆小鬼"とすればうまくいく。"大家"は主語として最初に置いて"大家 叫他胆小鬼"とする。"都"は副詞なので動詞の前に置いて"大家 都 叫他胆小鬼"となる。最後に残った"难怪"は「どうりで」という意味で文頭に用いるので、これを文頭に据える。

98 正解 那家工厂购买了一批新设备。

和訳 あの工場は新しい設備を大量に購入した。

解説 動詞は"购买了"しか考えられないので、これを述語動詞とする。誰が何を購入したか考えると、主語は"那家工厂"であり、目的語は"新设备"がよいと分かる。"一批"の"批"は大量の人や商品などをひとまとまりにして数える量詞なので、"新设备"の前に置くと、新しい設備を大量に買い揃えたことが分かる文となるので、ここに置く。最後に主語として"那家工厂"は主語として文頭に置く。

第2回

第2部分　問題 p.67

〈問題文〉写短文。
〈和　訳〉短い文章を書きなさい。

99

〈問題文〉请结合下列词语（要全部使用，顺序不分先后），写一篇80字左右的短文。
〈和　訳〉下に並んでいる語句を使って（全て使用すること。順序は問わない）、80字前後の短い文章を書きなさい。

解答例

昨天，我碰见了我的大学同学。她很少参加同学聚会，所以我已经很久没见过她了。她一点儿也没有改变，还是那么漂亮。我们聊起大学时候，我们曾经一起学习，一起打篮球的生活。我们聊得特别开心。

和　訳

昨日、大学のクラスメートに偶然会った。彼女はあまり同窓会に参加しないので、私は長いこと彼女に会っていなかった。彼女はぜんぜん変わりがなく、相変わらずきれいだった。私たちは大学時代、かつて一緒に勉強したり、バスケットボールをしたりした生活について話していた。私たちはとても楽しく話していた。

100

〈問題文〉请结合这张图片写一篇80字左右的短文。
〈和　訳〉この写真に関連する80字前後の短い文章を書きなさい。

解答例

他很喜欢照相，所以他女朋友给他买了一台高级照相机作为生日礼物。他非常开心，带着他女朋友去公园照相。他和他女朋友看到相机里的相片照得非常好，都开心地笑了。

和　訳

彼は写真を撮ることが好きで、彼のガールフレンドは彼への誕生日プレゼントとして高級なカメラを買ってあげた。彼はとても喜んで、自分のガールフレンドを連れて公園へ写真を撮りに行った。彼と彼のガールフレンドは、カメラの中の写真がとてもよく撮れているのを見て、うれしそうに笑いました。

5級 第3回 解答・解説

聴力試験・・・P.240～P.265

読解試験・・・P.266～P.285

書写試験・・・P.286～P.288

正解一覧

1. 听力

第1部分
1. D	2. D	3. B	4. A	5. C
6. C	7. A	8. A	9. B	10. B
11. A	12. B	13. D	14. C	15. C
16. D	17. C	18. A	19. A	20. B

第2部分
21. D	22. B	23. B	24. A	25. D
26. A	27. D	28. A	29. C	30. D
31. B	32. D	33. B	34. C	35. D
36. C	37. C	38. D	39. D	40. C
41. A	42. D	43. C	44. C	45. A

2. 阅读

第1部分
46. A	47. B	48. A	49. C	50. A
51. D	52. B	53. A	54. C	55. B
56. A	57. C	58. B	59. B	60. D

第2部分
| 61. D | 62. C | 63. D | 64. B | 65. D |
| 66. C | 67. B | 68. C | 69. C | 70. B |

第3部分
71. A	72. D	73. B	74. C	75. C
76. A	77. C	78. A	79. B	80. C
81. A	82. B	83. D	84. A	85. D
86. B	87. D	88. B	89. D	90. A

3. 书写

第1部分
91. 他的观点有些片面。
92. 桌子上摆着三瓶矿泉水。
93. 他善于处理紧急情况。
94. 傍晚时天空中突然飘起了雪花。
95. 鸽子是和平的象征。
96. 数码相机被我摔坏了。
97. 你还在为投资的事情发愁吗?
98. 国庆节期间会举行大规模的庆祝活动。

第2部分 ※ 解答例は解説ページでご確認ください。

第3回

1 听力

第1部分 問題 p.70～p.71

〈問題文〉请选出正确答案。
〈和　訳〉正しい答えを選びなさい。

1 正解 D

スクリプト

女：李老师的电话打通了吗?
男：没有，一直占线，发短信也没回，真急人。
问：男的为什么很着急?

スクリプト和訳

女　：李先生の電話に通じましたか？
男　：いいえ、ずっと話し中で、メールも返事が来ませんし、本当に焦っています。
問題：男性はどうして焦っているのですか？

選択肢和訳

A　試験にパスしなかったから
B　携帯電話の電波が入らないから
C　電話料金が不足していたから
D　李先生と連絡が取れないから

2 正解 D

スクリプト

男：我们居然这么快就干完了，还是人多力量大。
女：是啊，幸亏你们来帮忙，否则我今天又要干到很晚，太谢谢你们了。
问：女的是什么意思?

スクリプト和訳

男　：私たちは思いがけなくこんなに早くやり終えたけれど、やはり人が多いと力も大きいですね。
女　：そうですね。幸いあなたたちが手伝いに来てくれましたが、そうでなかったら私は今日もまた遅くまでやらなければいけないところでしたから、本当にあなたたちに感謝するわ。
問題：女性の言っているのはどういう意味ですか？

選択肢和訳

A　会議がキャンセルになった
B　今晩残業しなければならない
C　資料がまだ印刷されていない
D　みんなの助けに感謝している

3 正解 B

スクリプト

女：我穿紫色这件好看吗？
男：显得很苗条，不过颜色太鲜艳了，要不你再看看其他颜色的？
问：男的觉得紫色的那件怎么样？

スクリプト和訳

女：私が紫色のこれ（この服）を着るときれいかしら？
男：スマートに見えるけれど、でも色があまりに派手だな。何ならもっと別の色を試してみたら？
問題：男性は紫色のそれ（その服）をどう思っていますか？

選択肢和訳

A　流行りである　　　　　　B　色が派手すぎる
C　デザインがシンプルである　D　値段がちょうど良い

4 正解 A

スクリプト

男：小王，明天都有哪些安排？
女：您明天上午十点要和生产商签合同，下午三点要出席分店的开业典礼。
问：男的明天上午有什么安排？

スクリプト和訳

男：王さん、明日はどんなスケジュールがありますか？
女：明日は午前10時に製造業者との契約に調印して、午後3時に支店の開業式に出席することになっております。
問題：男性は明日の午前にどんなスケジュールがありますか？

選択肢和訳

A　契約に調印する　　　　B　宴会に出席する
C　工場を見学する　　　　D　プログラムの司会をする

5 正解 C

スクリプト
女：糟糕，我好像把车钥匙落在健身房了。
男：那你赶快去取吧，我在这儿等你。
问：女的怎么了？

スクリプト和訳
女　：いけない、私は車の鍵をスポーツジムに忘れたみたいだわ。
男　：なら急いで取りに行きなよ。僕はここで君を待っているから。
問題：女性はどうしましたか？

選択肢和訳
A　アレルギーになった　　　B　運転免許証を忘れた
C　鍵を持ってこなかった　　D　ドアの鍵をかけ忘れた

6 正解 C

スクリプト
男：这里的水煮鱼做得很地道，你尝尝。
女：我吃了，的确不错，肉很嫩，要是再辣点儿就更好了。
问：女的觉得水煮鱼怎么样？

スクリプト和訳
男　：ここの魚の煮込みは本場の作り方だから、ちょっと味わってみて。
女　：食べてみたけど、確かになかなかね。肉も柔らかいし。もう少し辛かったらもっとよかったわ。
問題：女性は魚の煮込みをどう思っていますか？

選択肢和訳
A　あっさりしている　　　B　あまりに熱い
C　辛さが足りない　　　　D　あまり新鮮でない

7 正解 A

スクリプト

女：您好，您总共消费了七百四十七元。您刷卡还是付现金？
男：刷卡，然后请给我开张发票。
问：男的在做什么？

スクリプト和訳

女　：こんにちは。合計で747元のお支払いになります。カード払いですか、それとも現金払いですか？
男　：カード払いで、それから領収書もください。
問題：男性は何をしているところですか？

選択肢和訳

A　会計をしている
B　罰金を払っている
C　領収書を出している
D　小銭に両替している

8 正解 A

スクリプト

男：小叶，去不去打排球？
女：不去了，我昨天打完球，肩膀到现在还疼呢。
问：女的为什么不去打排球？

スクリプト和訳

男　：葉さん、バレーボールをしに行きますか？
女　：行かないことにします。私は昨日（バレーボールを）やり終えたばかりで、肩が今も痛いので。
問題：女性はどうしてバレーボールをしに行かないのですか？

選択肢和訳

A　肩が痛いから
B　家事をやり終えていないから
C　射撃を学びに行こうとしているから
D　幼稚園に子供を迎えに行かなければならないから

9 正解 B

スクリプト
女：还要开多久才能到你们单位啊?
男：你别催，快了，下个路口左拐就到了。
问：男的是什么意思?

スクリプト和訳
女　：あとどれだけ（車を）走らせればあなたたちの職場に着くの？
男　：急かさないで。もうすぐだから。次の交差点を左に曲がればすぐ着くよ。
問題：男性の言っているのはどういう意味ですか？

選択肢和訳
A　渋滞している　　　　　　　B　すぐに着く
C　いつでも大丈夫である　　　D　ここに車を止めてはならない

10 正解 B

スクリプト
男：刘女士吗？有您的包裹，麻烦您下楼签收一下。
女：好的，请稍等一下，我马上下来。
问：男的想让女的做什么？

スクリプト和訳
男　：劉さんですか？あなたへの小包がありますので、ご面倒ですが下まで下りてきてサインをして受け取ってください。
女　：分かりました。少々お待ちください。すぐに下りて行きます。
問題：男性は女性に何をさせようとしていますか？

選択肢和訳
A　保険に入る　　　　　B　小包を取りに来る
C　取材を受ける　　　　D　郵便局に手紙を出しに行く

11 正解 A

スクリプト
女：听说你们买了一套新房子，打算什么时候搬过去？
男：房子现在还没装修完呢，最快也要到元旦以后了。
问：关于新房子，可以知道什么？

スクリプト和訳
女　：聞くところによるとあなたたちは新しい家を買ったそうですが、いつ引っ越してゆくつもりですか？
男　：家はまだ内装や外装が終わっていないので、一番早くて元日より後です。
問題：新しい家について、何が分かりますか？

選択肢和訳
A　内装・外装工事中である　　B　面積が大きい
C　ローンで買った　　　　　　D　職場の近くにある

12 正解 B

スクリプト
男：你好，我的登机牌不小心弄丢了，我该怎么办呢？
女：可以给您重新办理一张，请出示一下您的身份证。
问：他们最可能在哪儿？

スクリプト和訳
男　：こんにちは。自分の搭乗券を不注意でなくしてしまったのですが、どうすればいいでしょうか？
女　：新しく1枚手続きしてさしあげることができます。あなたの身分証明書をお見せください。
問題：彼らはどこにいる可能性が最も高いですか？

選択肢和訳
A　レストラン　　　　　　　　B　空港
C　マンションの下　　　　　　D　高速道路

13 正解 D

スクリプト
女：这桔子真甜，你在哪儿买的？
男：在郊外。上周末我们去郊区玩儿，路过一大片桔园，就在那儿买了一箱。
问：关于男的，可以知道什么？

スクリプト和訳
女：このみかんは本当に甘いけれど、どこで買ったの？
男：郊外だよ。先週末に僕らは郊外に遊びに行って、大きなみかん園を通りがかった時に、そこで1箱買ったんだ。
問題：男性について、何が分かりますか？

選択肢和訳
A　梨を食べるのが好きである　　B　船を漕げない
C　たくさん写真を撮った　　　　D　先週郊外に行った

14 正解 C

スクリプト
男：奇怪，这手电怎么不亮呢？
女：是不是没电了？抽屉里有两节新电池，你换上试试。
问：女的是什么意思？

スクリプト和訳
男：おかしいな、この懐中電灯はなぜ光らないんだろう？
女：電池が切れたんじゃないの？引き出しに新しい電池が2本あるから、換えて試してみたら？
問題：女性の言っているのはどういう意味ですか？

選択肢和訳
A　目覚まし時計がうるさすぎる　　B　部屋が暗すぎる
C　電池が切れたのかもしれない　　D　充電器を買わなければならない

15 正解 C

スクリプト
女：这是哪个朝代的服装？真好看。
男：应该是汉代的，我以前在电视上看过。
问：他们在谈论什么？

スクリプト和訳
女　：これはどの王朝の時代の服装ですか？本当にきれいですね。
男　：漢代のもののはずです。私は前にテレビで見たことがあります。
問題：彼らは何について話していますか？

選択肢和訳
A　古典文学　　　　　　B　カーテンの色
C　服装の年代　　　　　D　テレビの連続ドラマ

16 正解 D

スクリプト
男：你不是和朋友去博物馆了吗？
女：别提了，博物馆今天不对外开放，我们白跑了一趟。
问：根据对话，可以知道什么？

スクリプト和訳
男　：君は友達と博物館に行ったんじゃなかったの？
女　：嫌になっちゃうわ。博物館は今日一般公開してなくて、無駄足を踏んじゃったの。
問題：この会話から、何が分かりますか？

選択肢和訳
A　彼らは道に迷った　　　　　B　レストランが営業していなかった
C　並んでいる人が多かった　　D　博物館は今日開いていなかった

17 正解 C

スクリプト
女：这次的对手挺厉害的，看来咱们队赢的希望不大。
男：不要紧，重在参与嘛。
问：男的是什么意思？

スクリプト和訳
女：今回の相手はとっても強いから、どうやら私たちのチームが勝てる望みは大きくなさそうだわ。
男：大丈夫だよ。参加することに意義があるんじゃないか。
問題：男性の言っているのはどういう意味ですか？

選択肢和訳
A 友好第一である B ディテールに気をつけなければならない
C 勝ち負けは重要ではない D 決勝戦はまだ始まっていない

18 正解 A

スクリプト
男：你好，我胃有点儿不舒服，应该挂哪个科室？
女：消化内科，挂号费五块。
问：男的哪儿不舒服？

スクリプト和訳
男：こんにちは。私は胃の具合がちょっと悪いのですが、どの科にかかればよいでしょうか？
女：消化器内科です。受付費用は5元です。
問題：男性はどこの具合が悪いのですか？

選択肢和訳
A 胃 B 心臓
C のど D 首

19 正解 A

スクリプト

女：这个胡同里的房子看起来年代比较久远。
男：是，听长辈们说，这些房子都是十九世纪初修建的。
问：关于那些房子，可以知道什么？

スクリプト和訳

女　：この路地の家は見たところ年代がわりと古そうね。
男　：そう、お年寄りの言うことには、これらの家は皆19世紀初めに建てられたものだそうだよ。
問題：それらの家について、何が分かりますか？

選択肢和訳

A　歴史がわりと長い　　　B　完全に保存されている
C　地理的な位置が良い　　D　少数民族建築に属している

20 正解 B

スクリプト

男：下月中旬把你的设计方案交给我，没问题吧？
女：没问题，马主任。
问：女的下月中旬要交什么？

スクリプト和訳

男　：来月中旬にあなたの設計プランを私に提出してください。大丈夫ですよね？
女　：大丈夫です、馬主任。
問題：女性は来月中旬に何を提出しなければなりませんか？

選択肢和訳

A　美術作品　　　　　B　設計プラン
C　卒業論文　　　　　D　求職用の履歴書

第2部分 問題 p.72～p.73

〈問題文〉请选出正确答案。
〈和　訳〉正しい答えを選びなさい。

21　正解 D

スクリプト

女：你儿子小兵今年不是高考吗? 考得怎么样?
男：还不错，已经被北京大学录取了。
女：是吗? 真了不起。恭喜你了。
男：谢谢。
问：关于小兵，可以知道什么?

スクリプト和訳

女：あなたの息子さんの小兵は今年大学受験じゃないの？試験はどうだったの？
男：なかなかよかったよ。すでに北京大学に合格したんだ。
女：そうなの？本当に大したものだわ。おめでとう。
男：ありがとう。
問題：小兵について、何が分かりますか？

選択肢和訳

A　博士課程で学んでいる　　B　北京で働いている
C　外国に留学する予定である　**D　大学に合格した**

22 正解 B

スクリプト

男：大学生运动会要招志愿者，你报名吗？
女：你在哪儿看到的消息？我怎么不知道？
男：就在校园网的主页上，我也是今天早上上网才看到的。
女：那我也上网看看。
问：男的是怎么知道这个消息的？

スクリプト和訳

男 ：大学生運動会がボランティアを募集しているけど、君は申し込む？
女 ：あなたはどこで（その）知らせを見たの？私はどうして知らないのかしら？
男 ：大学ネットのホームページだよ。僕も今朝ネットをしていて初めて見つけたんだ。
女 ：じゃあ、私もネットで見てみるわ。
問題：男性はどうやってその知らせを知ったのですか？

選択肢和訳

A　ラジオ放送を聞いて　　　　　　B　ホームページを見て
C　クラスメートから聞いて　　　　D　先生が彼に知らせた

23 正解 B

スクリプト

女：你在看什么呢？
男：一个纪录片，介绍中国各地美食。
女：是吗？好看吗？
男：还不错，不但介绍美食，还介绍各个地方的风俗文化，值得一看。
问：关于那个纪录片，下列哪项正确？

スクリプト和訳

女 ：あなたは何を見ているのですか？
男 ：ドキュメンタリーです。中国各地のグルメを紹介しています。
女 ：そうですか？面白いですか？
男 ：なかなかいいですよ。グルメを紹介するだけではなくて、それぞれの地域の風俗文化も紹介していて、一見の価値ありです。
問題：そのドキュメンタリーについて、次のどの選択肢が正しいですか？

選択肢和訳

A　魅力に欠ける　　　　　　　　　B　たくさんのグルメを紹介している
C　自然科学に関するものである　　D　旅行業の発展を促進した

24 正解 A

スクリプト

男：咱们部门去春游的事定了，这周六去。
女：太棒了，我期待很久了，希望周六别下雨。
男：不会，我看了天气预报，这周天气非常好。
女：那太好了，我要赶紧准备一下。
问：女的现在心情怎么样？

スクリプト和訳

男　：僕らの部署が春の遠足に行くことが決まったよ。今週の土曜に行くって。
女　：やったわ。私はずっと長いこと期待していたので、土曜日は雨が降らないでほしいわ。
男　：降らないはずだよ。天気予報を見たら、今週は天気がとてもいいって。
女　：それはよかった。私は急いで準備するわ。
問題：女性の現在の心境はどうですか？

選択肢和訳

A　うれしい
B　落ち着いている
C　誇りに感じている
D　やるせない

25 正解 D

スクリプト

女：小谢，我的电脑装不上这个软件，你能帮我看看吗？
男：没问题，是什么软件啊？
女：一个录音软件。
男：是不是你的硬盘空间不够？
问：那个电脑怎么了？

スクリプト和訳

女　：謝さん、私のパソコンはこのソフトがインストールできないんだけど、ちょっと見てもらえませんか？
男　：いいですよ。何のソフトですか？
女　：録音ソフトです。
男　：あなたのハードディスクの容量が足りないのではないですか？
問題：そのパソコンはどうしましたか？

選択肢和訳

A　ウイルスに感染している
B　ディスプレイが壊れた
C　ファイルがダウンロードできない
D　そのソフトがインストールできない

26 正解 A

スクリプト

男：这几页有几个地方还需要再调整一下，我都用红笔标记了。
女：好，我再改改。
男：另外，还有几处标点错误，你注意一下。
女：好的，修改完我尽快拿给您看。
问：男的让女的注意什么？

スクリプト和訳

男：この数ページはいくつかまだ修正が必要なところがあるので私が赤ペンで印をつけておきました。
女：分かりました。私はもうちょっと直してみます。
男：ほかに、句読点の間違いもいくつかあったから、気をつけてください。
女：分かりました。修正が終わったらなるべく早く見ていただきに持参いたします。
問題：男性は女性に何に気をつけるように言いましたか？

選択肢和訳

A　句読点の間違い　　　B　文法の問題
C　言葉の雰囲気　　　　D　文章の構造

27 正解 D

スクリプト

女：我昨天在网上买了一条牛仔裤，质量不错。
男：你最近经常在网上购物？
女：是，不用出门，点点鼠标就行，还有人送货到家。
男：确实挺方便的，哪天我也去网上逛逛。
问：关于女的，下列哪项正确？

スクリプト和訳

女：私は昨日ネットでジーパンを1本買ったんだけど、質がなかなかいいのよ。
男：君は最近よくネットで買い物をするの？
女：ええ、外に出なくてもよくて、マウスをちょっとクリックするだけでいいし、うちに商品を送り届けてくれる人もいるしね。
男：確かにとても便利だね。いつか僕もネットでいろいろ見てみるよ。
問題：女性について、下のどの選択肢が正しいですか？

選択肢和訳

A　結婚式の準備をしている　　B　スカートをはくのが好きである
C　ブティックを開いた　　　　D　よくネットで買い物をする

28 正解 A

スクリプト

男：您好，您的账户里还有十万元整。
女：如果把这笔钱转存成定期，利息是多少？
男：那要看您存多久，一年的话三千多，两年的高一些。
女：那我存两年的吧。
男：好的。
问：女的在询问什么？

スクリプト和訳

男　：こんにちは。あなたの口座にはまだちょうど10万元あります。
女　：もしこのお金を定期預金に替えたら、利息はどのくらいですか？
男　：それはどれくらい預けるかによります。1年だと3000元余り、2年だともう少しアップします。
女　：それでは2年にしましょうか。
男　：分かりました。
問題：女性は何について問い合わせているのですか？

選択肢和訳

A　預金の利息　　B　株価　　C　商品価格　　D　人民元のレート

29 正解 C

スクリプト

女：欢迎光临！您好，请问您有预订吗？
男：我前天订的包间，七个人的。
女：您贵姓？
男：我姓张。
女：您稍等，我看一下登记信息。
问：女的最可能是做什么的？

スクリプト和訳

女　：いらっしゃいませ！こんにちは。お尋ねしますがご予約はされていますか？
男　：私は一昨日個室を予約しました。7人のです。
女　：お名前は何とおっしゃいますか？
男　：張と申します。
女　：少々お待ちください。登録情報を見てみます。
問題：女性は何をする人であるのが最も可能性が高いですか？

選択肢和訳

A　秘書　　B　クラスの担任　　C　店員　　D　スポーツジムのコーチ

30 正解 D

スクリプト

男：你本科学的是什么专业？
女：我主修广告，此外还辅修了销售管理。
男：那你觉得你的专业背景对从事这份工作有什么帮助呢？
女：我可以在广告策划和市场推广等方面发挥我的专业特长。
问：女的认为自己在哪方面有优势？

スクリプト和訳

男　：あなたは本科で何の専門を学びましたか？
女　：私は主専攻で広告を学び、そのほかにマーケティング管理も副専攻で学びました。
男　：それではあなたは自分の専門の経験がこの仕事に従事するのにどんな助けになると思いますか？
女　：私は広告企画やマーケットプロモーションなどの方面で自分の専門の長所を発揮できます。
問題：女性は自分がどの方面で優位にあると考えていますか？

選択肢和訳

A　会計管理
B　業務コンサルタント
C　データ分析
D　マーケットプロモーション

31 - 32

> **スクリプト**
>
> 　　夜晚星星的多少和当时的天气状况有十分密切的关系。如果天上云层比较厚，就会遮住一些星星，我们能看到的星星就很少；如果天上的云很少，空中的水汽也比较少，我们就能看见更多星星。所以，夜晚天空中如果有许多星星，就表示当时空气比较干燥，而且第二天很可能会是晴天。
>
> **スクリプト和訳**
>
> 　　夜の星の数はその時の天気の状況と非常に密接な関係がある。もし空に雲の層が比較的厚ければ、一部の星を遮ってしまうので、我々が見ることのできる星も少なくなる。もし空に雲が少なく空中の水蒸気も比較的少なければ、我々はより多くの星を見ることができる。したがって、夜空にもしたくさんの星があれば、その時の空気が比較的乾燥していることを示し、しかも翌日が晴れである可能性が高い。

31 正解 B

設問スクリプト
星星的多少和什么有关?

設問スクリプト和訳
星の数は何と関係がありますか？

選択肢和訳
A 気温
B 天気の状況
C 星の体積
D 星と地球の距離

32 正解 D

設問スクリプト
如果晚上星星多，能说明什么?

設問スクリプト和訳
もし夜に星が多ければ、それは何を表していますか？

選択肢和訳
A 間もなく雨が降る
B 夜に雷が鳴る
C 翌日に虹が出る
D 翌日が晴れかもしれない

33 - 35

> **スクリプト**
>
> 　一位出版商在他的励志著作中，提到过这样一件事：有一年，他在海边游泳，游着游着，眼前一下子变得昏暗模糊起来。他觉得很紧张，双手发软，无力继续划动，游泳的节奏全被打乱了。在那个生死关头，两个信念支撑着他游了下去：一是坚持自己的方向，他认为自己不可能越游离岸边越远；二是要保持顺畅的呼吸，不要呛到水。游回岸边后，他悟出了一个道理，那就是只要方向没错，就要相信，通过自己的努力，一定可以达到目标。
>
> **スクリプト和訳**
>
> 　ある出版業界の人が自分が書いた自己啓発本の中で、このようなことを話題にしたことがある。ある年、彼は海で泳いでいると、目の前が急に暗くぼやけてきた。彼は緊張して、両手に力が入らなくなり、引き続き水をかく力がなくなり、泳ぐリズムが完全に乱されてしまった。その生死の境目にあって、2つの信念が彼の泳ぎを支え続けた。1つ目に自分の方向をしっかりと守っていれば、自分は泳げば泳ぐほど岸から遠ざかるようなことはないと考えた。2つ目に順調な呼吸を保っていれば、水にむせることはないということ。岸辺まで泳いで戻った後に、彼は1つの真理を悟った。それは方向さえ誤っていなければ、あとは自分の努力を通じて必ず目標を達成できると信じなければならない、ということである。

33 正解 B

設問スクリプト
当眼前变得模糊时，他有什么感觉？

設問スクリプト和訳
目の前がぼやけてきた時、彼はどんな感覚でしたか？

選択肢和訳
A 刺激的だった　　　　　　B **緊張した**
C ロマンチックだった　　　D 残念だった

34 正解 C

設問スクリプト
关于那两个信念，下列哪项正确？

設問スクリプト和訳
その2つの信念について、次のどの選択肢が正しいですか？

選択肢和訳
A 彼を誤った方向に導いた　　　　B 最初は彼は信じなかった
C **彼が岸に泳ぎつくのを励ました**　D 父親が彼に教えた

35 正解 D

設問スクリプト
这段话主要想告诉我们什么？

設問スクリプト和訳
この話が主に我々に伝えようとしていることは何ですか？

選択肢和訳
A 人生を楽しむことを理解しなければならない
B 救急の知識を把握しておかなければならない
C 不断に自分に挑戦しなければならない
D **正確な方向を堅持しなければならない**

36 - 38

スクリプト

　　色彩心理学家发现，衣服颜色会对心理产生重要影响。黑、灰两种颜色是职场常见色系，虽然稳重，但略显呆板，容易让人产生沉重、压抑的心情。因此，我们挑选衣服时，不妨试试以下三种颜色。
　　首先是绿色。它是舒适之色，能缓解眼部疲劳，并能让人从心理上产生一种安全感，有利于集中思绪、提高工作效率。
　　其次是蓝色。蓝色能起到稳定血压、减轻紧张感的作用。工作忙碌的人，可以选择多穿蓝色的衣服。
　　粉色则是温柔之色。它有安抚的作用，能消除浮躁的情绪。实验表明，发怒的人看到粉色，比较容易冷静下来。

スクリプト和訳

　色彩心理学者が、服の色が心理に重要な影響を与えうるということを発見した。黒、灰色の2色は職場でよく見る色の系統で、落ち着いてはいるが、ややぱっとしない感じがして、人に重々しく、抑圧的な気持ちを起こさせてしまう。そのため、我々は服を選ぶ時には、以下の3つの色を試してみてもよいのではないだろうか。
　まず緑色である。これは心地よい色で、目の疲労を和らげることができ、人の心理にも安心感を与えることができ、思考を集中させ作業効率を向上させることにメリットがある。
　次に青色である。青色は血圧を安定させ、緊張感を軽減させる効果がある。仕事が忙しい人は、青色の服をよく着ることをお勧めする。
　ピンク色は温かく柔らかい色である。この色は気持ちを落ち着かせる効果があり、浮ついた情緒を取り除くことができる。実験では、怒っている人がピンク色を目にすると、比較的容易に冷静になることが証明されている。

36 正解 C

設問スクリプト
灰色系的衣服有什么特点?

設問スクリプト和訳
灰色系統の服はどんな特徴がありますか？

選択肢和訳
A　のんびりしている　　　B　独特である
C　落ち着いて見える　　　D　比較的保温力がある

37 正解 C

設問スクリプト
绿色有什么作用?

設問スクリプト和訳
緑色はどんな効果がありますか？

選択肢和訳
A　人を興奮させる　　　　B　年齢が若く見える
C　目の疲れを和らげる　　D　人に親しみを覚えさせる

38 正解 D

設問スクリプト
发怒的人看到粉色会怎么样?

設問スクリプト和訳
怒っている人がピンク色を目にするとどうなりますか？

選択肢和訳
A　さらに怒る　　　　　　B　さらに活発になる
C　ややうんざりする　　　D　容易に冷静になる

39 - 41

> **スクリプト**
>
> 　　一位著名的教授到某大学做演讲，礼堂座无虚席。在一个半小时的演讲里，老教授幽默风趣地讲述了自己的奋斗经历，学生们听得津津有味。演讲快结束时，老教授请大家提问交流。
> 　　有个学生站了起来问："教授，您取得了这么多的成就，是否可以传授我们一些经验？"老教授笑了，望着大家说："你们自己先想想看。"台下的学生开始互相讨论起来。
> 　　过了一会儿，老教授拍了拍桌子说："别想了，快去做吧。我的演讲到此结束，谢谢同学们的捧场。"
> 　　学生们很吃惊，静默片刻后，礼堂响起了热烈的掌声。
>
> **スクリプト和訳**
>
> 　　ある著名な教授がある大学に講演をしに行ったところ、講堂は空席がないほどの人だった。1時間半の講演で、(その)老教授はユーモアを交えながら自分の奮闘してきた経歴を語り、学生たちは興味津々に聞いていた。講演が間もなく終わろうとする時に、老教授はみんなに意見交換をするように提案した。
> 　　ある学生が立ち上がって尋ねた。「教授、あなたはそんなに多くの業績を収められていますが、私たちに(その)経験をいくらか伝授していただけないでしょうか？」老教授は笑って、みんなに向かって言った。「君たちは自分でまず考えてごらんなさい。」演壇の下の学生はお互いに討論を始めた。
> 　　しばらくして、老教授は机を叩いて、「そこまで。早く(それを)やりに行きましょう。私の講演はここまでです。皆さんのお引き立てに感謝します。」
> 　　学生たちは驚き、しばらく静かに黙っていたが、講堂に熱烈な拍手が湧き上がった。

39 正解 D

設問スクリプト
那个同学提了什么问题？

設問スクリプト和訳
その学生はどんな質問をしましたか？

選択肢和訳
A 空いた時間をどのように調整するか
B いかにして学習効率を向上させるか
C どのように他人の肯定的評価を得るか
D 成功を収めた経験がどんなものであるか

40 正解 C

設問スクリプト
关于教授，可以知道什么？

設問スクリプト和訳
教授について、何が分かりますか？

選択肢和訳
A 節約を提唱した
B たくさんの本を書いた
C 学生にとても人気がある
D 物理学の教授である

41 正解 A

設問スクリプト
这段话主要想告诉我们什么？

設問スクリプト和訳
この話は主に何を我々に伝えようとしていますか？

選択肢和訳
A 行動を始めなければならない
B 観察することに長じなければならない
C 絶対に失望してはならない
D 問題を考えるには全面的でなければならない

42 - 43

> **スクリプト**
>
> 一个团队总是需要各种各样的人才。人不可能每个方面都出色，也不可能每个方面都差劲儿，再差的人也总有比别人强的地方。一个领导者能否称得上是优秀的领导者，不在于他自己能做多少事情，而在于他是否能很清楚地了解每个下属的优点和缺点，在适当的时候，派合适的人去做适合他们的事情。
>
> **スクリプト和訳**
>
> 団体はいつも様々な人材を必要としている。人はすべての方面で抜群に優れていることはあり得ないし、すべての方面で劣っていることもあり得ないので、(ある方面で)どんなに劣っている人でもやはり他人に勝っている部分があるものである。ある指導者が優秀な指導者だと言えるかどうかは、彼自身がどれだけのことができるかではなく、彼がはっきりと部下の長所と短所を理解して、適切な時に、適切な人を遣って彼らに適したことをやらせることができるかどうかにかかっているのである。

42 正解 D

設問スクリプト

优秀的领导者应具备什么特点？

設問スクリプト和訳

優秀な指導者はどんな特徴を備えていなければなりませんか？

選択肢和訳

A　スタッフに気を配る
B　スタッフに厳しく要求する
C　スタッフをどのように褒めるかを理解している
D　**スタッフの長所と短所を理解している**

43 正解 C

設問スクリプト

根据这段话，下列哪项正确？

設問スクリプト和訳

この話について、次のどの選択肢が正しいですか？

選択肢和訳

A　事に当たるには集中しなければならない　　B　責任を負う勇気が必要である
C　**どの人にも長所がある**　　D　好きな職業を選ばなければならない

44 - 45

スクリプト

从前有一个富翁，拥有很多财宝，但他并不快乐。于是，他决定去远方寻找快乐。富翁把金银珠宝都背在身上，然后出发了。他走过千山万水，可仍然不快乐。一天，他沮丧地坐在山脚下休息。这时，一个农夫背着一大捆柴草从山上走下来，边走还边哼着小曲儿，一副非常快乐的样子。富翁见状，对他说："我是令人羡慕的富翁，但却快乐不起来，你为什么这么快乐呢？"

农夫放下沉甸甸的柴草，擦擦汗说："快乐其实很简单，放下就是快乐呀。"富翁顿时醒悟：自己背着那么重的珠宝，怕丢，又怕被别人抢，整日忧心忡忡，怎么会快乐呢？于是富翁回到家，开始用自己的钱来帮助穷人，他再也不用担惊受怕了，并且尝到了快乐的味道。

スクリプト和訳

昔ある富豪がいて、たくさんの財宝を持っていたが、彼は楽しくなかった。そこで、彼は遠くに楽しみを探しに行くことに決めた。富豪は金銀宝を背負って、そして出発した。彼はいくつもの山や川を越えたが、依然として楽しくなかった。ある日、彼はがっかりして山のふもとに座って休んでいた。その時、1人の農夫が大きな柴の束を背負って山から下りてきたが、歩きながら鼻歌を歌い、とても楽しそうな様子だった。富豪はその様子を見て、彼に言った。「私は人にうらやまれるような富豪なのだが、楽しくないのです。あなたはどうしてそんなに楽しそうなのですか？」

農夫はずっしりと重い柴を置いて、汗を拭きながら言った。「楽しさというのは実際には簡単なことで、置くことが楽しさなんですよ。」富豪はにわかに悟った。自分はあんなに重い財宝を背負っていて、失ったり、他人に奪われたりすることが心配で、一日中心配でいても立ってもいられない。（これで）どうして楽しくなれるだろうか？そして富豪はうちに帰り、自分の金で貧しい人を助けることを始めた。彼は二度と不安でびくびくすることはなくなり、なおかつ楽しさを味わうことができたのである。

44 正解 C

設問スクリプト
富翁刚开始为什么不快乐？

設問スクリプト和訳
富豪は最初どうして楽しくなかったのですか？

選択肢和訳
A 運が悪かったから
B 商売が失敗したから
C 心配なことが多すぎたから
D さらに多くの金を稼げなかったから

45 正解 A

設問スクリプト
富翁是如何找到快乐的？

設問スクリプト和訳
富豪はどのようにして楽しみを探し当てましたか？

選択肢和訳
A 貧しい人を助けた
B 孤児を引き取った
C 投資して学校を開いた
D 農地に出て働いた

2 阅读

第1部分 問題 p.74 ～ p.77

〈問題文〉请选出正确答案。
〈和　訳〉正しい答えを選びなさい。

46 - 48

問題文和訳

　海水の中にあるあんなに多くの塩はどこから来たのだろうか？ある説では陸地の川がもたらしたものであるという。雨水は地面に（46）降って、低いところに集まり、その一部は小さな川を形成して、大きな川に流れ込み、別の一部は地下にしみ込んで、そしてまた別の場所に現れてくるが、最終的には皆海に流れ込む。水は流れる（47）過程において、各種の土壌や岩石の層を経て、それらを各種の塩類物質に分解する。これらの物質は海にもたらされ、さらに海水の（48）絶え間ない蒸発を経て、海水の中の塩の濃度が次第に高くなるのである。

46　正解 A

選択肢和訳

A　降る　　B　注ぐ　　C　水をかける　　D　漏れる

解説　雨水は空から地面に「降ってくる」ものである。それを踏まえて選択肢を見るとAがふさわしい。

47　正解 B

選択肢和訳

A　形勢　　B　過程　　C　段取り　　D　順序

解説　文脈を考えると、「水は流れて行く中で…分解される」ということになる。「流れて行く中で」はもう少し言葉を補うと「流れて行く過程で」と言える。よってBが正解。

48　正解 A

選択肢和訳

A　絶え間なく　　B　次々に　　C　一貫して　　D　続々と

解説　どの選択肢も似たような意味なので消去法で見ていこう。Cは具体的な状態がずっと続く場合には使えるが、単に「蒸発する」という一般的な状態には使えない。よってCは不適。BやDは人や物が次々、もしくは続々と何かをするような場合に使うので、蒸発という状態に使うことはできない。よってAが正解。

49 - 52

問題文和訳

ある優秀な企業の総裁が質問を受けた。「もし (49) 明らかに不合理な返品要求を受けた時に、あなたの販売員はどのように対応しますか？その顧客に返品するでしょうか？」総裁は答えた。「私は返品するかどうかは分かりませんが、彼が顧客の方に必ずご満足いただけるような (50) 方法で解決するであろうことは分かります。」

これこそが文化的な管理を実行した結果である。企業文化の本質は「人間化（人間性を重視すること）」である。規定がなく、参考とするものもない時には、(51) 文化が決定的な役割を果たしているのである。通常の状況では、制度は我々に何をすべきでないかを伝えるだけであり、ただ文化だけが本当に我々に何をすべきかを教えることができるのである。長い期間にわたる発展を (52) 追求し、企業を大きくしようとするならば、長い期間にわたる原動力が必須である。この原動力は金銭や、制度や、権力によって提供されるものではなく、ただ企業文化が形成した価値体系によってのみ可能なのである。

49　正解 C

選択肢和訳
A　臨時に　　B　余分に　　**C　明らかに**　　D　必要な

解説　空欄がなくても文として成立するし、文脈としてもおかしくないので、空欄には"不合理"をただ強調するだけの言葉が入ると考えて選択肢を見ると、Cがよいことが分かる。

50　正解 A

選択肢和訳
A　方法　　B　理論　　C　証拠　　D　規則

解説　文脈的には「方法」のような単語が入ることは明らか。選択肢を見るとAがその意味を持つのでAが正解。

51　正解 D

選択肢和訳
A　消費がキーポイントである　　　　B　現象が本質を反映する
C　企業の指導者が最も重要である　　**D　文化が決定的な役割を果たしている**

解説　空欄の前に"在没有规定、没有参考时"とあるので、規定や参考とするものがない場合どうするのか考えつつ選択肢を見てみよう。AとBはまったく文脈に合わないので不適。Cは、この空欄の場所だけを見ていると大丈夫そうだが、前後の文脈を見ると、企業のトップの話は出てこず、企業の文化が大事だという話になっているので、CではなくDが正解。

52 正解 B

選択肢和訳

A 伝播する　　B 追求する　　C 引き起こす　　D 広く伝わる

解説 文脈から考えてAとDはまったく意味が合わないので不適と分かる。またCはなんとなく大丈夫そうに見えるかもしれないが、多くの場合悪い事態を引き起こす時に用いる動詞なので、ここでは不適。よってBが正解。

53 - 56

問題文和訳

　先生が授業前に学生に1つの数字ゲームをさせた。先生が「1かける1、それを10回かけると、答えはいくつ？」と言うと、学生は異口同音に「1。」と答えた。

　先生は言った。「よろしい。それでは1.1かける1.1で、それを10回かけると？」

　学生は1.1と類推したり、2.1と類推したりしたが……正確な答えは実は2.85である。先生はまた言った。「0.9かける0.9で、それを10回かけると、答えはいくつになる？」先生は注意して言った。「君たちの印象をより(53)深くさせるために、私は君たちに(54)自分で計算してみることを勧めます。」1人の学生が素早く計算して出して、その答えは0.31だった。

　確かに、その差はたった0.1であるが、何回もかけた結果の差は大きくなる。(55)生活においても同様で、小さなことが積み重なれば大きな問題へと変わる。差というものはこのようにして(56)生み出されるのである。

53 正解 A

選択肢和訳

A 深い　　B 十分である　　C 均等だ　　D 幅広い

解説 空欄の直前にある"印象"と相性のいい形容詞を考える。選択肢を見るとAが最も相性がいいので、Aが正解。Aは日本語の「深刻」とは意味が違うので注意しよう。

54 正解 C

選択肢和訳

A まるで　　B 結局のところ　　C 自分で　　D 一歩一歩と

解説 AとBはまったく意味が合わないので不適。Dは一見よさそうに見えるかもしれないが、この言葉は動作をおこなって何かが変化していくことに重点が置かれるので、「計算する」という具体的な動作には使えない。よってCが正解。

55 正解 B

選択肢和訳

A 唯一の方法は　　　　　　　　B 生活においても同様で
C 結果が正確かどうかについては　D いったんこのようなことが起こったら

解説 この文章は、最初に掛け算をさせてみて、最後の最後で話を一般化して「小さなことが積み重なると大きな問題になる」という話をしているので、空欄には、その前の部分が例えでその後の部分が本題であることを示すような言葉が欲しい。選択肢を見るとBがそれにふさわしいことが分かる。話を実際の生活につなげているのである。

56 正解 A

選択肢和訳

A 生み出される　B なる　C 到達する　D 促進する

解説 "差距"と相性のいい動詞を探す。「差がなる」や「差が到達する」は日本語でもおかしいのでBとCは不適。またDの"促進"は動きの感じられるものを「促す」のであって、「差を促す」というのは少しおかしい。よってAが正解。

57 - 60

問題文和訳

　ある著名なコレクターがいて、彼はいつも他人が探し出せないような骨董品を探し出すことができた。ある人がその秘訣がどこにあるかを彼に尋ねると、彼は、その秘訣は「譲利（利を譲る）」の2文字だけだと言った。彼は自分が気に入った骨董品に出合った時に、値切ることもあるが、大きく値切ろうとはしない。ましてや売り手に稼ぎが出ない (57) 程度まで値切ることはない。ちょうどその反対で、彼は自分の専門的な判断に基づいて、1つの合理的な価格を算出し、その基礎に立って、さらに (58) 自発的に少し上乗せして、相手に少し儲けさせるようにしている。

　そのようにしていると骨董品を売る人は、彼が話が分かる人で、彼と商売をしても (59) 損をすることはなく、かえって多めに儲けることができると感じる。したがって、彼らが再びほかの骨董品やお宝を手に入れた時には、(60) まず彼に連絡し、彼にまず見てもらい、彼がいらなければ、別の買い手を探すのである。これこそがこのコレクターがいつも人に一歩先んじて、主導権を握っている秘訣である。

57 正解 C

選択肢和訳
A 原則　B 角度　C 程度　D 比率

解説 空欄の前は"不会砍到让卖者无钱可赚的"で、「売り手に稼ぎが出ない～まで値切ることはない」と言っており、空欄に入るものを考えると、ここはCが正解。

58 正解 B

選択肢和訳
A 慌ただしく　B 自発的に　C 切実に　D 全面的に

解説 ふつう買い物は安くなる方がうれしいので値切る人が多いのに、この人の場合は少し相場よりも多めにお金を払うというとあるので、それを修飾するものとしてはBがふさわしいことが分かる。

59 正解 B

選択肢和訳
A 縮小する　B 損をする　C 弁償する　D 手遅れになる

解説 「売り手はこの人と取引をすると～ばかりか少し儲かる」という文脈なので、空欄には「損をする」というような言葉が入ると予想できる。選択肢を見るとBがまさに「損をする」という意味なので、これが正解。

60 正解 D

選択肢和訳
A 高値で彼に売る　B 友人に薦める　C 自分で隠し持つ　D まず彼に連絡する

解説 空欄の直後に"请他先看"と言っているので、何をして、まず彼に見せるのかを考えて選択肢を見ると、Dを入れればつながりが自然でよい。よってDが正解。

第2部分　問題 p.78～p.81

〈問題文〉请选出与试题内容一致的一项。
〈和　訳〉問題の内容と一致するものを1つ選びなさい。

61　正解 D

問題文和訳

緑茶は、中国の主要な茶の種類で、江蘇省、浙江省、福建省などが産地である。発酵させていないので、新鮮な葉の栄養分が比較的多く保たれている。緑茶の中のこれらの栄養分は殺菌、消炎、老化防止、癌予防、抗癌などの特殊な効果がある。

選択肢和訳

A　緑茶は保存しにくい
B　夏には緑茶を飲むのが最も良い
C　緑茶は毎日飲まない方が良い
D　緑茶には豊富な栄養分が含まれている

解説　問題文真ん中辺りで"较多地保留了鲜叶中的营养成分"と言っているのでDがふさわしい。問題文では"较多地"と言い、Dでは"丰富的"と言っているのが少し合わないと思うかもしれないが、心配ならば消去法で確かめてみるとよい。緑茶の保存については言及がないのでAは不適。緑茶を飲む季節についても言及がないのでBも不適。緑茶を毎日飲むのはよくないとも書いていないのでCも不適。よってやはりDが正解。

62　正解 C

問題文和訳

『漢書』は中国古代の重要な史書で、『史記』『後漢書』『三国志』などとともに「前四史」と並び称されている。この著作は後漢の歴史学者の班固によって編纂されたもので、全篇で80万字あり、主に前漢の時代200年余りの歴史を記しており、後世に深い影響を与えている。

選択肢和訳

A　『漢書』はすでになくなっている
B　『漢書』は小説の1つである
C　『漢書』は前漢の歴史を記している
D　『漢書』は班固の早期の代表作である

解説　問題文後半に"主要记述了西汉时期200多年的历史"とあるのでCが正解。Dと迷った人もいるかもしれないが、"早期"かどうか言及がないのでDは不適。

63 正解 D

問題文和訳
子供はいつも人の世話が必要だが、彼らは家庭に面倒をもたらすと同時に、楽しさと幸せももたらしている。だから、子供ができてから、生活とは苦痛と楽しみであり、しかも楽しみは苦痛よりも遥かに多いという人がいるのである。

選択肢和訳
A　子供と多く交流しなければならない
B　子供の選択を尊重しなければならない
C　子供は大人よりさらに満足しやすい
D　**子供は家庭に楽しさをもたらすことができる**

> 解説　問題文前半で"他们在给家庭带来麻烦的同时，也带来了快乐和幸福"と言っているのでDが正解。

64 正解 B

問題文和訳
あなたの収入がいくらであっても、5つに分けて投資することを忘れないでください。体への投資を増やせば、あなたの健康が保障されます。社交への投資を増やせば、あなたの人脈が拡大されます。学習への投資を増やせば、あなたの自信が強化されます。旅行への投資を増やせば、あなたの見聞を豊かにします。あなたの未来への投資を増やせば、あなたの収益が向上します。しっかりと着実に計画すれば、あなたは自分の人生が次第にすばらしいものになっていくことに気づくでしょう。

選択肢和訳
A　投資はリスクがある
B　**合理的に収入を配分しなければならない**
C　十分に資源を利用しなければならない
D　お金が多くても幸せとは限らない

> 解説　問題文前半で、収入を"分成5份进行投资"と言い、最後の方で"好好规划落实"と言っているのでBが正解。

65 正解 D

問題文和訳

植物の年輪は植物の生長状況を反映し、また環境条件の変化を反映することができる。気温や水分などの条件が比較的良い時、例えば春や夏には、植物の生長は比較的早く、(年輪の)筋模様は比較的まばらで、色もわりと薄い。気温や水分などの条件が比較的劣悪な時、例えば秋や冬には、(年輪の)筋模様はわりと密であり、色は濃い。

選択肢和訳

A　夏、植物の生長はわりと遅い
B　秋、年輪は比較的まばらである
C　年輪の色は季節とは無関係である
D　年輪は外部の環境を反映することができる

解説　問題文冒頭で"植物的年輪既可以…(略)…，又可以反映環境条件的変化"と言っているのでDが正解。

66 正解 C

問題文和訳

博格達峰は天山山脈の東部で最も高い峰であり、ここの積雪は一年中溶けることがないので、人々はそれを「雪海」と呼んでいる。博格達峰の中腹には、天池と呼ばれる池が1つあり、海抜1900メートル余りで、その深さはおよそ100メートルである。池の水は氷雪が解けてできたもので、清らかで透明で、まるで大きな鏡のようである。純白の雪峰、鮮やかな緑のトウヒの木が湖に逆さに映る様は、まるで詩や絵のようで、旅行客をうっとりさせている。

選択肢和訳

A　天池は天山の山麓に位置している
B　雪海は天池の別称である
C　天池の水は非常に清らかである
D　博格達峰は天山の西部にある

解説　問題文中盤辺りで"池中的水由冰雪融化而成，清澈透明"と言っているのでCが正解。

67 正解 B

問題文和訳

古代、月は人々にとってきわめて神秘的なもので、そのためにたくさんの月にまつわる神話、例えば「嫦娥月に奔る」や「天狗月を食う」などが現れ、月にまつわる文学作品も枚挙にいとまがない。それと同時に人々は月にたくさんの美しい名前、例えば「銀盤」や「玉弓」などをつけた。

選択肢和訳

A 月は愛情の象徴である
B たくさんの文学作品は月にまつわるものである
C 満月は人に幸運をもたらす
D 人々は月の満ち欠けで天気を判断する

解説 問題文中盤辺りで "与月亮有关的文学作品也数不胜数" と言っている。"数不胜数" とは数えようにも数え切れない、というような意味で、要するに非常に多いことを言っている。そこでBが正解。

68 正解 C

問題文和訳

時には、我々は順風満帆に物事をやり遂げられないことがある。そのような状況では、我々は待つことを選択したり、協力を求めたりする。それはまるで、飛行機は2点間をまっすぐ飛べるものなのに、もし前に大きな気流があれば、飛行機すらもその大きな気流を大きく迂廻して飛ばざるを得ないのと似ている。我々が物事に当たる時もまた、多くの困難と障害にぶつかるが、その時に我々は必ずしも無理をして飛び込んで行かなくても、別の道を選ぶことができる。もしかするとそうした方がかえってさらに順調かもしれないのである。

選択肢和訳

A 他人を称賛することを習得しなければならない
B 理論と実際を結びつけなければならない
C 迂廻するのも解決方法の1つである
D 謙虚に他人の意見を受け入れなければならない

解説 飛行機の例の中で "飞机也只能绕过大气流飞行" というのがある。これは要するに、うまくいかない時に迂回することを指している。"绕过" は「〜を避けて通る（迂廻する）」の意味。よってCが正解。

69 正解 C

問題文和訳

1905年、中国の最初の映画である『定軍山』が北京の豊泰写真館で誕生した。当時の著名な京劇パフォーマンスアーティストである譚鑫培氏が、レンズの前で、自分が最も得意とする一段を演じたのである。フィルムはその後、前門の大観楼に運ばれて上映され、街中の人が総出で観に来た。これは記載の残る中で最初の中国人自身によって撮影製作された映画で、中国映画の誕生の指標となっている。

選択肢和訳

A 『定軍山』は対外的に上映されなかった
B 『定軍山』の監督は譚鑫培である
C 『定軍山』は北京で撮影された
D 『定軍山』はカラー映画である

解説 問題文冒頭で"《定军山》在北京的丰泰照相馆诞生"と言っているのでCが正解。

70 正解 B

問題文和訳

ある研究によると、管理者は自分の仕事のストレスが大きいことにより、往々にしてより多くの失望した感情を部下に伝えているということが分かっている。しかし98名の会社の管理者と職員にアンケート調査を行ったところ、研究者は、適度に体を鍛えている管理者のもとで働くスタッフの方がずっと過ごしやすい日々を送っていることを発見した。どんな運動をするにせよ、ただ毎週1回から2回（の運動を）続けるだけで、管理者の部下に対する八つ当たりの回数も明らかに減少するのである。

選択肢和訳

A 読書の良い習慣を身につけるべきである
B 運動は感情の改善に役立つ
C 管理者はコミュニケーションの技術に注目しなければならない
D 部下の感情は管理者に影響する

解説 問題文最後の部分で"不管做任何运动，只需每周坚持一到两次，管理者对下属乱发脾气的次数就能明显减少"と言っている。つまり、運動していることが感情のコントロールに役立っていることを示唆している。よってBが正解。

第3部分　問題 p.82〜p.89

〈問題文〉请选出正确答案。
〈和　訳〉正しい答えを選びなさい。

71 - 74

問題文和訳

　ある少年が金鉱の巨大な利益に魅せられて、山に入って金鉱を探し求める行列に加わった。山の谷間の気候は乾燥していて、水源の不足も甚だしいので、金鉱を探し求める人々が最も耐え難かったのは飲む水がないことだった。彼らは金鉱を探し求めながら「誰か私に水を1壷くれたら、その人に10元出す。」と不満を言った。別の1人は「もし私に水を1壷くれたら、私はその人に20元出す！」と言った。

　言った人にはその気がなくても、聞く人は本気にしてしまう。不満の声の中で、少年は額を叩き、心の中で「チャンスが来た！」と言った。そこで、彼は金鉱を探し求める列を離れ、向きを変えて水源を探しに行った。シャベルで一掘り一掘り、あらゆる苦労を経て、彼はついに水源を掘り当てた。

　少年が水桶を担いで、水筒を手に提げてやって来た時、それらののどがからからに渇いた金を探す人々はどっと押し寄せて、相争って少年の水を買った。もちろん、彼を皮肉る人もいた。「我々が山や川を渡り歩いて来たのは黄金を掘るためなのに、君は水を売るためかい。それが早くに分かっていたとしたら、君はここに来る必要なんてなかったのにね。」冷ややかな嘲笑と辛辣な皮肉にさらされたが、少年はそれを一笑に付した。後に、たくさんの人々が何も持たずに空しく故郷に帰ったが、少年は水を売ることで人生最初のバケツいっぱいの金を掘り当てたのである。

71　正解 A

問題文和訳　金鉱を探し求める人はどんな困難にぶつかりましたか？

選択肢和訳
A　ひどいのどの渇き
B　食糧不足
C　通信が不便
D　気候が変わりやすい

解説　第1段落で"寻找金矿的人最难熬的就是没水喝"と言っているのでAが正解。"熬"は「辛抱する・こらえる」という意味。

72 正解 D

問題文和訳 その少年はどうして金鉱を探し求める列から離れたのですか？

選択肢和訳
A 怪我をしたから
B 家族が恋しかったから
C 黄金を探し当てられるとは信じていなかったから
D 別の金儲けの道を思いついたから

解説 第2段落で"他退出了寻找金矿的队伍，转而去找水源"と言っている。水源を探す目的は、のどの渇きに苦しんでいる人に水を売って一儲けすることなので、Dが正解。

73 正解 B

問題文和訳 第3段落の「蜂擁而上」の説明としては：

選択肢和訳
A 水を売った方が金儲けになる   **B 水を買う人が多い**
C 周囲にたくさんの蜜蜂がいる   D みんな少年を馬鹿にしていた

解説 "蜂擁"とは蜂が群れているかのように大勢の人が押し合いへし合いしていることを言う言葉。よってBが正解。またこの言葉が分からなくても、のどが渇いた人が相争って水を買ったという文脈からも類推できるだろう。

74 正解 C

問題文和訳 上の文章によると、下のどの選択肢が正しいですか？

選択肢和訳
A 水源を大切にしなければならない
B 協力することを理解しなければならない
C チャンスを見つけることに長じなければならない
D 他人の意見を多く求めなければならない

解説 この少年は、金鉱探しには早々に見切りをつけて水を売る方向へ舵を切っている。そしてこの文章では最終的には、舵を切ったこの少年は金を稼げて、舵を切らなかった人々はむなしく故郷に帰ったと述べている。つまりこの少年のようにチャンスをつかみ取ることを奨励していることになる。それを踏まえて選択肢を見るとCがふさわしいことが分かる。

75 - 78

問題文和訳

　ある非常に声望が高い金持ちの商人が道で散歩をしていた時に、ぼろぼろの服を着て地面に古本を並べて売っている1人の若者に出会った。同じような苦しい経歴をもつ金持ちの商人は急に憐憫の情を起こして、その場で何も考えずに50元を若者の手に握らせて、それから振り返りもせずに去っていった。それほど遠くまで行かないうちに、金持ちの商人はそうするのが妥当ではないと突然思い、そこで急いで引き返してきて、地面に並べている中から古本を2冊拾って、すまなそうに、自分が本を取るのを忘れた、どうか気にしないでほしい、と説明した。最後に、金持ちの商人は、丁寧に若者に「本当は、あなたも私と同じ、商人なのですよ。」と告げた。

　2年後、金持ちの商人は招きに応じて慈善募金会に参加すると、スーツに革靴姿の若い書店業の商人が1人出迎えに来てくれ、しっかりと彼の手を握り、感激して言った。「こんにちは。あなたはとっくにお忘れになっているかもしれませんが、私は永遠にあなたのことを忘れることはありません。私はかつてはずっと一生ただ地面に並べる露天商をするだけの運命だと思い込んでいたのです。私のことをあなたと同じ商人なのだとあなたが私に言ってくださるまでは。そこで私はようやく自尊心を取り戻して、今日の成績を作り出したのです…。」

　金持ちの商人は夢にも思わなかった。自分が2年前に言った一言が、なんと1人の劣等感を抱いていた人に自信をもたせ、1人の落ちぶれて惨めだった人に希望を与え、1人の自分は何一つ取り柄がないと思い込んでいた人に自分の優位と価値を認識させ、しかもたゆまぬ努力で成功を収めさせていたのである。

75　正解 C

問題文和訳　金持ちの商人はどうして若者に同情したのですか？

選択肢和訳

A　若者が彼を救ったことがあるから
B　彼らは以前から知り合いだったから
C　似た経歴をもっているから
D　自分の息子を思い出したから

解説　第1段落で"有过同样苦难经历的富商顿生一股怜悯之情"と言っているのでCが正解。

76 正解 A

問題文和訳 若者について、分かるのは：

選択肢和訳
A かつて貧しかった　　　B 本を読むことが好きである
C たくさんの金を寄付した　D 金持ちの商人のためにアルバイトをした

解説 第2段落で登場する若者は第1段落では"一个衣衫褴褛的摆地摊卖旧书的年轻人"だったわけなので、Aが正解。"褴褛"は衣服がぼろぼろであることを指す言葉。また"地摊"は地面に直接品物を並べて売っている露店のこと。

77 正解 C

問題文和訳 上の文章によると、何が分かりますか？

選択肢和訳
A 金持ちの商人は素朴である　　　B 金持ちの商人は破産した
C 若者は金持ちの商人に感謝している　D 若者は金持ちの商人にたくさんの本を贈った

解説 第2段落で若者が金持ちの商人に対して言っている言葉を見ると、若者が商人に対して非常に感謝している様子が見て取れる。よってCが正解。

78 正解 A

問題文和訳 上の文章のタイトルとするのに最も適切なものは：

選択肢和訳
A 尊重の力　　　　　　B 金持ちの商人の一日
C 簡単な心　　　　　　D 会合での物語

解説 この話では、金持ちの商人がぼろぼろの服をまとった若者をさげすむこともなく、お金を与えるにしても若者の売っている本を買った代金として渡し、さらに"你和我一样也是商人"と言い、若者を同じ商人として尊重したところ、その若者がそれにより自信を取り戻し商人として大成するという話なので、相手を尊重するということの力の大きさが描かれていると解釈できる。よってAがふさわしい。

79 - 82

問題文和訳
ある日の夕方、私と妻が散歩に行くと、1人の花売りの老人に出会った。車にいっぱいの生花がきれいだった。今にも咲き出しそうなつぼみもあれば、みずみずしい鮮やかな緑色のものや、あでやかさに目を奪われそうなものもあった。私は妻に「鉢植えの花を買おう。」と言うと、妻は「私たち2人じゃ、育てられそうにないから、買わないことにしましょう。」と言った。しかし私はどうしても買いたかった。そこで我々は2つの鉢植えを買ってベランダに置いた。私が毎日仕事からうちに帰ると、最初にすることはベランダに行ってその2つの鉢植えの花を見たり、水をやったり、土をほぐしたりすることで、生活にもいくらかの楽しみが増した感じだった。

数日後、私はもともとは花が鮮やかに咲いていたその2つの鉢植えが、葉が次第に黄色く、枯れ始めていることに気づいた。私は納得がいかず、毎日細やかに気を配って大切にしてきたのに、最後にこのような結果になってしまうなんて、本当に何度考えても理解できなかった。

ついにある日、私は再びあの花売りの老人に出会ったので、矢も楯もたまらず彼の花車の前まで行き、花を育てたすべての過程を彼に説明してみせた。老人は聞いた後で、かすかに微笑んで言った。「花の育て方は花によって違うんですよ。あなたが買っていった花は、水をまめにやることを好みません。まめに水をやると花の根の部分が次第にかびてくるので、最後には腐ってしまいます。」老人の説明を聞いて、私ははっと悟った。

その後しばらくの間、私は完全に老人の方法に従ってやってみた。すると、果たしてその2つの鉢植えの今にも枯れようとしていた花が次第に全体的に緑色になり、しかも芽吹いて、生き生きとした生気を見せ出した。今はこの2つの鉢植えはすでに我が家の美しい風景の1つとなり、毎日仕事からうちに帰って眺めては両目を心地よく満足させている。

実は、人間も花を育てるのと一緒で、すべてのことは適当なところで止めておくのが良い。花を育てていて、水が多すぎると腐ってしまい、肥料が多すぎると、しおれてだめになってしまう。人間もそのようであり、度を超すと、正確な道から外れてしまうのである。

79 正解 B

問題文和訳 第1段落によると、何が分かりますか？

選択肢和訳
A 彼は花市をぶらつくのが好きである
B 妻は花を買うのに反対だった
C 彼は夕食の後によく散歩する
D 彼は花売りの老人と知り合いだった

解説 第1段落で"妻子说：'咱俩又不会养，别买了。'"と書いてあるのでBが正解。

80 正解 C

問題文和訳 彼はどうして納得がいかなかったのですか？

選択肢和訳
A 果実が小さかったから　　B 花が一向に咲かなかったから
C 花の育ちがよくなかったから　　D 花の色が変わるから

解説 少し選びにくいので消去法を使ってみよう。果実の話は出てこないのでAは不適。この人が納得いかなかったのは、花が咲かないことではなく、もともと咲いていた花の葉が"开始慢慢地泛黄"ということに納得がいかなかったわけなので、Bも不適。また、"叶片开始慢慢地泛黄"とは書いてあるが花の色が変わったとは書いていないのでDも不適。というわけでCが正解。Cの"长"は「成長する」という意味。ここでは「長い」という意味ではない。

81 正解 A

問題文和訳 老人の提案は何ですか？

選択肢和訳
A 水を少なめにやる　　B まめに土をほぐす
C 花の鉢を替える　　D 太陽に多めに当てる

解説 第3段落で"如果浇水勤了，花的根部就会慢慢发霉，最后烂掉"と言っている。直接「水やりを少なくしろ」とは言っていないが、意図は同じことなのでAが正解。

82 正解 B

問題文和訳 上の文章が主に我々に伝えようとしているのは：

選択肢和訳
A 環境を大切にしなければならない
B すべてのことは適度でなければならない
C 年長者の教えに従わなければならない
D 好奇心というものを持ち続けなければならない

解説 最後の段落で"凡事要适可而止"と言っているので、Bが正解。

83 - 86

問題文和訳

　春秋時代、斉の国の君主である荘公は、馬車に乗って狩りに出かけた時に、ふと道ばたに1匹の昆虫を見かけた。まさに全力でその2本の前足を高く上げ、体をまっすぐに伸ばして、馬車の車輪に向かって迫り、車輪と戦う構えをしていた。この興味深い場面は荘公の気を引いたので、彼は御者に向かって「これは何という虫だね？」と尋ねると、御者は「これはカマキリです。」と答えた。斉の荘公はまた「こいつはどうして我々の車の前に立ちはだかろうとしているのかね？」と聞いた。

　御者は行った。「大王様、こいつが我々の車と戦おうとしているのは、我々を通させたくないのです。カマキリというこの小さい虫は、ただ前進することだけを知り、退くことを知りません。体は小さいですが心は大きくて、本当に身の程知らずです。」

　御者のその話を聞き、斉の荘公は感慨深げに言った。「この小さな虫は、気概は小さくなく、こいつが人間だったなら、きっと天下の人々から尊敬される勇士になっていただろう。」そう言い終わると、彼は御者に（そのカマキリを）迂廻して行くように命じて、カマキリに危害を加えないようにした。後に、多くの人がこの物語を聞き、斉の荘公のやり方に感動した。そしてまもなく、天下の英雄が次々と身を寄せてきたので、斉の国はその後日増しに強大になっていった。

　人々は「カマキリが車に立ち向かおうとするのは、身の程知らず」とよく言う。しかしながら我々は別の面から見れば、カマキリが車の前に立ちはだかる勇気は、実に賛嘆に値するもので、この苦難を恐れず、戦おうという勇気は、我々が学ぶに値するものではないだろうか。

83　正解 D

問題文和訳 斉の荘公はどんな興味深い現象を見かけましたか？

選択肢和訳

A　馬がカマキリを怖がった　　　　B　2匹のカマキリがケンカをしていた
C　カマキリが馬車に跳び乗った　　**D　カマキリが馬車の前に立ちはだかった**

解説　第1段落に書かれている斉の荘公の言葉に"它为什么挡住我们的马车？"というのがある。この中の"它"とはカマキリのことを指すので、Dが正解。

84 正解 A

問題文和訳 斉の荘公がカマキリについて感じたのは：

選択肢和訳
A 気概がある
B とても知恵がある
C 非常に勤勉である
D 優柔不断である

解説 第3段落に書かれている斉の荘公の言葉に"这小虫子志气不小"というのがある。この中の"这小虫子"はカマキリのことなので、Aが正解。

85 正解 D

問題文和訳 上の文章によると、下のどの選択肢が正しいですか？

選択肢和訳
A 御者に辞退された
B 御者はカマキリに感心した
C 斉の荘公は狩りの計画を取り消した
D 斉の荘公のやり方は多くの人を感動させた

解説 第3段落の後半部分に"很多人听说了这个故事，都为齐庄公的做法所感动"というのがあるので、Dが正解。"为～所…"で「～に…される」という受け身の言い方なので覚えておこう。

86 正解 B

問題文和訳 上の文章のタイトルとするのに最も適切なものは：

選択肢和訳
A 極めて困難な任務
B 勇敢なカマキリ
C 三人行けば必ず我が師あり
D カマキリが後ろでヒワに狙われているのも知らずに、セミを捕らえようとしている（目先の利益にとらわれて迫っている危機に気づかない）

解説 この話はカマキリが車に立ち向かおうとする姿を描き、その気概に斉の荘公が感じ入った話であり、また最後のまとめの部分でも"螳螂挡车之勇，也实在可赞可叹"とカマキリの勇気を褒めそやしているのでBがふさわしい。

283

87 - 90

問題文和訳

　かつて卒業写真について専門的な研究を行った研究者がいた。彼らは5000枚の中学と高校の全クラスの卒業写真を集め、その中から50000人を確定した。41年にもわたる追跡調査を経て、研究者は次のような発見をした。全体的に見れば、中年になってからの事業の成功率と生活の幸福度は、好意的に微笑んでいる顔の学生たちの方が、表情が良くなく鬱々として不機嫌そうな顔の人々よりも遥かに高いということだ。

　確かに、微笑みはあなたの成功を予知できる。我々の周囲を見てみると、眉をひそめて苦々しい顔をしていたり、不満でいっぱいな人であったりするほど、生活がことごとく意に沿わず、成功とは無縁である。反対に、いつも微笑んでいる顔の人の場合、幸運が彼らについて行くのを特別好んでいるかのようで、彼らの事業であれ生活であれ、すべて他の人よりも成功している。

　なぜだろうか？原因は簡単で、顔の表情は往々にして1人の人の心理状態を反映しているからである。往々にして、心理状態がどうであるかによって、現在と未来がどうであるか決まってくる。ある人が微笑んでいる姿で生活に向き合えば、その人は積極的な心理状態をもつが、これはただ自分自身の知識と能力を最適化して発揮し、自信を持って様々な挫折と向き合うことができるだけでなく、さらにその人の人間関係も次第に打ち解けてくるので、それによって人生の道において好循環が形成され、広々とした世界に歩み出すのである。

　微笑んでいる人が失敗しなかったり苦痛がなかったりするわけではなく、ただ彼らは生命の幾たびもの起伏に勇気をもって向き合い、視線をさらに多くの生活の美しい一面に留めているだけである。もし厳しい要求をしてばかりで、天や人を恨んでいては、愁いや苦しみは次第に増すばかりだろう。生活に誠実な微笑みを与えてこそ、すべての世界を抱擁することができる。これはまさにある科学者が言った「微笑みはすべての苦痛を超越した力をもっており、人の一生を変えることさえできる。」ということなのである。

87　正解 D

問題文和訳 1段落目について、次のどの選択肢が正しいですか？

選択肢和訳

A　調査は中学生に対してだけのものである　　B　研究は何年間も続けられた
C　微笑みは体の健康に有益である　　　　　　**D　よく微笑む人は幸福感がより強い**

解説　消去法で見ていこう。"他们收集了5000张初中和高中全班同学的毕业合影"と書かれており高校生も対象に入っているので、Aは不適。Bの"好几年"は、せいぜい数年レベルであるが、問題文では追跡調査が41年にわたったとしているので、Bも不適。この文章では微笑みと健康の関係については特に述べていないのでCも不適。よってDが正解。Dの"幸福感"については第2段落以降あまり述べられていないのでDを消去してしまった人もいるかもしれないが、第1段落では"生活幸福程度"が高いという内容があるので、やはりDが正解。

88 正解 B

問題文和訳 第2段落の「不尽如人意（ことごとく意に沿わない）」とはどういう意味ですか？

選択肢和訳
A まったく思いもよらない　　　B （その）人を満足させることができない
C 他人の考え方を否定する　　　D 他人の意図を理解できない

解説 "不尽如人意"は四字成語"尽如人意（すべて思いのまま）"の否定形である。つまり思い通りにならないということ。つまり人を満足させられないということなので、選択肢ではBがそれに近い。

89 正解 D

問題文和訳 上の文章によると、顔の表情は：

選択肢和訳
A コントロールしがたい　　　B 軽視されやすい
C 真実とは限らない　　　　　D 人の心理状態を反映することができる

解説 第3段落で"脸上的表情往往反映了一个人的心态"と言っているのでDが正解。

90 正解 A

問題文和訳 上の文章が主に述べているのは：

選択肢和訳
A 微笑みのプラス効果　　　　　　　B 身体言語の秘密
C どのようにして人間関係を改善するか　D いかにして仕事のリズムを調整するか

解説 この文章は、微笑んでいる人がなぜ成功しているかについて、その理由やメカニズムについて説いているのでAが正解。

3 书 写

> 第 **1** 部分　問題 p.90

〈問題文〉完成句子。
〈和　訳〉文を完成させなさい。

91　正解 他的观点有些片面。

和　訳　彼の観点はやや一面的だ。

解説　"片面"は"全面"の対義語で「一面的だ・偏っている」というような意味の形容詞。これを述語に据えたいが、形容詞を述語にする場合は何か程度の副詞（"很""非常"など）を前に置くと座りがいい。語群の中の"有些"が程度の副詞として使えるのでこれを前に置いて"有些片面"とする。残りの"他的"は後に名詞を導けるので名詞"观点"を置き、これを主語として"有些片面"の前に据える。

92　正解 桌子上摆着三瓶矿泉水。

和　訳　テーブルの上にはミネラルウォーターが3本並べてある。

解説　語群の単語を眺めていると、ミネラルウォーターが机の上にあることを言えばいいのはすぐ分かるであろう。しかし「机の上に」と言いたい時に使う介詞"在"が見当たらないので存現文を使おう。存現文の語順は「場所＋動詞＋存在するモノ」となるので、まず場所を表す"桌子上"を置き、次に動詞"摆着"を置き、最後に「存在するモノ」である"矿泉水"を置くのだが、その前に数量を表す"三瓶"を置いて"三瓶矿泉水"とし、これを動詞の後に並べる。

93　正解 他善于处理紧急情况。

和　訳　彼は緊急事態を処理することに長けている。

解説　"善于〜"は「〜するのが得意だ・〜するのに長けている」という意味なので、後には動詞句が入る。語群の中では"处理"が動詞なのでこれを"善于"の後に置く。また"处理"の目的語としては"紧急情况"がふさわしいので、これを"处理"の後に置く。残った"他"は主語として文頭に据える。

94　正解 傍晚时天空中突然飘起了雪花。

和　訳　暮れ時、空に突然雪が舞い始めた。

解説　それまで話題にしていなかったことが急に起こったり突然現れたり消えたりしたのを描写的に述べる場合は、92番でも使った存現文の語順を取る。ここでは場所を表す言葉は"天空中"なので"傍晚时天空中"を文頭に据える。次に動詞が来るので"飘起了"を入れて、最後に突然現れたモノが来るので"雪花"を置く。残った"突然"は副詞なので動詞の前に置けばよい。

95 正解 鸽子是和平的象征。

和訳 ハトは平和の象徴である。

解説 まず"和平的"は後に名詞が来るのだが、意味を考えると「平和のハト」よりも「平和の象徴」の方がよいので"象征"を後に据えて"和平的象征"としておく。さて、語群の中に"是"があるので、その前後に名詞的成分を置くのだが、名詞的成分は"鸽子"と"和平的象征"があり、どちらを前にしても文法的には構わない。ただ意味を考えると「平和の象徴はハトだ」より「ハトは平和の象徴だ」の方が自然なので、"鸽子"を主語として文頭に据え、次に動詞"是"、最後に"和平的象征"を置くのが無難。

96 正解 数码相机被我摔坏了。

和訳 デジタルカメラは私が落として（私に落とされて）壊れてしまった。

解説 語群に"被"という字が見えるので、受け身の文を作る。受け身の文は"主語＋被＋（動作を行った人）＋動詞"という語順になるので、その語順通りに単語を当てはめていけばよい。つまり、カメラが私に壊されたとすればいいので、"数码相机"を主語に据え、"被"の後に"我"を置き、最後に結果補語のついた動詞"摔坏了"を置く。

97 正解 你还在为投资的事情发愁吗？

和訳 あなたはまだ投資のことで心配しているのですか？

解説 "发愁"はこれだけですでに「動詞＋目的語」の構造になっているので、この後にさらに目的語を置くことはできない。つまり"发愁 投资的事情"という語順はNG。「〜のことで心配する」と言いたい時は"为〜发愁"というふうにする。つまりこの問題の場合だと"为 投资的事情 发愁"と並べるとよい。残った"你还在"は文頭に置けば、主語"你"と副詞"还"と進行形を作る副詞"在"というふうになるのでちょうど良い。そして"吗"は疑問文を作る語気助詞なので文末に添える。

98 正解 国庆节期间会举行大规模的庆祝活动。

和訳 国慶節の間は大規模な祝賀行事が行われる。

解説 時を表す言葉は動詞より前に置くのが基本なので"国庆节期间"は動詞成分の"会举行"の前に置く。意味から考えて"大规模的"は"庆祝活动"にかかるので"大规模的 庆祝活动"と並べる。そしてこれは"举行"の目的語としてふさわしいので"会举行"の後に置く。

第2部分 　問題 p.91

〈問題文〉写短文。
〈和　訳〉短い文を書きなさい。

99

〈問題文〉请结合下列词语（要全部使用，顺序不分先后），写一篇80字左右的短文。
〈和　訳〉下に並んでいる語句を使って（全て使用すること。順序は問わない）、80字前後の短い文章を書きなさい。

解答例

说到宿舍，相信中国的大学生们都不会陌生。对很多大学生来说，宿舍很重要。大家在宿舍里学会怎么与人沟通，从而适应宿舍生活。只有适应了宿舍生活，心情才会变好，才能够很好地投入学习。

和　訳

宿舎といえば、中国の大学生は皆知っているはずである。ほとんどの大学生にとって、宿舎は重要である。みんなは宿舎でどのように人と接するかを学び、それによって、宿舎生活に適応する。宿舎生活に適応してこそ、気分もよくなり、うまく勉強に力を注ぐことができるようになるのである。

100

〈問題文〉请结合这张图片写一篇80字左右的短文。
〈和　訳〉この写真に関連する80字前後の短い文章を書きなさい。

解答例

小李刚来北京工作，她想要找一个便宜的房子。今天，房东带着她去看房子。虽然那个房子离公司有点儿远，但是房子周围很安静，交通也很方便。小李非常满意，马上在合同上签了字，拿到了房子的钥匙。

和　訳

李さんは北京に仕事をしに来たばかりで、安い部屋を探したいと思っている。今日、大家は彼女を連れて部屋を見に行った。その部屋は会社に少し遠いが、部屋の周辺は静かで、交通も便利だった。李さんはとても気に入って、すぐに契約書にサインをして、部屋の鍵をもらった。

5級 第4回 解答・解説

聴力試験・・・P.290〜P.315

読解試験・・・P.316〜P.335

書写試験・・・P.336〜P.338

正解一覧

1. 听力

第1部分
1. A	2. B	3. A	4. C	5. A
6. B	7. C	8. C	9. D	10. D
11. B	12. B	13. B	14. A	15. C
16. A	17. D	18. B	19. C	20. D

第2部分
21. D	22. D	23. C	24. D	25. A
26. A	27. B	28. B	29. A	30. C
31. C	32. C	33. B	34. B	35. C
36. D	37. C	38. D	39. C	40. C
41. D	42. B	43. A	44. B	45. B

2. 阅读

第1部分
46. D	47. C	48. B	49. A	50. D
51. A	52. C	53. B	54. A	55. D
56. A	57. A	58. B	59. D	60. C

第2部分
61. D	62. B	63. C	64. C	65. A
66. D	67. B	68. B	69. A	70. A

第3部分
71. D	72. B	73. C	74. D	75. C
76. C	77. D	78. B	79. A	80. A
81. D	82. A	83. B	84. C	85. C
86. C	87. A	88. D	89. A	90. D

3. 书写

第1部分
91. 充电器不在抽屉里。
92. 今年本市服装出口增长近6%。
93. 海洋的面积比陆地大得多。
94. 他答应帮我打听一下。
95. 竹子的用途很广泛。
96. 那几个年轻人合租了一套公寓。
97. 公司决定由你主持下礼拜的开幕式。
98. 这种产品是专门为女性设计的。

第2部分 ※ 解答例は解説ページでご確認ください。

第4回

1 听力

第1部分 問題 p.94～p.95

〈問題文〉请选出正确答案。
〈和　訳〉正しい答えを選びなさい。

1　正解 A

スクリプト
女：这幅画是不是挂歪了?
男：嗯，是有点儿斜，我重新弄吧。
问：那幅画怎么了?

スクリプト和訳
女：この絵は歪んで掛かってない？
男：うん、少し斜めだね。僕がやり直すよ。
問題：その絵はどうしたのですか？

選択肢和訳
A　歪んで掛かっている　　B　外して下ろせない
C　まだ描き終えていない　D　色がぼんやりしている

2　正解 B

スクリプト
男：请问补票去哪节车厢?
女：七号车厢，列车长办公室，在那儿办理补票手续。
问：他们最可能在哪儿?

スクリプト和訳
男：お尋ねしますが、切符の乗り越し精算をするにはどの車両に行けばいいですか？
女：7号車で、列車長の事務所です。そこで切符の乗り越し精算の手続きをしてください。
問題：彼らはどこにいる可能性が最も高いですか？

選択肢和訳
A　船の上　　B　汽車の中　　C　飛行機の中　　D　長距離バスの中

3 正解 A

スクリプト

女：总算把活儿干完了，可把我累坏了。
男：你辛苦了，快坐下来休息休息，今天的晚饭我来做。
问：女的怎么了？

スクリプト和訳

女　：やっと仕事が終わったわ。本当に疲れてくたくたよ。
男　：ご苦労様。早く座って休みなよ。今日の夕食は僕が作るから。
問題：女性はどうしたのですか？

選択肢和訳

A　非常に疲れている　　　B　病気になった
C　お菓子を食べたい　　　D　家事を終えていない

4 正解 C

スクリプト

男：你好，我昨天在你们这儿订了一个位子，我姓赵。
女：赵先生……有您的登记信息，三号桌，我带您过去。
问：关于赵先生，可以知道什么？

スクリプト和訳

男　：こんにちは。私は昨日あなたたちのところで席を予約しました。趙といいます。
女　：趙さんですね…。あなたの登録情報がありました。3番テーブルです。私がお連れいたします。
問題：趙さんについて、何が分かりますか？

選択肢和訳

A　ちょうど会計をしている　　B　レストランの店長（マネージャー）である
C　席を予約した　　　　　　　D　情報を間違えて記入した

5 正解 A

スクリプト

女：外面雾很大，估计咱们今天不能走高速了。
男：我看雾一会儿就能散，再等等，晚点儿出发也可以。
问：现在天气怎么样？

スクリプト和訳

女：外は霧が濃いから、今日は高速道路で行けないと思うよ。
男：霧はもうすぐしたら晴れると思うから、もうちょっと待ちましょう。出発が少し遅れても構わないから。
問題：現在の天気はどうですか？

選択肢和訳

A 霧が濃い　　　　　　B 雷が鳴った
C 涼しい　　　　　　　D 日の照りがよい

6 正解 B

スクリプト

男：这么晚了，儿子怎么还不睡觉？
女：明天是辩论会的决赛，他有点儿兴奋，睡不着。
问：儿子现在心情怎么样？

スクリプト和訳

男：こんなに遅くなっているのに、息子はどうしてまだ寝ないんだい？
女：明日は弁論大会の決勝戦だから、彼はちょっと興奮していて、寝つけないの。
問題：息子の現在の気持ちはどうですか？

選択肢和訳

A 得意気である　　　　B 興奮している
C がっかりしている　　D 落ち着いている

7 正解 C

スクリプト

女：这块儿布料不错，做卧室的窗帘怎么样？
男：图案很好看，但颜色不太适合卧室，我看放客厅比较好。
问：男的是什么意思？

スクリプト和訳

女：この布はなかなかいいから、寝室のカーテンにするのはどうかしら？
男：柄のデザインはいいけれど、色が寝室にあまり合わないから、応接間に掛けた方がいいと思うよ。
問題：男性の言っているのはどういう意味ですか？

選択肢和訳

A　カーテンを洗う頃である　　B　寝室はあまりに暗い
C　応接間に掛けるのに適している　　D　その布は高い

8 正解 C

スクリプト

男：你看一下体育频道是不是在转播足球比赛？
女：没到时间呢，等我看完这个连续剧就差不多了。
问：男的想看什么节目？

スクリプト和訳

男：スポーツチャンネルがサッカーの試合を中継しているかどうか見てくれないか？
女：まだ時間になってないわ。私が見ているこの連続ドラマが終わった頃ぐらいからよ。
問題：男性は何の番組を見たがっていますか？

選択肢和訳

A　ドキュメンタリー　　B　連続ドラマ
C　サッカーの試合　　D　テニスの試合

9 正解 D

スクリプト

女：这些照片都是你拍的？你的摄影技术真不错。
男：哪里哪里，主要是那儿的景色漂亮。
问：女的觉得男的哪方面不错？

スクリプト和訳

女　：これらの写真は皆あなたが撮ったのですか？あなたの撮影技術は本当に大したものですね。
男　：いえいえ、主としてそこの景色がきれいだったからですよ。
問題：女性は男性のどの点が大したものだと感じていますか？

選択肢和訳

A　性格が良い　　　　　　　　B　宣伝がとてもうまい
C　模倣に長けている　　　　　**D　写真を撮るのが上手である**

10 正解 D

スクリプト

男：昨天你去听刘教授的讲座了吗？
女：我本来打算去的，但是导师临时让我写一份实验报告，就没去成。
问：女的为什么没去听讲座？

スクリプト和訳

男　：昨日劉教授の講座を聞きに行った？
女　：私はもともとは行くつもりだったけれど、指導教授がその時になって私に実験のレポートを書くようおっしゃったので、行けなかったの。
問題：女性はどうして講座を聞きに行かなかったのですか？

選択肢和訳

A　興味がなかったから
B　時間を間違えて覚えていたから
C　化学の授業に出なければならなかったから
D　実験のレポートを書かなければならなかったから

11 正解 B

スクリプト

女：李总，您能抽出宝贵的时间参加这次宴会，我们感到十分荣幸。
男：你太客气了，谢谢你们的邀请。
问：关于男的，可以知道什么？

スクリプト和訳

女　：李社長、（あなたが）貴重なお時間を割いてこの宴会にご出席くださいまして、我々は非常に光栄に感じております。
男　：恐れ入ります。あなた方のご招待に感謝いたします。
問題：男性について、何が分かりますか？

選択肢和訳

A　すまなく感じている　　　**B　宴会に出席した**
C　返事を受け取っていない　D　招待を断った

12 正解 B

スクリプト

男：你也认识谢教练？
女：是啊，他以前是我们学校的体育老师，我还跟他学过武术和太极拳呢。
问：关于谢教练，下列哪项正确？

スクリプト和訳

男　：あなたも謝コーチと知り会いなのですか？
女　：そうですよ。彼は以前私たちの学校の体育の先生で、私は彼について武術と太極拳を習ったこともあります。
問題：謝コーチについて、次のどの選択肢が正しいですか？

選択肢和訳

A　非常に謙虚である
B　太極拳を教えることができる
C　武術チャンピオンになったことがある
D　バレーボールが非常に強い

13 正解 B

スクリプト

女：快十二点了，去餐厅吃饭吧?
男：你先去吧，我要先去趟邮局寄个包裹，等会儿再去吃。
问：男的中午要去哪儿?

スクリプト和訳

女　：もうすぐ12時だから、レストランに食事に行かない?
男　：君は先に行ってて。僕は郵便局に行って小包を出さなければならないので、少ししてから食べに行くよ。
問題：男性はお昼にどこに行かなければなりませんか?

選択肢和訳

A　銀行　　　　　　　　B　郵便局
C　幼稚園　　　　　　　D　スポーツジム

14 正解 A

スクリプト

男：国庆节快到了，你有什么计划吗?
女：我打算去西安玩儿，那儿的名胜古迹多，风景也不错。
问：女的国庆节有什么安排?

スクリプト和訳

男　：もうすぐ国慶節だけど、何か計画はある?
女　：西安に遊びに行くつもりなの。あそこの名所旧跡は多くて、風景もなかなかよ。
問題：女性は国慶節にどんな予定がありますか?

選択肢和訳

A　旅行に行く　　　　　B　展覧会を見る
C　インターンに行く　　D　結婚式に出席する

15 正解 C

> **スクリプト**
>
> 女：今天这么热，你还去钓鱼？
> 男：没事，虽然有点儿晒，但是有风，坐在湖边应该不会太热。
> 问：男的打算去做什么？
>
> **スクリプト和訳**
>
> 女 ：今日はこんなに暑いのに、あなたはそれでも魚釣りに行くの？
> 男 ：大丈夫さ。少々日が当たっても、風もあるし、湖畔に座るから暑くなりすぎることはないはずだよ。
> 問題：男性は何をしに行くつもりですか？

選択肢和訳

A 射撃をしに 　　　　　　B 船を漕ぎに
C 魚釣りに　　　　　　　 D アルバイトをしに

16 正解 A

> **スクリプト**
>
> 男：刘秘书，那个合作方案做得怎么样了？
> 女：基本上完成了，但还有一些细节需要修改一下，下午可以交给您。
> 问：关于合作方案，可以知道什么？
>
> **スクリプト和訳**
>
> 男 ：劉秘書、その提携プランの出来はどうなりましたか？
> 女 ：だいたい出来上がりましたが、細かいところがいくつか手直しが必要ですので、午後には（あなたに）お渡しできます。
> 問題：提携プランについて、何が分かりますか？

選択肢和訳

A まだ手直ししなければならない 　B まだ承認されていない
C リスクが大きい　　　　　　　　　D 実現しがたい

17 正解 D

スクリプト
女：服务员，这个麦克风没有声音，你帮我看一下。
男：可能是接触不太好，我去给您换一个，您稍等。
问：根据对话，下列哪项正确？

スクリプト和訳
女：店員さん、このマイクは音がしなくなったのですが、ちょっと見てもらえますか。
男：たぶん接触があまり良くないのでしょう。交換して差し上げますので、少々お待ちください。
問題：この会話に基づくと、次のどの選択肢が正しいですか？

選択肢和訳
A 映画に字幕がない
B 携帯電話の電波が入らなかった
C 電話のベルの音が小さすぎる
D マイクに問題がある

18 正解 B

スクリプト
男：请问，在哪儿开发票？
女：总服务台，您一直往前走，走到头儿右拐，就能看见。
问：男的要做什么？

スクリプト和訳
男：お尋ねしますが、どこで領収書を発行してもらえますか？
女：総合サービスカウンターです。まっすぐ前に行って、突き当たりで右に曲がれば、すぐに見えます。
問題：男性は何がしたいのですか？

選択肢和訳
A 返品
B 領収書の発行
C 名刺の印刷
D ビザの手続き

19 正解 C

スクリプト

女：怎么样？那支股票买对了吧？
男：目前是涨了点儿，但我还是不太看好它，要不趁着形势好卖了吧。
问：男的是什么意思？

スクリプト和訳

女　：どう？あの株券を買ったのは当たりだったでしょう？
男　：今のところ少し（株価が）上がっているけれど、僕はやっぱり見通しがあまりいいとは思っていないんだ。何だったら市況がいいうちに売ってしまおうかな。
問題：男性の言っているのはどういう意味ですか？

選択肢和訳

A　利潤が低い　　　　　　B　資金が不足している
C　株券を売ってしまう　　D　金が値上がりした

20 正解 D

スクリプト

男：工作这么稳定，你又干得不错，怎么会想到辞职呢？
女：就是因为太稳定了，我才想换。我想趁着年轻多锻炼锻炼，丰富一下自己的经历。
问：女的为什么要辞职？

スクリプト和訳

男　：仕事がこんなに安定していて、（あなたは）なかなかうまくいっているのに、どうしてまた辞職しようと思い至ったのですか？
女　：あまりに安定しているので、変えようと思ったんです。私は若いうちにもっと鍛えて、自分の経験を豊富にしたいのです。
問題：女性はどうして辞職しようとしているのですか？

選択肢和訳

A　給料が低いから　　　　　　B　仕事のストレスが大きいから
C　昇進の余地がないから　　　D　自分の経験を豊富にしたいから

第2部分　問題 p.96〜p.97

〈問題文〉请选出正确答案。
〈和　訳〉正しい答えを選びなさい。

21　正解 D

スクリプト

女：天真热，我们去游泳吧？
男：好啊，我正好在楼下那家俱乐部办了一张游泳卡。
女：不是只限本人使用吗？
男：不是，谁去都可以，这卡是不记名的。
问：关于游泳卡，可以知道什么？

スクリプト和訳

女　：本当に暑いわね。私たちは泳ぎに行かない？
男　：いいね。僕はちょうど下の階のクラブでスイミングカードを作ったんだ。
女　：本人だけの使用に限ってるんじゃない？
男　：いいや、誰でも大丈夫。このカードは無記名なんだ。
問題：スイミングカードについて、何が分かりますか？

選択肢和訳

A　期限が切れていた　　　　B　カード提示で半額になる
C　祝祭日は使用不可である　D　使用対象を制限しない

22 正解 D

スクリプト

男：这个菜味道怎么样？
女：不错，要是再加点儿醋就更好了。
男：好，我去拿醋。
女：顺便把辣椒酱也拿过来吧。
问：那个菜怎么样？

スクリプト和訳

男　：この料理の味はどうですか？
女　：なかなかよ。もうちょっと酢を加えればもっと良くなるわ。
男　：分かった。酢を取ってくるよ。
女　：ついでに唐辛子味噌も取ってきてね。
問題：その料理はどうですか？

選択肢和訳

A　あまりに辛い　　　　　　B　非常に熱い
C　醤油を入れていない　　　D　酢を少し加える必要がある

23 正解 C

スクリプト

女：你住得那么远，为什么不搬到公司附近住呢？
男：我跟房东签了两年合同，年底才到期呢。
女：怪不得。不过现在也十月了，快了。
男：是。还好我开车上下班，还算方便。
问：男的为什么没搬家？

スクリプト和訳

女　：あなたはそんなに遠いところに住んでいて、どうして会社の近くに引っ越さないの？
男　：僕は大家と2年契約を結んでいて、年末でようやく期限が来るんだ。
女　：どうりで。でも今はもう十月だから、もうすぐね。
男　：うん。幸い僕は車を運転して通勤しているから、まあまあ便利だよ。
問題：男性はどうして引っ越していないのですか？

選択肢和訳

A　家賃が安いから　　　　　　　　B　大家がいい人だから
C　賃貸の契約の期限がまだだから　D　郊外の環境の方が良いから

24 正解 D

スクリプト

男：您好，我想替我妻子开一个新账户。
女：您带她的身份证了吗？
男：复印件可以吗？我没拿原件。
女：对不起，先生，没有原件无法办理。
男：好吧，那我现在回去拿。
问：男的要回去拿什么？

スクリプト和訳

男　：こんにちは。私は妻のために新しい口座を開きたいのですが。
女　：奥様の身分証をお持ちでしょうか？
男　：コピーしたもので大丈夫ですか？オリジナルのものは持ってきていません。
女　：すみませんが、お客様。オリジナルがないと手続きしかねます。
男　：分かりました。それではこれから取りに戻ります。
問題：男性は何を取りに戻らなければならないのですか？

選択肢和訳

A　レシート　　B　運転免許証　　C　小切手　　**D　身分証**

25 正解 A

スクリプト

女：你一上午打了好几个喷嚏，是不是着凉了？
男：可能是空调吹的。
女：咱们办公室的确有点儿冷，我去关上吧。
男：好，谢谢你。
问：女的要去做什么？

スクリプト和訳

女　：あなたは午前中ずっとくしゃみをしていたけど、風邪をひいたんじゃない？
男　：たぶんエアコンに当たったからだね。
女　：私たちの事務室は確かに少し寒いわね。私が切ってくるわ。
男　：うん、ありがとう。
問題：女性は何をしに行くのですか？

選択肢和訳

A　エアコンを切りに　　B　窓を開けに
C　布団を取りに　　　　　D　うちわを買いに

26 正解 A

スクリプト

男：我的公交卡没钱了，你等我一下，我去前面充点儿钱。
女：这儿不是有自助充值机吗？
男：这个机器能找零吗？我没带零钱。
女：当然可以。
问：男的要做什么？

スクリプト和訳

男：僕のバスカードはお金が切れちゃったから、ちょっと待ってて。僕は前に行って料金をチャージしてくる。
女：ここは自動料金チャージ機があるじゃない？
男：この機械はお釣りが出るのかな？僕は小銭を持っていないから。
女：もちろん大丈夫よ。
問題：男性は何をしようとしていますか？

選択肢和訳

A　料金のチャージ
B　電気代の支払い
C　あることについての問い合わせ
D　搭乗券の交換

27 正解 B

スクリプト

女：你的简历我们已经看过了，你这周三上午能过来面试吗？
男：可以。我需要准备什么材料吗？
女：带上毕业证就行，具体安排稍后我会发到你邮箱里。
男：好的，谢谢你。
问：关于男的，下列哪项正确？

スクリプト和訳

女：あなたの履歴書を我々はもう見ましたので、あなたは今週の水曜日の午前中に面接に来ることができますか？
男：はい。私は何か資料を準備しなければなりませんか？
女：卒業証書を持参するだけで結構です。具体的なスケジュールは少し後であなたのメールボックスに送ります。
男：分かりました。ありがとうございます。
問題：男性について、下のどの選択肢が正しいですか？

選択肢和訳

A　まだ卒業していない
B　仕事を探している
C　待遇に不満である
D　もう退職している

28 正解 B

スクリプト

男：我下午给你打电话，你怎么一直关机呢？
女：别提了，我昨晚才充的电，今早到单位就没电了，也不知道是不是手机出了问题。
男：也有可能是电池的毛病，你换块儿新电池试试。
女：好吧。
问：男的有什么建议？

スクリプト和訳

男　：僕は午後に君に電話をかけたけれども、君はどうしてずっと電源を切っていたの？
女　：嫌になっちゃうわ。私は昨晩充電したのに、今朝職場に着いたら電池が切れてたの。携帯電話に問題があるんじゃないかしら。
男　：たぶん電池の故障かもね。新しい電池に換えて試してみなよ。
女　：分かったわ。
問題：男性はどんな提案をしましたか？

選択肢和訳

A　携帯電話を変える　　　　　　　B　**電池を換える**
C　システムを再インストールする　D　もう1つ充電器を買う

29 正解 A

スクリプト

女：小张，回家的机票买到了吗？
男：买到了，可惜没有折扣，比我上次买的往返机票还贵。
女：看来元旦期间票价涨了不少。
男：是啊，下次一定要提前订。
问：他们在谈什么？

スクリプト和訳

女　：張さん、うちに帰るための航空券は買えましたか？
男　：買えました。残念なことに割引がなくて、前回買った往復の航空券よりも高かったです。
女　：どうやら元日前後の期間の航空券の値段はだいぶ上がっているようですね。
男　：そうなんですよ。今度は必ず前もって予約しなければ。
問題：彼らは何について話していますか？

選択肢和訳

A　**航空券の値段**　　　　B　休暇のスケジュール
C　家庭の状況　　　　　　D　衣替えの衣装

30 正解 C

> スクリプト

男：听说你扭到腰了，医生怎么说？
女：他说只要多休息，不做剧烈运动，很快就没事了。
男：那下礼拜的运动会你还能参加吗？
女：不能了，教练已经让小李代替我参赛了。
问：女的怎么了？

> スクリプト和訳

男　：聞くところによるとあなたは腰の筋を違えたそうですが、お医者さんはどう言いましたか？
女　：彼は多めに休みを取って、激しい運動さえしなければ、それですぐによくなると言いました。
男　：それでは来週の運動会にはあなたは参加できますか？
女　：できなくなりました。コーチはもう李さんに私の代わりに参加するようにさせました。
問題：女性はどうしましたか？

> 選択肢和訳

A　アレルギーを起こした　　B　肩が痛い
C　腰の筋を違えた　　　　　D　胃の具合が悪い

31 - 32

> **スクリプト**
>
> 　　最近老王换了新房子,我们一起去他家表示祝贺。大家一边欣赏新房,一边称赞他家的装修。有人问:"窗帘是谁挑的?"老王说:"我太太。"又有人问:"地毯是谁选的?""我太太。""那沙发呢?"老王回答:"所有的家具都是我太太挑选的。"我终于忍不住问道:"这房子里究竟哪一样是你挑选的呢?"老王思考了片刻,说:"我太太。"
>
> **スクリプト和訳**
>
> 　最近王さんが新しい家に替えたので、我々は一緒に彼の家にお祝いに行った。みんな新しい家を楽しみながら、彼の家の装飾を褒めた。ある人が「カーテンは誰が選んだのですか？」と聞くと、王さんは「私の妻です。」と言った。またある人が「絨毯は誰が選んだのですか？」と聞くと「私の妻です。」「それではソファーは？」王さんは「すべての家具は皆私の妻が選んだのです。」と答えた。私はついに我慢しきれずに聞いた。「この家はいったいどの部分をあなたが選んだのですか？」王さんはちょっと考えてから、言った。「(私が選んだのは) 私の妻です。」

31 正解 C

設問スクリプト
说话人去老王家做什么?

設問スクリプト和訳
話し手は王さんの家に何をしに行きましたか？

選択肢和訳
A 彼の昇進を祝いに
B 彼の結婚を祝いに
C 彼が新しい家に引っ越したのを祝いに
D 彼の誕生日を祝いに

32 正解 C

設問スクリプト
根据这段话，可以知道什么?

設問スクリプト和訳
この話によると、何が分かりますか？

選択肢和訳
A 新しい家の面積は大きい
B 友人は王さんをうらやましがった
C 家具は王さんの妻が選んだものである
D 王さんは家の装飾が気に入っていない

33 - 35

> **スクリプト**
>
> 　　甲乙两人驾驶一艘游艇到一个小岛上玩儿，他们在岛上一直玩儿到傍晚退潮，当他们返回岸边准备驾船离去时，才发现游艇搁浅了，动弹不得。甲非常着急，想尽各种方法想让游艇重新入水，而乙却躺在沙滩上，一副若无其事的样子。
>
> 　　"你赶紧过来帮忙啊，难道你一点儿也不担心吗？"甲喊道。乙却回答："现在做什么都无济于事，着急有什么用？等涨潮了，游艇自然会回到水里。"
>
> 　　很多事情操之过急并不能达到目的，有时候耐心等待，到恰当时机再努力，反而会有所收获。
>
> **スクリプト和訳**
>
> 　　甲・乙2人の人が1艘のヨットを操縦してある小島に遊びに行ったが、彼らは島で夕方に潮が引くまでずっと遊んでいたので、彼らが岸辺に戻って船を操縦して（島を）離れようとした時になってようやく、ヨットが浅瀬に乗り上げていて、びくとも動かないことに気づいた。甲は非常に焦って、様々な方法を考え尽くしてヨットを水面に浮かべ直そうとしたが、乙は砂浜に寝そべって、何事もなかったかのような様子だった。
>
> 　　「君も早く手伝いに来てくれよ。まさか少しも心配していないなんて言うんじゃないだろうね？」甲は叫んだ。乙は答えて言った。「今何をやったって何の役にも立たないのに、何を焦ってるんだい？潮が満ちるのを待ったら、ヨットは自然に水面に戻るさ。」
>
> 　　多くのことはあまりに性急だと目的を果たすことができない。時には辛抱強く待ち、適当なタイミングになってから努力すれば、かえって収穫があるものである。

33 正解 B

設問スクリプト
甲为什么很着急?

設問スクリプト和訳
甲はどうして焦っているのですか？

選択肢和訳
A 船が漏水したから
B 船が動かせなくなったから
C 食べ物がなくなったから
D ガソリンがなくなったから

34 正解 B

設問スクリプト
关于乙，下列哪项正确?

設問スクリプト和訳
乙について、次の選択肢のどれが正しいですか？

選択肢和訳
A 怠け者である
B 心配していない
C 怪我をした
D 離れたくない

35 正解 C

設問スクリプト
这段话主要想告诉我们什么?

設問スクリプト和訳
この話は主に我々に何を伝えようとしていますか？

選択肢和訳
A 慎重でなければならない
B 悲観的になってはならない
C 時機を待たなければならない
D チャンスを逃してはならない

36 - 38

> **スクリプト**
>
> 　　有位篮球运动员身高只有一米六五，但是他在比赛中的成绩却很突出，很受球迷欢迎。他利用身体灵活的优势，以闪电般的速度把那些人高马大的对手搞得晕头转向。在接受记者采访时，他说："我从不去想自己是个矮个子，在篮球场上忘掉自己的短处，这点非常重要。"
>
> 　　现在很多人都深信"木桶理论"，努力补上自己的短板，但是有些短处是没法改变的，也是不需要改变的。有时候我们需要做的是忘掉自己的短处，把精力集中到长处上，充分发挥自己的长处。
>
> **スクリプト和訳**
>
> 　あるバスケットボールの選手は身長が1メートル65センチしかなかったが、彼は試合の成績が抜群で、ファンにとても人気があった。彼は体が敏捷だという優位性を利用して、稲妻のような速さでそれらの体が大きくて屈強な相手をきりきり舞いさせていた。記者のインタビュー取材を受けた時に、彼は言った。「私はこれまで自分の背が低いということについて考えたことはありません。バスケットボールのコートでは自分の短所を忘れるということ。この点が非常に大切なのです。」
>
> 　現在では人は皆「木桶理論」で、努力が自分の（木桶の）短い板を補うと深く信じているが、短所のいくらかは変えることができず、また変える必要もないものである。時には我々は自分の短所を忘れて、精神を長所に集中させて、自分の長所を十分に発揮することも必要である。

36 正解 D

設問スクリプト
那位篮球运动员的优势是什么？

設問スクリプト和訳
そのバスケットボールの選手の優位（な点）は何ですか？

選択肢和訳
A 苦労に耐えられる　　B 力が強い
C 腕が長い　　　　　　D 体が敏捷である

37 正解 C

設問スクリプト
根据这段话，下列哪项正确？

設問スクリプト和訳
この話によると、次のどの選択肢が正しいですか？

選択肢和訳
A その試合はすばらしい　　B その選手はハンサムである
C その選手の背は高くない　D 記者はその選手をすばらしいと思っている

38 正解 D

設問スクリプト
这段话主要想告诉我们什么？

設問スクリプト和訳
この話は主に我々に何を伝えようとしていますか？

選択肢和訳
A 楽観的でなければならない
B 積極的に間違いを改めなければならない
C 実践の経験を結びつけなければならない
D 自分の短所を忘れなければならない

39 - 41

> **スクリプト**
>
> 　　一本杂志刊登了这样一个竞答题目："如果有一天国家博物馆起了大火，而当时的条件只允许从馆内众多艺术珍品中抢救出一件，请问你会选择哪一件？"在数以万计的读者来信中，一位年轻画家的答案被认为是最好的——选择离门最近的那一件。
>
> 　　这是一个出人意料却又合情合理的答案。因为馆内的每一件收藏品都是举世无双的瑰宝，与其浪费时间选择，还不如抓紧时间抢救一件算一件。
>
> 　　有时候最佳目标并不是最有价值的那个，而是最可能实现的那个。放弃那些大而华丽的目标，把重点放在伸手可及的眼前，才能在有限的时间里，实现更大的人生价值。
>
> **スクリプト和訳**
>
> 　　ある雑誌にこのようなクイズが載った。「もしある日国家博物館が大火事になって、その時の条件が館内のたくさんの貴重な芸術品の中から1つだけ救い出すことが許されるとしたら、あなたはどれを選びますか？」数万件にも上る読者からの（答えの）手紙の中で、ある若い画家の答えが最も良いと思われた。それは「ドアに最も近い物を選ぶ」というものだった。
>
> 　　これは予想外で、また条理にかなった答えである。館内のどの収蔵品も皆世に2つとない宝なので、選ぶ時間を浪費するよりは、時間を無駄にせずに1つでも救い出した方が良いのである。
>
> 　　最も良い目標は最も価値のあるものではなく、最も実現が可能なものである時もある。それらの大きく、華やかな目標を諦めて、重点を手の届く目の前に伸ばしてこそ、限られた時間の中で、さらに大きな人生の価値を実現できるのである。

39 正解 D

設問スクリプト
读者来信中的最佳答案是什么？

設問スクリプト和訳
読者からの手紙で最も良い答えは何ですか？

選択肢和訳
A 最も軽い物を選ぶ
B 最も高価な物を選ぶ
C 最も気に入っている物を選ぶ
D ドアに最も近い物を選ぶ

40 正解 C

設問スクリプト
根据这段话，下列哪项正确？

設問スクリプト和訳
この話によると、次のどの選択肢が正しいですか？

選択肢和訳
A 雑誌社は倒産した
B 博物館が失火した
C 多くの人が（クイズの）解答に参加した
D 画家は賞金を得た

41 正解 D

設問スクリプト
这段话主要想告诉我们什么？

設問スクリプト和訳
この話は主に我々に何を伝えようとしていますか？

選択肢和訳
A 想像力をもたなければならない
B 事件が起きても慌ててはならない
C 完璧を求めすぎてはならない
D 定める目標は実際と一致しなければならない

42 - 43

> **スクリプト**
>
> 人际关系是相互的：你尊重别人，别人也会尊重你；你仇视别人，别人也不会喜欢你。用指责和仇视的方式对待别人，换来的将会是更多的敌意和批评，只有理解和尊重才能换来敬意与支持。一个既能坚持自己观点，同时也能认真倾听他人意见，理解并尊重他人的人，才会赢得更多尊重。
>
> **スクリプト和訳**
>
> 人間関係は相互（の関係）であり、あなたが他人を尊重すれば、他人もあなたを尊敬するし、あなたが他人を敵視すれば、他人もあなたを好きにはならないだろう。問いただしたり敵視したりするやり方で他人に対すれば、替わって返ってくるのはさらに多くの敵意と批判なのであり、ただ理解と尊重のみが敬意と支持に替えることができるのである。自分の観点をしっかりと守り、同時に真剣に他人の意見に耳を傾け、他人を理解し尊重できる人であってこそ、さらに多くの尊重を勝ち取ることができるのである。

42 正解 B

設問スクリプト

根据这段话，下列哪项正确？

設問スクリプト和訳

この話によると、次のどの選択肢が正しいですか？

選択肢和訳

A 人として礼儀正しくなければならない
B 尊重は相互のものである
C 個人のイメージを重視しなければならない
D 批判するには方法を吟味しなければならない

43 正解 A

設問スクリプト

这段话主要谈什么？

設問スクリプト和訳

この話は主に何について語っていますか？

選択肢和訳

A いかにして人と付き合うか
B いかにして他人を励ますか
C どのように対立を解決するか
D どのように困難を克服するか

44 - 45

スクリプト

大家都说染布匠张三是全市最聪明的人，有个人听了很不服气。一天，这个人拿着一块儿白布找到张三说："请你把这块儿布给我染成世界上没有的一种颜色。"

张三问："什么是世界上没有的颜色呢？"

那个人说道："不是红色、不是黑色、不是蓝色、也不是黄色，更不是绿色，反正是一种世界上没有的颜色。"

张三说："好吧，那我就按照您的意思染吧！"

那个人又问："我什么时候来取呢？"

张三回答："请您找个世界上没有的日子来取吧。"

スクリプト和訳

みんな染め物職人の張三は全市で最も頭の良い人だと言うが、（それを）聞いて納得しない人がいた。ある日、その人が白い布を持って張三を訪ねて言った。「この布を世界にない色に染めてください。」

張三は尋ねた。「世界にない色とは何ですか？」

その人は言った。「赤ではなく、黒ではなく、青ではなく、黄色でもなく、さらには緑色でもない、とにかく世界にない色です。」

張三は言った。「いいでしょう。それではあなたのご希望通りに染めましょう！」

その人はまた尋ねた。「私はいつ取りに来ましょうか？」

張三は答えた。「世界にない日を探して取りに来てください。」

44 正解 B

設問スクリプト
那个人想把布染成什么颜色？

設問スクリプト和訳
その人は布をどんな色に染めたかったのですか？

選択肢和訳
A 最も流行している（色）　B 世界にない（色）　C 世界で最も美しい（色）　D 水のような（色）

45 正解 B

設問スクリプト
根据这段话，可以知道什么？

設問スクリプト和訳
この話によると、何が分かりますか？

選択肢和訳
A 張三は善良である　B 張三は頭が良い　C その人は張三に感心した　D その人は張三に謝った

2 閲 読

第1部分　問題 p.98～p.100

〈問題文〉请选出正确答案。
〈和　訳〉正しい答えを選びなさい。

46 - 48

問題文和訳

　みかんは秋によく見るおいしい果物で、（それは）色彩が（46）鮮やかで美しく、甘酸っぱくて口当たりが良いだけでなく、栄養が非常に豊富で、人体が1日に必要とするビタミンCをみかん1つで（47）満たすことができる。そのほか、みかんに豊富に含まれているカリウムも血圧の調節に役立つ。ある研究から、もし毎日750ミリリットルのみかんのジュースを飲めば、体内の血液の循環を改善するのに効果があり、心臓や血管の疾病を（48）予防するのに大いに役立つことが分かっている。みかんは多くの効用があると言っても、食べすぎるのは良くない。さもないと「のぼせ」を引き起こしやすくなる。一般的に言って、1日に1つから3つのみかんを食べるのが最も適切である。

46　正解 D

選択肢和訳

A　滑らかである　　B　心地良い　　C　整っている　　D　鮮やかで美しい

解説　"色彩"に対する描写の言葉としてふさわしいのはDなので、Dが正解。どんな言葉にどんな言葉がよく組み合わされるか、意識して覚えていくようにしよう。

47　正解 C

選択肢和訳

A　完備する　　B　満ち溢れる　　C　満たす　　D　消化する

解説　「1日に必要とするビタミンCをみかん1つで～できる」という文脈から、空欄にはどんな言葉が入るのがふさわしいか日本語で考えると「供給する・提供する・満たす」などが挙がるかと思われる。それを踏まえて選択肢を見るとCがふさわしいと分かる。

48　正解 B

選択肢和訳

A　協調する　　B　予防する　　C　縮小する　　D　消滅させる

解説　空欄の後が"心血管疾病"なので、空欄には「治療する・治す・予防する」などが入ることが予想される。それを踏まえて選択肢を見るとBが正解と分かる。

49 - 52

問題文和訳

　誰しも、他人が自分にくれるものが「絶えず増える」ことを願い、「絶えず減る」ことは願わない。多くの販売員は人々のこのような (49) <u>心理</u>をしっかりと把握して、顧客のために品物の重さを量る時に、いつもまず小さな一掴みを秤の皿の上に置き、その後で少しずつ足してゆくものであって、先に大きな一掴みを置いてから、少しずつ取っていくようなことはしない。我々が子供を教育する時も、その子の欠点と長所を一緒に評価して、かつよく「先に褒めて後でけなす」方法を採りがちである。実際には、(50) <u>これはとても理想的でない評価方法である</u>。子供を教育する時には、我々は「増減効果」を (51) <u>活用</u>して、まず子供の尊厳を傷つけないような小さな欠点をいくつか指摘し、その後で適切に褒めてあげるのだ。そのようにすれば (52) <u>効果</u>がさらに良くなるだろう。

49　正解 A

選択肢和訳

A　心理　　B　基準　　C　スタイル　　D　原則

解説　問題文冒頭に書いてある「増えることを望み減ることは望まない」という心理もしくは考え方を指して"这种49"と言っているので、「心理・考え方」というような言葉が空欄に入ると考えられる。それを踏まえて選択肢を見るとAがふさわしいことが分かる。

50　正解 D

選択肢和訳

A　このようにするのは教養がある
B　このような姿勢は正しくない
C　これは我々が果たさなければならない義務である
D　これはとても理想的でない評価方法である

解説　話の流れから、空欄には「(直前で述べていたことが) よくない」ということを言いたいことは分かるであろう。それを踏まえて選択肢を見るとAはそのやり方を褒めているような言い方になっているので不適。Cはむしろそうすべきだという方向なので、これも不適。Bは一見よさそうに見えるが"姿勢"という単語は体の姿勢のことであって、態度とか取り組み方のような意味を表す言葉ではない。だからBも不適。よってDが正解。

51　正解 A

選択肢和訳

A　活用する　　B　発表する　　C　処理する　　D　従事する

解説　"効应"を目的語に取ることのできる動詞であることと、前後の文脈から考えるに、空欄には「利用する・活用する・採用する」といった言葉が入りそうである。それを踏まえて選択肢を見るとAがふさわしいと分かる。

52 正解 C

選択肢和訳

A 利益　　B 結論　　C 効果　　D （悪い）結果

> **解説**　空欄の前の部分を見ると、空欄には「効果・結果・影響」などの単語が入りそうなことが分かる。それを踏まえて選択肢を見ると、AやBがふさわしくないことは分かるであろう。Dは結果という意味なのだが、不適切なことをした後に生じる悪い結果を指す言葉なので、ここでは不適。よってCが最もふさわしいことが分かる。

53 - 56

問題文和訳

　戦国時代、孫臏が初めて魏の国に赴いた時、魏王は多くの役人を呼び集めて、面と向かって孫臏の (53)知恵を試そうとした。魏王は孫臏に言った。「あなたは何か私を（王座から）下ろす方法はおありかな？」孫臏はひげを (54)なでて言った。「大王様は上にお座りなので、私は大王様を下に下ろすすべがございません。しかしもし大王様が下にいらっしゃれば、私には大王様に上に座っていただく方法がございます。」魏王は得意気に言った。「それならいいでしょう。私は、あなたがどのような方法で私を上に座らせるかを見てみたいです。」（魏王は）(55)言い終わると椅子から降りてきた。大勢の人々はとっさには訳が分からず、皆孫臏の無能を笑っていたが、孫臏は突然大声で笑い始めて言った。「大王様、これでもう椅子から降りておいでになったのではないですか？」この時、みんなはようやく意味が分かり、孫臏の才能をしきりに (56)称賛した。

53 正解 B

選択肢和訳

A 力　　B 知恵　　C 勇気　　D 個性

> **解説**　"考考孙膑的 53" と言っている。"考" とは「試す・テストする」という意味なので、何を試すのか考えつつ選択肢を見ると、D以外はどれも入りそうである。そこで問題文を最後まで見てみると、力や勇気を試しているようには見えず、知恵が試されていることが分かるので、Bが正解。

54 正解 A

選択肢和訳

A なでる　　B ふるう　　C 支える　　D 伸ばす

> **解説**　空欄の後に "胡须（ひげ）" という言葉がある。これを目的語とすることのできる動詞を探すつもりで選択肢を見ると、Aが最も自然であることが分かる。京劇や中国の時代劇などを見ていると、将軍や軍師のような人たちがゆったり構えて髭をなでながらしゃべっているシーンをよく見かけるので、ここもそのようなシーンと思われる。

55　正解 D

選択肢和訳

A　孫臏は気軽に感じた　　　B　大臣たちは騒ぎ始めた
C　言い終わると自分の位置に戻った　　D　言い終わると椅子から降りてきた

解説　空欄直後で"众人一时没有反应过来"と言っているので、空欄のところで何か大きな動きが起こっていることを示唆している。それを踏まえて選択肢を見てみると、「気軽に感じた」だけでは何が起こったのかわからないのでAは不適。またBも関係ない周りの人たちのことを言っているので不適。CとDは主語が出ていないので、いずれもその前の文の主語である"魏王"の行動になるが、"魏王"は空欄直前の時点ではまだ王座の位置から動いていないのにCで"回到了自己的位置"と言っているのはおかしい。よってCも不適。ということでDが正解。

56　正解 A

選択肢和訳

A　称賛する　　B　言いつける　　C　提唱する　　D　尊敬する

解説　最後のところは、誰もが孫臏の才能に気づいて褒めたたえたわけなので、Aが正解。Dも意味的に入りそうと思った人もいるかもしれないが、D"尊敬"は心の状態を表す動詞なので、その前にある"连连（しきりに・続けて）"というような、ある動作を連続して行うことを示す言葉とは一緒に使えない。

57-60

問題文和訳

植物学者がある山脈の植生について考察したところ、1つおかしな現象を発見した。この100年来、山麓の牧場で咲くはずの花の多くがすでに海抜2000メートルの高山積雪地帯まで出てきて咲いており、もともとは積雪地帯の植物が積雪地帯を越えてさらに高い場所に上っている。植物学者は関連資料を検討した後、このような状況をもたらした主な原因はこの(57)地域の気温が次第に上昇し、それら低温での環境に適して育っていた植物が適した温度を(58)探してさらに高く上らざるを得なかったからだ、と考えた。この現象は、多くの植物が自然界に敏感に反応し、(59)しかも環境の変化によって、絶えず自分自身の生存(60)状態を調整できることを物語っている。

57　正解 A

選択肢和訳

A　地域　　B　表面　　C　郊外　　D　段階

解説　話の流れから見て、空欄には「地域」のような言葉が入ることが予想される。それを踏まえて選択肢を見るとAがふさわしいことが分かる。

58 正解 B

選択肢和訳

A 体験する　　B 探す　　C 対処する　　D 補充する

解説 話の流れから見て、「(適した温度を) 求めて」というような言葉が入ることが予想される。それを踏まえて選択肢を見るとBがふさわしいことが分かる。

59 正解 D

選択肢和訳

A 植物はますます多くなり　　　　　　　B それらは幅広く分布し
C そのために多くの環境問題をもたらし　 D しかも環境の変化によって〜でき

解説 空欄直後 "不断調整自身的生存" の "不断調整" に注目する。「絶えず調整している」ということは、周りに絶えず何か変化が起こっているので、それに対応するために絶えず調整しているということになる。"根拠〜" が "調整" にかかって「〜に基づいて調整する」とつながると、Dがふさわしいことが分かる。

60 正解 C

選択肢和訳

A 機能　　B 性質　　C 状態　　D 程度

解説 空欄直前の "生存" と組み合わせることのできる言葉を探すつもりで選択肢を見てみると、Cがふさわしいことが分かる。

第2部分　問題 p.101～p.104

〈問題文〉请选出与试题内容一致的一项。
〈和　訳〉問題の内容と一致するものを1つ選びなさい。

61　正解 D

問題文和訳

「荷花（ハスの花）」は「蓮花」や「水芙蓉」とも呼ばれ、一般的には食用と観賞用の2つに大きく分けられる。その（根の部分である）レンコンとハスの実は食べることができ、根茎、ハスの葉、ハスの実はいずれも薬用になる。このほか観賞用植物としてハスの花は、面積の大きな池に植えて水面を美しくし、水質を浄化することができ、また盆栽にして、庭に並べ置いて、環境を飾ることもできる。

選択肢和訳

A　ハスの花は友情を象徴している　　B　ハスの花は植えにくい
C　ハスの花は観賞性を備えていない　D　ハスの花は環境を美しくすることができる

解説　問題文最後のところで"装飾環境"と言っており、Dの"美化環境"と通じるので、Dが正解。

62　正解 B

問題文和訳

『華容道』というゲームは、三国時代の曹操が戦で負けて、華容道に敗走したと伝えられる歴史物語の1つから来ている。ゲームの遊び方は最も少なくコマを動かして、曹操を華容道から出すというものである。このゲームは形式のバリエーションが多様で、しかも知力の発達に役立つので、人々に深く愛好されている。

選択肢和訳

A　『華容道』は曹操が発明したものである　　B　『華容道』は知育ゲームの1つである
C　『華容道』は2000年余りの歴史がある　　D　『華容道』は今も正確な解き方がない

解説　問題文最後の方で"有益于智力开发"と言っており、Bの"益智"という言葉に通じるので、Bが正解。

63 正解 C

問題文和訳

勤勉は人が成功するための重要な要素であり、いわゆる「耕作した分だけ収穫がある」ということである。人が得る報酬や成果は、その人が払った努力と極めて大きな関係があり、運は小さな要素にすぎない。個人の勤勉な努力こそが事業を成功に導く最も基本的な条件なのである。

選択肢和訳

A 時間を大切にしなければならない
B チャンスを作り出すことを理解しなければならない
C 成功は個人の努力と不可分である
D （努力を）払っても必ずしも収穫があるとは限らない

解説 冒頭の"勤奋是一个人成功的重要因素"から最後まで一貫して勤勉や努力が成功のカギであることを説いている文章なので、Cが正解。Cの"离不开"は「離れられない・離せない・切り離せない」という可能補語の否定形。

64 正解 C

問題文和訳

ユーザーは買い物をした領収書により「包修（修理保証）」「包換（交換保証）」「包退（返品保証）」の「三包（3つの保証）」サービスを受けることができる。7日以内に品質に問題が生じた場合返品が保証され、1か月以内であれば交換が保証され、機械全体の修理保証は1年間、主な部品は3年間修理が保証される。消費者の自らの使用方法やメンテナンスが適切でなかったことによって製品が故障した場合は、この「三包（3つの保証）」サービスを受けることができない。

選択肢和訳

A その商品は解体して洗うことができる
B 売り手は訪問サービスを提供している
C 「三包（3つの保証）」サービスは期間制限がある
D 消費者は商品に不満があればいつでも返品できる

解説 第2文以降は3つのサービスが受けられる期間について説明している。ということは、3つのサービスには受けられる期間に制限があるということなのでCが正解。

65 正解 A

問題文和訳

満漢全席は、もとは清代の宮廷で宴会を行う時に満洲族と漢族の人が協力して作った宴席のことで、一般に108種の料理形式があり、南方の料理と北方の料理が各54品ある。満漢全席は宮廷料理の特色をもつだけでなく、地方の風味の真髄ももっている。(また)満洲族の料理の特殊な風味が際立っている上に、漢族の調理の特色も現れているので、2つの民族料理形式の真髄を結集させた、中華大宴会の名に堪えうるものなのである。

選択肢和訳

A 満漢全席の料理形式は多様である
B 満漢全席は108人の料理人が必要である
C 満漢全席はより満洲族の口に合う
D 満漢全席は56の民族のグルメの真髄を結集させた物である

解説 問題文前半に"一般有108种菜式"とある。108種類の料理とは多様だと言えると思われるのでAが正解。

66 正解 D

問題文和訳

黄海は世界の各地の沿海の中で流れ込む土砂が最も多い海である。これは主に黄海に流れ込む川が大量の土砂を運んでくるためで、しかも黄海は水深が浅く、土砂が沈殿しにくいので、海水の中に漂う(土砂の)粒も多くなり、海水が黄色になる。黄海の名はここに由来している。黄海の生物の種類は比較的多く、その数も多いので、周囲の漁場の数も多い。

選択肢和訳

A 黄海の気候は変わりやすい
B 黄海の水温は比較的高い
C 黄海の面積は絶えず拡大しつつある
D 黄海の海水は大量の土砂を含んでいる

解説 "黄海是世界上各边缘海中接受泥沙最多的海"とあり、海水に非常に多くの土砂が混じっていることが分かるのでDが正解。

67 正解 B

問題文和訳

少林寺は中国河南省登封県に位置している。少林武術の発祥の地であり、嵩山の中腹にある少室山のふもとの鬱蒼とした林の中にあるので、「少林寺」の名が付けられた。少林寺の名は唐の時代にすでに高い評判を得ており、禅宗と武術の両方で世に聞こえ、寺の中には多くの珍しい文物がなおも保存されており、多くの人が河南旅行で皆少林寺を見に行こうとする。

選択肢和訳

A 少林寺は唐の時代に建立された
B 少林寺は武術で有名である
C 少林寺は少室山の山頂にある
D 少林寺は河北省の寺である

解説 消去法で見ていこう。少林寺がいつ建てられたのかは本文中に言及がないのでAは不適。"其坐落在嵩山腹地少室山下的茂密丛林中"とあるのでCも不適。"少林寺位于中国河南省登封市"とあるのでDも不適。よってBが正解。

68 正解 B

問題文和訳

ボウリングの点数計算の規則は独特で、簡単に得点を累計するものではない。ボウリングは投てきの対象が10本のピンで、もしどのターンでも9本のピンを倒せば最終得点は90点である。だがもしどのターンでも1回で10本のピンを倒すことができれば、最終得点は300点となる。社会の点数計算もこのようであり、あなたが毎回他人より少し秀でているものがありさえすれば、それらの秀でているものを重ねると、あなたは非凡な成果を収めることができ、最終的に他人との距離を引き離すことができるのである。

選択肢和訳

A ボウリングは学ぶと簡単である
B かすかな進歩を軽視してはならない
C 優秀な人と多く一緒にいなければならない
D ボウリングは若者にとても人気がある

解説 問題文最後で"只要你每次比别人优秀一点点，这些优秀叠加后，你就会取得非同一般的成就，最终拉开与别人的距离。"と言っている。これはつまり、他人よりほんの少し優秀であることも積もり積もって大きな差になるというわけであり、さらに言いかえるとほんの少しの進歩も軽視してはならないということにつながるのでBが正解。問題文の表現とBの表現がかなり違うので、不安な場合は消去法を用いて確かめるようにしよう。

69　正解 A

問題文和訳

生活リズムの加速にしたがって、人々の読書時間は全体的に下降の傾向を見せているので、人々の読書を奨励するために、ユネスコは毎年4月23日を「世界読書デー」と定めた。なぜ世界読書デーをこの日に定めたのだろうか？実は、この日は世界の多くの著名な作家が亡くなったり生まれたりした日なので、それらの偉大な作家たちを記念するために、この日を「世界読書デー」と定めたのである。

選択肢和訳

A　世界読書デーは本をたくさん読むことを提唱している
B　世界読書デーは無料で本を買うことができる
C　世界読書デーは日付が定まっていない
D　世界読書デーは作家の祝日である

解説　問題文前半で"为了鼓励人们多读书…"と言っているのでAがふさわしい。Dと迷うかもしれないが、この日はあくまで「読書を奨励する日」であり、作家を祝う日ではないので、Dは不適。

70　正解 A

問題文和訳

競争が激しい社会にしっかりと地に足をつけ、しかも事業を成功させようと思えば、最も重要なことは何だろうか？才能だろうか？勤勉さだろうか？人脈だろうか？いずれも違う。それは誠実さと信用である。社会は1つの団体であり、誠実さと信用がその秩序をつなぎ止めて発展を持続させることのできる条件なのである。誠実さと信用がなければ、あなたはすぐに仲間を失い、友人を失い、最後には誰もあなたと一緒に仕事をしたがらないだろう。

選択肢和訳

A　人として誠実さと信用がなければならない
B　友人と連絡を保たなければならない
C　才能と勤勉さは同じぐらい重要である
D　自分の不足している部分を認識しなければならない

解説　問題文最後で"没有诚信，你将很快失去伙伴，失去朋友，到最后，无人再敢与你共事。"と言っており、これは裏を返せば、人として誠意がなければならないと言っていることになる。つまりAが正解。

第3部分　問題 p.105～p.113

〈問題文〉请选出正确答案。
〈和　訳〉正しい答えを選びなさい。

71 - 74

問題文和訳

　1台の貨物トラックが陸橋をくぐる時に、運転手が陸橋の高さの表記をはっきり見ていなかったので、その結果車が陸橋の下の部分に引っかかってしまった。その時貨物トラックに載せている荷物が重かったので、すぐに車を出したりバックして戻ったりすることは困難だった。貨物トラックを移動させるために、運転手はたくさんの方法を考えたが、どれも役に立たなかった。救援を待つ中で、そばで見物していた1人の若者がやって来て、運転手に言った。「あなたはタイヤの空気をちょっと抜いたら通り抜けられるのではないですか？」
　運転手は彼の言うことがもっともだと思って、タイヤの空気を少し抜いた。ふと見ると車の高さが下がってきたのだ。そして最後には貨物トラックは無事に陸橋をくぐり抜けることができた。
　多くの場合、我々は目の前のことや凝り固まった思考モデルから抜け出せず、終始問題に悩まされている。しかしもし思考様式を変えれば、うまい具合に問題の本質に気づき、それによって問題の答えを見つけることができるかもしれないのである。

71　正解 D

問題文和訳　その貨物トラックはどうしましたか？

選択肢和訳
A　速度をオーバーした　　　B　ぶつけられた
C　人に止められた　　　　　D　陸橋の下で立ち往生した

解説　第1段落の最初の方で"结果车被卡在了天桥下面"と言っているのでDが正解。

72 正解 B

問題文和訳 若者は何を提案しましたか？

選択肢和訳
A 人に車を押させる
B タイヤの空気を抜く
C 電話して警察に通報する
D 荷物を運び下ろす

解説 第1段落最後のところで"你把车胎的气放出来点儿不就可以过去了吗？"と言っているのでBが正解。

73 正解 C

問題文和訳 上の文章によると、下のどの選択肢が正しいですか？

選択肢和訳
A 荷物が押しつぶされてしまった
B 運転手は罰金を払わされた
C 若者の方法は効果的だった
D 若者の運転技術は高かった

解説 消去法で見ていこう。荷物が引っかかったとは書いてあるが、つぶれたかどうかについては言及がないのでAは不適。運転手が罰金を払った話も出てこないのでBも不適。若者の運転技術についても言及がなく、それを示すような話も出てこないのでDも不適。よってCが正解。第2段落で、若者の提案にそってタイヤの空気を抜いたら無事通り抜けられたということが書いてあり、若者の提案が功を奏したことが読み取れるので、このことからもCが正解であることが分かる。

74 正解 D

問題文和訳 上の文章が主に我々に伝えようとしているのは：

選択肢和訳
A 喜んで人を助けなければならない
B 人として傲慢であってはならない
C 他人の意見を多く聞かなければならない
D 角度を変えて問題を考えることを身に付けなければならない

解説 第3段落最後で"如果换一种思维方式，也许恰好就能发现问题的本质，从而找到解决问题的答案"とあるのでDが正解。

75 - 78

問題文和訳

　まだ年端もいかない息子が言った。「冬の感覚は本当にいいね！」私が「どうして？」と尋ねると、息子はうれしそうに答えた。「だって冬はたくさんたくさん雪が降るから、雪だるまを作れたり、雪合戦ができたり、雪の中でかけっこができたりするんだもの。」私の返事を待たずに、息子はまた尋ねてきた。「来年の夏はいつ来るの？」私は言った。「春が過ぎれば夏だよ。」「夏もいいね。泳げたり、毎日アイスを食べられたり……」息子はぶつぶつと独り言を言い、満面に幸せそうな表情を浮かべていた。その瞬間、私は息子の楽しそうな様子に心を揺さぶられた。

　私と子供の目の中の世界は、違いがなんと大きいのだろうか！冬に私が目にするのは、北風が吹きすさび、寒さが骨身にしみる様子だ。夏に私が目にするのは太陽が火のように照りつけ、ひどく暑くてたまらない様子である。同じような世界でも、子供が目にしているのは、それぞれ色鮮やかで生き生きとしている季節たちであり、彼らは生活におけるどの細部をも思い切り楽しみ、生活における至る所に「楽しい」という文字が書かれているのである。

　生活もまた同じである。大人はより功利や結果を重視し、プロセスやディテールを軽視する。大人の感覚は、いかんともしがたく、苦しい愁いに満ちたものの方が多い。しかし子供の目の中には陽光、美しさ、幸せ、楽しさの方が多い。楽しさは見たところ我々とかなり距離が隔たっているようであるが、実際には生活のディテールの1つ1つに含まれていて、手の届くところにあるのである。

75　正解 C

問題文和訳 息子は冬をどう思っていますか？

選択肢和訳

A　道が滑りやすい　　　　B　よく風が吹く
C　うれしい（人を喜ばせる）　D　至るところ静かである

解説　第1段落冒頭で息子が"冬天的感覚真好！"と言っており、その後も冬にできることを挙げて喜んでいる様子がうかがえるので、Cが正解。

76 正解 C

問題文和訳 第2段落の「酷暑難耐」の意味で最も可能性のあるのは：

選択肢和訳
A 同情心に欠けている　　B 夏休みの期間が長い
C 気候が暑くて耐えられない　D 少し暑くても構わない

解説 "酷暑"は日本語でも「酷暑」という言葉があるように、非常に暑いことを指す。また"难耐"は読んで字のごとく「耐えがたい」という意味。つまり、"酷暑难耐"は「暑くて耐えがたい」というような意味。それを踏まえて選択肢を見ると、Cがふさわしいことが分かる。

77 正解 D

問題文和訳 上の文章によると、下のどの選択肢が正しいですか？

選択肢和訳
A 息子は夏が嫌いである
B 大人はより生活を観察したがる
C 作者は息子の観点に賛同していない
D 子供は生活の美しさを発見することに長けている

解説 第3段落で"孩子眼中更多的是阳光，美好，幸福和快乐"と言っているのでDが最も近いことが分かる。また、Aについては、第1段落後半部分で息子が「夏もいいね」と言っているので不適。Bについては、第3段落の最初の方で「大人は功利や結果を重視する」という言及があるが、生活を観察するという話はないので不適。またCについては、作者はむしろ子供の観点に感動し刺激を受けており、少なくとも賛同していないということはないので不適。

78 正解 B

問題文和訳 上の文章が主に我々に伝えようとしているのは：

選択肢和訳
A 生活は試練に満ち溢れている
B 楽しさがないところはない
C 子供と多くコミュニケーションをとらなければならない
D 物事を見る際、表面だけを見てはならない

解説 第3段落最後で"但其实它包含在生活的每一个细节中"と言っている。この"它"は、その少し前の"快乐"を指す。つまり、楽しさは生活のあちこちに潜んでいるというようなことが書いてあるのでBが正解。

79 - 82

問題文和訳

伝説によると、昔黄河に河の神がいて、人々は河伯と呼んでいた。ある日、河伯は黄河の岸に立って、滔々とした波が西から来て、また勢いよく東に流れているのを眺めて、興奮して言った。「黄河は実に大きい。世の中のどの河も黄河とは比べものにならない。私こそが最も大きな水神なのだ！」

それを聞いた人が、彼に伝えた。「あなたの言うことは間違っています。黄河の東には北海というところがあって、そここそが本当に大きいと言えます。」河伯は言った。「私は信じないぞ。北海がどんなに大きくとも、黄河より大きいわけがないだろう？」その人は言った。「黄河1本どころか、黄河ほどの水流が何本も北海に流れ込んだとしても、北海を満たすことはできません。」河伯は意固地になって言った。「私は北海を見たことがないから、信じないぞ。」その人はやむをえず言った。「機会があれば北海を見に行ってください。すぐに分かります。」

秋が来て、連日の大雨で大きい河も小さい河もその流れが皆黄河に流れ込んで、黄河の河面はさらに広くなり、河の向こう側を眺めても、<u>向かいの牛や馬さえ見分けがつかないほどだった</u>。この時、河伯はさらに得意になって、天下で最も壮観な景色は皆自分のところにあると思った。得意の余り、彼は突然彼に北海の話をした人のことを思い出して、そこに行って見てみることに決めた。

河伯は流れに従って黄河が海に注ぐ河口までやって来たが、目の前がぱっと広がり、彼が目にした光景は、ただ洋々とした北海が、果てしなく広がっている様だった。河伯は呆然としばらく眺め、感慨深げに言った。「俗に、ただのちっぽけな道理を知ってうぬぼれるというが、それはまさに自分のことを言っておるな。今日この目でこの広大無辺な北海を見ていなかったら、私はまだ黄河が天下で最も大きいと思っていたことだろう！もしそうだったら、私は永遠に見識のある人の笑いものになっていたことだろう！」

79 正解 A

問題文和訳 最初河伯が思っていたのは：

選択肢和訳
A 黄河が最も大きい　　B 自分の知識が最も多い
C 自分の権力が最も大きい　　D すべての川が黄河に流れ込んでいる

解説 第1段落の最後の方で河伯が"世上没有哪条河能和它相比"と言っている。この中の"它"は黄河のことを指す。つまり世の中のどの河も黄河に並ぶものは無いということなので、Aが正解。

80 正解 A

問題文和訳 「向かいの牛や馬さえ見分けがつかないほどだった」が説明しているのは：

選択肢和訳
A 黄河の水面が広い　　B 黄河の水が深い
C 河伯が勤勉である　　D 河伯の貢献が大きい

解説 下線部の少し前のところで"黄河的河面更加宽阔了"と言い、その様子を描写するために下線部の表現を使っている。というわけでAが正解。

81 正解 D

問題文和訳 上の文章について、下のどの選択肢が正しいですか？

選択肢和訳
A 河伯は騙された　　B 北海は河伯を見下した
C 北海は見に行くに値しない　　D 河伯は自分が間違っていたことを認識した

解説 最後の段落で、河伯が初めて北海を見て黄河よりも大きいことを知り、自分の間違いに気づいているので、Dが正解。

82 正解 A

問題文和訳 上の文章のタイトルに最も適切なものは次のうちどれですか？

選択肢和訳
A 河伯の物語　　B 神秘的な北海
C 偉大な河　　D あなたの心の広さ

解説 この文章は、最初から最後まで河伯の話である。よってAが正解。

83 - 86

問題文和訳

　清朝末期の年のある日、北京のある靴屋に1人の老人がやって来た。その老人は足に障害があり、道を歩くのに非常に苦労していた。その様子を見て、店の主人は急いで店員に腰掛けを差し出すように言いつけて、老人に座ってゆっくり選ぶように言った。老人は1足の布靴を選んで、お金を払ってから、こう言った。「私は足が不自由ですが、靴は自分で試し履きをしなければならないので、来ざるを得ないのです。」店の主人はそれを聞いて、言った。「こうするのはいかがでしょう？私がこれからあなたの足の寸法を測って靴型を取りますので、これから靴を買われる時には、ご家族にその靴型をお持ちいただければ結構です。あなたがご自分でいらっしゃるには及びません。」老人はそれを聞いてすぐに承知した。店の主人はその老人に靴の型を作った。合わせて2つ作り、1つは老人に与え、1つは自分のところに残した。それ以降、老人は靴を買うのにもう自分で試し履きしに行かなくてもよくなった。

　このことで店の主人は大きな啓発を受けた。彼は思った。たくさんの人が非常に忙しくて、靴屋に来て靴を試し履きする時間がない。もし彼らの靴型を先に取っておけば、彼らが靴を買いたい時に家族や部下の人に靴型を持ってこさせて買うようにする。そうすれば多くの時間を節約することができるのではないか、と。そう思い至って、翌日その店の主人は店員を何人かの得意客のところにやって訪問の訳を説明させて、その場で足の寸法を測って、2つの靴型を作り、1つを客のところに残し、もう1つに客の姓名、性別、職業、連絡方法、住所、好みなどの情報を付け加えて、店に帰って逐一登録した。後に店の主人はこれらの情報を整理して『履中備載』という1冊の冊子にし、客一人一人の足すべてについて資料を作り上げた。そのようにしてから、靴屋は膨大な数の顧客を得ることができ、靴の売り上げも大幅に増した。

　この靴屋こそ、後の北京でその名が鳴り響く北京内聯升鞋店である。客ごとに資料を作り上げ、客に最大の便宜を提供することが、内聯升の成功の道だったのである。

83　正解 B

問題文和訳　その老人について、分かるのは：

選択肢和訳

A　おおらかである　　　　　　　B　**足が不自由である**
C　新しい革靴を買いたがっている　D　合っている靴が買えなかった

解説　第1段落中盤でその老人が"我的腿脚不便"と言っているのでBが正解。

84 正解 C

問題文和訳
店の主人はどんな啓発を受けましたか？

選択肢和訳
A 店員を訓練する　　　　B 速達サービスを提供する
C 客のために靴型を作る　D アフターサービスの水準を上げる

解説 第2段落の前半で、受けた啓発の内容を説明しているが、その中で"如果能把他们的鞋样事先保存起来"と言っている。よってCが正解。

85 正解 C

問題文和訳 『履中備載』について、下のどの選択肢が正しいですか？

選択肢和訳
A 帳簿である　　　　　　　B すでに出版された
C 顧客の情報が記録してある D 布靴のデザインを紹介している

解説 第2段落後半で"老板把这些信息整理成一本叫做《履中备载》的册子"と言っている。この中の"这些信息"というのは客の名前や性別、職業といった情報のことを指す。よってCが正解。

86 正解 C

問題文和訳 上の文章は主に何について語っていますか？

選択肢和訳
A 内聯升の歴史　　　　B どのようにして布靴を選ぶか
C 内聯升の成功への道　D どのようにして他人の信用を勝ち得るか

解説 "内联升"という靴屋のことが書かれているのは明らか。よってBとDは不適。AかCで迷うかもしれないが、ここはとにかく靴屋の成功したきっかけになったエピソードが描かれているのでCの方がふさわしい。

87 - 90

問題文和訳

よく飛行機に乗る人は、飛行機に落下傘が備え付けられていないことに気づくだろう。それはなぜだろうか？

まず、飛行機が危険な状態になったり故障したりするのはその多くが離陸と着陸の時で、通常は瞬間的に発生するので、たとえすべての客に落下傘があったとしても、落下傘で飛び降りる準備作業をするのは間に合わない。

その次に、一般に商用旅客機の巡航高度は10000メートル前後だが、落下傘で飛び降りるのに適した高度は800メートルから1000メートル前後である。飛行機の飛行する高度は、空気が非常に薄く、温度も極めて低く、人は機外ではまったく生存不可能である。さらに旅客機の巡航速度も速く、たとえ飛行機が落下傘で飛び降りる高度まで降下できても、空気の抵抗で、乗客が飛行機から出ると、激しく壁にぶつかったような感覚を受けてしまうが、それはとても耐えられるような程度の衝撃ではない。さらに、空気の抵抗で、人が身に付けている衣服は体からはがされてしまう。そのために、落下傘をつけて9000メートルを安全に下りることは、基本的に不可能なことである。

第3に、仮に落下傘が体からはがされず、なおかつ正常に開いた状況であったとしても、落下傘で飛び降りて生還できる可能性はほぼゼロに等しい。それは地面の条件が往々にして着陸に適していないからである。また、落下傘で飛び降りるには専門的な技術が必要であり、特殊な訓練を受けていない一般乗客が瞬時に習得できるものではない。訓練を受けていない人は落下傘を操ることができず、容易に自分を傘の中にくるんでしまい、そして石のように地面に叩きつけられてしまうのである。

最後に、もしすべての乗客に落下傘が備え付けられてあったとしたら、大きな空間を取ってしまい、飛行機の重量が増してしまう。このことは飛行機の運航能力に影響を与えてしまうだろう。

87　正解 A

問題文和訳 飛行機の危険な状況が多く起こるのは：

選択肢和訳

A　離着陸時　　　　　　　B　夕方の時間帯
C　衝突された時　　　　　D　冷たい空気にぶつかった時

解説　第2段落に"飞机的险情或者故障多出现在起飞和降落的时候"と書いてあるので、Aが正解。Aの"起降"とは"起飞"と"降落"を合わせた言い方。

88 正解 D

問題文和訳 3段落目について、分かるのは:

選択肢和訳
A 機外の温度は比較的高い
B 飛行機のドアは容易に開かない
C 飛行機は低空飛行することができない
D 旅客機の巡航高度は落下傘で飛び降りるのに適していない

解説 第3段落の前半で"在飞机飞行的高度，空气十分稀薄，温度极低，人在机舱外根本无法生存"と言っているので、Dが正解。

89 正解 A

問題文和訳 落下傘で飛び降りることについて、下のどの選択肢が正しいですか？

選択肢和訳
A 専門性が高い
B 習得しやすい
C 落下傘で飛び降りる高度は高いほど良い
D 落下傘で飛び降りる人の年齢には特別な制限がある

解説 第4段落中盤で"跳伞需要非常专业的技术"と言っているのでAが正解。

90 正解 D

問題文和訳 上の文章は主に何について語っていますか？

選択肢和訳
A スカイダイビングの特徴
B 飛行機はいかにして飛ぶか
C 人々が高い空から落下傘で飛び降りることへ影響を及ぼす要素
D 飛行機にはどうして落下傘がないか

解説 第1段落で"飞机上并没有配备降落伞，这是为什么呢？"と言って文章を書き始めている。つまりこれがこの文章のテーマと言える。よってDが正解。

3 书写

第1部分 問題 p.114

〈問題文〉完成句子。
〈和　訳〉文を完成させなさい。

91　正解 充电器不在抽屉里。

和　訳 充電器は引き出しの中にはない。

解説 "在"を動詞として使う文は、主語が「存在するモノやヒト」、目的語は「存在する場所」となっている。語群のうち、名詞は"抽屉"と"充电器"だが、場所として使えそうなのは"抽屉"なので、これに"里"をつけ"抽屉里"とすると文法的にも場所を表す言葉として扱われるようになる。そしてこれを"不在"の後に置いて"不在抽屉里"とする。最後に残った"充电器"は主語として文頭に置けばよい。

92　正解 今年本市服装出口增长近6%。

和　訳 今年は本市の衣料輸出は6%近く増加した。

解説 「AがB%増えた」という言い方は"A增长B%"という語順で言うので、動詞より後の部分は"增长 近6%"という語順で並べればよい。何が増えたのか考えると、輸出が増えたのだと思われるので"服装出口"を前に置いて"服装出口 增长近6%"とする。最後に残った"今年本市"の内の"本市"は"服装出口"を限定する言葉（他の市ではなく本市の輸出だと限定している）なので、その前に置く。

93　正解 海洋的面积比陆地大得多。

和　訳 海洋の面積は陸地よりずっと大きい。

解説 "比"という字が見えるので、比較の文を作るとよい。"海洋的"と"面积"を組み合わせて"海洋的面积"とし、これを主語に据え、次に介詞"比"を含む"比陆地"を並べ、最後に形容詞を含む"大得多"で締めくくる。

94　正解 他答应帮我打听一下。

和　訳 彼は私の代わりに尋ねてくれることを了承した。

解説 "他"を主語として文頭に据える。残りの3つはいずれも動詞的成分なので、どう並べると最も自然かを考える。"答应"はよく「～することを了承した」というふうに使われるので、とりあえずこれを述語動詞として主語の後に置く。次に"帮我"は「私の代わりに」と介詞フレーズのように使われる。介詞フレーズは動詞より前に置くので"帮我 打听一下"というふうに並べると、意味の上でも問題ない。さらにこれを"答应"の後に置いて終了。

95 正解 竹子的用途很广泛。

和訳 竹の用途は幅広い。

解説 "竹子的"は"的"があるので後に名詞を置きたい。語群の中では"用途"しか名詞がないので、"竹子的 用途"と並べる。残ったもののうち"广泛"は形容詞なので、もう1つ残った程度の副詞"很"を前につけて"很 广泛"とする。そして"竹子的用途"を主語とし、"很广泛"を述語として並べればよい。

96 正解 那几个年轻人合租了一套公寓。

和訳 その数人の若者はアパートをシェアして借りている。

解説 述語動詞は"合租了"がふさわしいので、これを述語動詞とする。すると意味的に見て主語は人を表す言葉がふさわしいので"那几个年轻人"を主語として"合租了"の前に置く。また"合租了"の目的語は"公寓"がいいが、語群に残っている"一套"は「数詞+量詞」なので"公寓"の前に置き"一套公寓"とし、これを目的語として動詞の後に置けばよい。

97 正解 公司决定由你主持下礼拜的开幕式。

和訳 会社はあなたに来週の開幕式の司会をさせることを決めた。

解説 "决定"という動詞は、先に言ってその後に決定内容を言っていくという語順をとるので、"公司决定"を文頭に置く。次に"主持下礼拜的"は"的"があるので後に名詞が欲しい。語群には"开幕式"という名詞があるのでこれを並べて"主持下礼拜的 开幕式"とする。"由你"の"由"は介詞で、誰がやるのかをはっきり明示したい時に使う。ここでは"主持"という動作を「君がやる」というふうにはっきりさせたいらしい、と考えると"由你 主持下礼拜的开幕式"となる。そしてこれを決定内容として"公司决定"の後に並べる。

98 正解 这种产品是专门为女性设计的。

和訳 この種の製品は特に女性向けにデザインされているものである。

解説 "是"という字と"的"という字が見えるので、"是+修飾語+的（名詞）"という構文を使えないか考えつつ眺めると、「女性のためにデザインされたものだ」とできることが見えてくるだろう。それに合わせて単語を並べると、まず主語は"这种产品"がふさわしいので、これを文頭に置く。次に"是"を含む"是专门"を置く。「女性のためにデザインされた」としたいので"为 女性 设计的"と並べて"是专门"の後に置いて終了。

第2部分　問題 p.115

〈問題文〉写短文。
〈和　訳〉短い文章を書きなさい。

99

〈問題文〉请结合下列词语（要全部使用，顺序不分先后），写一篇80字左右的短文。
〈和　訳〉下に並んでいる語句を使って（全て使用すること。順序は問わない）、80字前後の短い文を書きなさい。

解答例
小李从小就想当一名工程师，所以他报名参加了一个工程师的比赛。为了获奖，他准备了很多比赛的资料，做了很详细的计划。由于他的刻苦努力，他成功了，实现了他的梦想。

和　訳
李さんは子供の頃からエンジニアになりたかったので、あるエンジニアコンテストに申し込んで参加した。賞をもらうために、彼は様々なコンテストの資料を準備し、詳細な計画を立てた。必死の努力によって、彼は成功し、自身の夢を実現した。

100

〈問題文〉请结合这张图片写一篇80字左右的短文。
〈和　訳〉この写真に関連する80字前後の短い文章を書きなさい。

解答例
这家公司生产的手机不仅可以打电话，而且还可以上网，所以很受大家的欢迎。今天，大家听说这家公司要出新的手机，都特别期待。大家很早就在公司门口排起了队，希望能早点买到新的手机。

和　訳
この会社が生産する携帯電話は、電話がかけられるだけではなく、ネットもできるので、とても人気がある。今日、みんなこの会社が新しい携帯電話を売り出すことを聞いて、とても楽しみにしていた。みんな早くから会社の前に列を作り、少しでも早く新しい携帯電話を買えることを望んでいる。

5級 第5回
解答・解説

聴力試験・・・P.340～P.365
読解試験・・・P.366～P.385
書写試験・・・P.386～P.388

正解一覧

1. 听力

第1部分
1. C 2. B 3. A 4. B 5. D
6. A 7. D 8. A 9. D 10. C
11. B 12. D 13. C 14. A 15. C
16. B 17. C 18. C 19. A 20. C

第2部分
21. A 22. B 23. C 24. A 25. D
26. B 27. B 28. D 29. D 30. A
31. C 32. A 33. D 34. C 35. C
36. A 37. C 38. D 39. B 40. D
41. D 42. D 43. A 44. B 45. A

2. 阅读

第1部分
46. A 47. C 48. B 49. C 50. A
51. D 52. B 53. A 54. B 55. A
56. D 57. A 58. B 59. D 60. B

第2部分
61. A 62. C 63. D 64. B 65. C
66. D 67. D 68. C 69. A 70. A

第3部分
71. C 72. D 73. D 74. B 75. C
76. D 77. C 78. C 79. B 80. B
81. C 82. B 83. B 84. D 85. A
86. D 87. B 88. D 89. C 90. B

3. 书写

第1部分
91. 电梯里的信号比较弱。
92. 那瓶罐头过期了。
93. 他们俩谁也没能说服对方。
94. 太极拳是中国的一种传统武术。
95. 这次多亏了你的积极配合。
96. 请按照这个样式修改一下。
97. 大家都夸那个小伙子长得英俊。
98. 消费者要懂得维护自己的权利。

第2部分 ※ 解答例は解説ページでご確認ください。

第5回

1 听力

第1部分 問題 p.118～p.119

〈問題文〉请选出正确答案。
〈和　訳〉正しい答えを選びなさい。

1 正解 C

スクリプト

女：最近各大商场的优惠活动可真不少。
男：是，商家都想趁着元旦，增加营业额。
问：商场为什么要搞优惠活动？

スクリプト和訳

女　：最近どの大きなデパートでも優待キャンペーンが本当に多いわね。
男　：うん、お店はどこも元日のうちに、売り上げを上げたいんだよ。
問題：デパートはどうして優待キャンペーンをするのですか？

選択肢和訳

A　商品の在庫を処理するため　　B　競争力を強化するため
C　売上額を上げるため　　　　　D　知名度を上げるため

2 正解 B

スクリプト

男：一路平安，到家记得给我发短信。
女：好，快回去吧，火车马上要开了。
问：他们最可能在哪儿？

スクリプト和訳

男　：道中ご無事でね。家に着いたら僕にメールを送るのを忘れないで。
女　：分かったわ。早く戻って。汽車がもうすぐ出発するから。
問題：彼らはどこにいる可能性が最も高いですか？

選択肢和訳

A　空港　　B　汽車の駅　　C　ガソリンスタンド　　D　高速道路

3 正解 A

スクリプト

女：这么小的包裹，里面是什么啊？
男：新买的鼠标，原来那个反应太慢了，就买了个新的。
问：男的买什么了？

スクリプト和訳

女　：そんなに小さな小包、中は何なの？
男　：新しく買ったマウスで、もとのそれは反応があまりに遅いので、新しいのを買ったんだ。
問題：男性は何を買いましたか？

選択肢和訳

A　マウス　　　　　　　B　キーボード
C　ハードディスク　　　D　データベース

4 正解 B

スクリプト

男：听说你在学服装设计？
女：是，我一直都想成为一名服装设计师，所以就选了这个专业。
问：女的为什么要学服装设计？

スクリプト和訳

男　：聞くところによるとあなたは服飾デザインを学んでいるそうですね？
女　：はい、私はずっと服飾デザイナーになりたかったので、この専門を選びました。
問題：女性はどうして服飾デザインを学びたいのですか？

選択肢和訳

A　課程が簡単だから　　　　　　　　B　デザイナーになりたいから
C　服飾デザインはお金が儲かるから　D　両親の意見に従ったから

5 正解 D

スクリプト
女：小王，这个宣传计划你拿回去再改一改，超出预算太多了。
男：好的，那我再重新调整一下，尽快给您。
问：关于宣传计划，下列哪项正确？

スクリプト和訳
女　：王さん、この宣伝プランは持ち帰ってもう少し手直ししてくれませんか？予算をかなり超えていますよ。
男　：分かりました。私は調整し直して、なるべく早くあなたに渡します。
問題：宣伝プランについて、次のどの選択肢が正しいですか？

選択肢和訳
A　承認された　　　　　　　B　創意に富んでいる
C　内容が不完全である　　　**D　さらに修正が必要である**

6 正解 A

スクリプト
男：您觉得这套房子怎么样？
女：客厅有点儿小，屋里的光线也不太好，还有其他房子吗？
问：女的觉得那套房子怎么样？

スクリプト和訳
男　：あなたはこの家をどう思いますか？
女　：応接間が少し小さくて、部屋の照明もあまり良くない（少し暗い）ので、まだほかの家もありますか？
問題：女性はその家をどう思っていますか？

選択肢和訳
A　応接間が小さい　　　　B　寝室が少ない
C　値段が適当でない　　　　D　位置が特に良い

7 正解 D

スクリプト

女：老刘，您太太的手术还顺利吗？
男：挺顺利的，医生说她恢复得不错，应该很快就能出院。
问：关于老刘的太太，下列哪项正确？

スクリプト和訳

女：劉さん、あなたの奥さんの手術は順調でしたか？
男：とても順調でした。お医者さんは彼女の回復もなかなかよくて、すぐに退院できるはずだと言っています。
問題：劉さんの奥さんについて、次のどの選択肢が正しいですか？

選択肢和訳

A　しばしば眠れない　　　　B　転院を要求している
C　薬を飲んだばかりである　D　手術をしたばかりである

8 正解 A

スクリプト

男：我的名片快用完了，公司什么时候印新的啊？
女：人事部说下个月统一给大家印。
问：他们在讨论什么？

スクリプト和訳

男：私の名刺はもうすぐ使いきってしまうのですが、会社はいつ新しいのを印刷してくれますか？
女：人事部は来月には一斉に皆さんに印刷すると言っています。
問題：彼らは何について話していますか？

選択肢和訳

A　名刺の印刷　　B　アニメーション
C　公募計画　　　D　会社の文書

9 正解 D

スクリプト
女：你这么了解车，给我推荐一款车吧。
男：好啊。不过你现在最要紧的不是选车，而是先把驾照考下来。
问：男的认为女的应该先做什么？

スクリプト和訳
女：あなたがそんなに車のことを知っているのなら、車を1台推薦してよ。
男：いいよ。でも君が今一番大事なことは車を選ぶことじゃなくて、まず運転免許をとることだよ。
問題：男性は女性がまず何をするべきだと考えていますか？

選択肢和訳
A　申請書を書く
B　契約にサインする
C　お金を貯めて車を買う
D　運転免許をとる

10 正解 C

スクリプト
男：你好，我刚才在网上订了一双鞋，我可以取消这个订单吗？
女：我们一般是下午五点发货，在这之前，您可以随时取消订单。
问：女的是什么意思？

スクリプト和訳
男：こんにちは。私はさっき靴を1足注文したのですが、その注文をキャンセルすることはできますか？
女：私たちは通常午後5時に出荷をしますので、それより前でしたら、いつでもキャンセルすることができます。
問題：女性の言っていることの意味は何ですか？

選択肢和訳
A　返品できない
B　靴の品質が良い
C　予約をキャンセルできる
D　予約が成立していない

11 正解 B

スクリプト

女：老李，你的脸怎么红了一大片？
男：昨天海鲜吃多了，有点儿过敏。
问：老李的脸为什么红了？

スクリプト和訳

女　：李さん、あなたの顔はどうして（広い範囲にわたって）赤いのですか？
男　：昨日海鮮を食べすぎました。少しアレルギーなんです。
問題：李さんの顔はどうして赤くなったのですか？

選択肢和訳

A　決まり悪かったから　　　B　アレルギーを起こしたから
C　やけどをしたから　　　　D　恥ずかしく思ったから

12 正解 D

スクリプト

男：出席开幕式的嘉宾都联系好了吗？
女：有两位还没回复，一会儿我打电话再确认一下。
问：根据对话，可以知道什么？

スクリプト和訳

男　：開幕式に出席する来賓には皆きちんと連絡しましたか？
女　：お2人の方がまだ返事されていませんが、後で私が電話で再度確認いたします。
問題：この会話から、何が分かりますか？

選択肢和訳

A　電話がずっと通話中だった
B　開幕式が延期された
C　司会がまだ来ていない
D　まだ2人の来賓に連絡しなければならない

13 正解 C

スクリプト

女：中午我们还去那家烤鸭店吃饭吧。
男：那家店在装修，暂时不营业，还是去别的餐厅吧。
问：男的为什么不去那家烤鸭店？

スクリプト和訳

女　：お昼に私たちはあの北京ダックのお店に食事に行きましょう。
男　：そのお店は改装中で、一時休業中なので、やっぱり別のレストランに行きましょう。
問題：男性はどうしてその北京ダックのお店に行かないのですか？

選択肢和訳

A　交通が不便だから　　　　B　サービスが普通だから
C　その店が改装中だから　　D　料理の味が良くないから

14 正解 A

スクリプト

男：你没回家吗？那你暑假期间都忙什么呢？
女：我在一家出版社实习，做图书编辑方面的工作。
问：女的暑假为什么没回家？

スクリプト和訳

男　：君はうちに帰らなかったの？じゃあ君は夏休みの間に何を忙しくしてたんだい？
女　：私はずっと出版社でインターンをしていて、書籍編集関係の仕事をしていたの。
問題：女性はどうして夏休みにうちに帰らなかったのですか？

選択肢和訳

A　インターン中だったから　　　　B　実験をしていたから
C　地方に旅行に行っていたから　　D　農村に研究調査に行っていたから

15 正解 C

スクリプト

女：请问发票抬头怎么写？单位还是个人？
男：单位，抬头就按照这张名片上的公司名称写。
问：男的最可能在做什么？

スクリプト和訳

女　：お尋ねしますが領収書の受取人の欄はどう書きますか？勤め先ですか、それとも個人ですか？
男　：勤め先です。受取人の欄はこの名刺にある会社の名前の通りに書いてください。
問題：男性は何をしている可能性が最も高いですか？

選択肢和訳

A 書留にする　　　　　　　B サインをする
C 領収書を発行する　　　　D 履歴書を送る

16 正解 B

スクリプト

男：厨房的地怎么湿了？水洒了？
女：不是，有根水管漏水了，我已经打电话叫人明天来维修。
问：厨房的地为什么湿了？

スクリプト和訳

男　：台所の床はどうして濡れているの？水をこぼしたの？
女　：ううん、水道管が漏水したの。私はもう電話して明日（人に）修理に来てもらうようにしたわ。
問題：台所の床はどうして濡れているのですか？

選択肢和訳

A 床を拭いたばかりだから
B 水道管から漏水しているから
C 蛇口が閉まっていなかったから
D やかんが（何か／誰かに）ぶつけられて倒されたから

17 正解 C

スクリプト

女：系这条领带怎么样?
男：这条上面有图案，不适合今晚的宴会，我看还是这条灰色的吧，大方一点儿。
问：男的觉得灰色的领带怎么样?

スクリプト和訳

女：このネクタイを締めてみてどう?
男：このネクタイには模様があるから、今晩の宴会に向かないな。やっぱりこの灰色のにしよう。(こっちの方が) ちょっと上品だ。
問題：男性は灰色のネクタイをどうだと思っていますか?

選択肢和訳

A あまりに短い　　　　　B 流行のものである
C 上品に見える　　　　　D 模様が良くない

18 正解 C

スクリプト

男：国庆节你打算去哪儿玩儿?
女：去湖南，有个朋友结婚，我要去参加婚礼，顺便在她那儿玩儿几天。
问：女的为什么要去湖南?

スクリプト和訳

男：国慶節はあなたはどこに遊びに行くつもり?
女：湖南に行って、結婚する友達がいるから、私は(その)結婚式に参加して、ついでに彼女のところで数日遊ぶの。
問題：女性はどうして湖南に行こうとしているのですか?

選択肢和訳

A 出張のため　　　　　　B 親戚に会うため
C 結婚式に出席するため　D クラスメートの集まりのため

19 　正解 A

スクリプト

女：这个谜语挺简单的，你再好好想想。
男：猜不出来，但我觉得答案应该和中国的风俗习惯有关。
问：男的在做什么？

スクリプト和訳

女：このなぞなぞはとっても簡単だから、（あなたは）もうちょっとよく考えてみて。
男：（答えが）思い付かないけれど、僕は答えが中国の風俗習慣に関係するはずだと思うな。
問題：男性は何をしているところですか？

選択肢和訳

A　なぞなぞを解いている　　B　携帯メールを送っている
C　資料を調べている　　　　D　テレビの連続ドラマを見ている

20 　正解 C

スクリプト

男：您好，我是来应聘软件开发工程师的。
女：请在这里签个字，一会儿我带你过去面试。
问：关于男的，下列哪项正确？

スクリプト和訳

男：こんにちは。私はソフト開発エンジニアの募集に応じて来ました。
女：ここにサインをしてください。しばらくしたら私があなたを面接にお連れします。
問題：男性について、次のどの選択肢が正しいですか？

選択肢和訳

A　辞職するつもりである
B　採用された
C　ちょうど仕事を探しているところである
D　証明書を持ってくるのを忘れた

第2部分 問題 p.120～p.121

〈問題文〉请选出正确答案。
〈和　訳〉正しい答えを選びなさい。

21　正解 A

スクリプト

女：你怎么了，嗓子不舒服？
男：好像有点儿感冒，估计是昨晚着凉了。
女：最近几天降温，早晚温差挺大的，你多注意一点儿。
男：谢谢您，我会注意的。
问：男的怎么了？

スクリプト和訳

女　：あなたはどうしたの？のどの具合が悪いの？
男　：少し風邪をひいたみたい。昨日体を冷やしたのがよくなかったみたいだ。
女　：ここ何日かは気温が下がっていて、朝晩の温度差がとても大きいからもっと気をつけてね。
男　：ありがとう。気をつけるよ。
問題：男性はどうしたのですか？

選択肢和訳

A　（体を冷やして）風邪をひいた　　B　熱が出た
C　道に迷った　　　　　　　　　　　D　失業した

22 正解 B

スクリプト

男：昨天课上的内容你都记下来了吗？
女：我录音了，你要听吗？
男：好，我有些地方不太懂，想再听听。
女：好的。录音材料在我电脑里，等回宿舍我给你复制一份。
问：男的想要什么？

スクリプト和訳

男 ：昨日の授業の内容を君はみんな書き留めてる？
女 ：私は録音したけど、あなたは聞きたい？
男 ：うん。僕はいくらかあまり分からないところがあるので、もう一度聞いてみたいな。
女 ：分かった。録音データは私のパソコンにあるから、宿舎に戻ってからあなたに1部コピーしてあげるわ。
問題：男性は何を欲しがっていますか？

選択肢和訳

A　説明書　　B　録音データ　　C　会議記録　　D　宣伝材料

23 正解 C

スクリプト

女：昨天的排球比赛你看了吗？哪个队赢了？
男：江苏队赢了。
女：太好了！比赛很精彩吧？
男：是，对方的实力很强，江苏队赢得并不轻松。
问：关于比赛，可以知道什么？

スクリプト和訳

女 ：昨日のバレーボールの試合はあなたは見た？どこのチームが勝ったの？
男 ：江蘇チームが勝ったよ。
女 ：それはよかったわ！試合はすばらしかったでしょう？
男 ：うん、相手の実力が高かったので、江蘇チームは楽には勝てなかったよ。
問題：試合について、何が分かりますか？

選択肢和訳

A　明日再放送する　　　　B　観衆はがっかりした
C　双方ともに強かった　　D　江蘇チームが1点負けた

24 正解 A

スクリプト
男：请问九点飞往北京的航班怎么还不能登机？
女：对不起，由于大雾天气，飞机暂时不能起飞。
男：那要等到什么时候？
女：抱歉，目前还不能确定，请您耐心等候。
问：飞机为什么不能按时起飞？

スクリプト和訳
男　：お尋ねしますが9時の北京行きのフライトはなぜまだ搭乗できないのですか？
女　：すみません。濃い霧の天候のために飛行機は、一時的に離陸できません。
男　：それならいつまで待たなければなりませんか？
女　：申し訳ございません。目下のところ、まだ確定できません。どうか辛抱強くお待ちください。
問題：飛行機はどうして時間通りに離陸できないのですか？

選択肢和訳
A　天気が良くなかったから　　B　路面が滑りやすかったから
C　機長が病気になったから　　D　空港が閉鎖されたから

25 正解 D

スクリプト
女：我记得在办公室抽屉里，怎么没有呢？
男：你在找什么呢？
女：充电器，我的手机快没电了。
男：你先用我的？
问：女的在找什么？

スクリプト和訳
女　：私は事務所の引き出しの中だったと覚えてるのに、どうしてないのかしら？
男　：君は何を探しているの？
女　：充電器よ。私の携帯電話はもうすぐ電池が切れそうなの。
男　：とりあえず僕のを使う？
問題：女性は何を探していますか？

選択肢和訳
A　携帯電話　　　　　　B　カギ
C　電池　　　　　　　　D　充電器

26 正解 B

スクリプト

男：董事会讨论决定，由你来负责这个新项目。
女：谢谢领导的信任，我一定尽全力做好。
男：很好。你可以自己来挑选助手，人事部会全力配合你的。
女：好的，谢谢您。
问：关于女的，可以知道什么？

スクリプト和訳

男　：理事会で話し合って決めたのだけれど、あなたに新しいプロジェクトの責任者になってもらうことにしたよ。
女　：上司の方の信用に感謝します。私は必ず全力を尽くしてやり遂げます。
男　：よろしい。あなたは自分で助手を選ぶことができる。人事部が全力であなたに協力するでしょう。
女　：分かりました。ありがとうございます。
問題：女性について、何が分かりますか？

選択肢和訳

A　給料が上がった　　　　B　新しいプロジェクトの責任者になる
C　上司に叱られた　　　　D　新しいプランを提出した

27 正解 B

スクリプト

女：这条手链怎么越戴越黑呢？
男：你这个是银的吧？
女：是啊，才戴了一个月就这样了。
男：这是氧化了，你回家用牙膏刷一下，就可以恢复到原来的样子了。
女：是吗？那我试试。
问：男的建议怎么做？

スクリプト和訳

女　：このブレスレットはどうして着けるほど黒くなるのかしら？
男　：君のこれは銀だろう？
女　：そうよ。まだ1か月しか着けていないのにこうなったの。
男　：これは酸化したんだよ。君はうちに帰って歯磨き粉で擦ってみたら、もとの様子に戻るよ。
女　：そうなの？ならちょっと試してみるわ。
問題：男性はどのようにするように提案しましたか？

選択肢和訳

A　酢で洗う　　B　歯磨き粉で磨く　　C　店に行って交換する　　D　店に送って洗浄する

28 正解 D

スクリプト

男：我们俱乐部这个礼拜天有摄影活动，你参加吗？
女：不好意思，我去不了。
男：为什么？你不是一直想去体验一下吗？
女：礼拜天我舅舅来，我得去机场接他。
男：那太遗憾了，下次吧。
问：女的为什么不参加摄影活动？

スクリプト和訳

男　：僕たちのクラブは今週の日曜日に撮影活動をするけど、君は参加する？
女　：悪いけど、私は行けないの。
男　：どうして？君はずっと体験したがってたじゃないか？
女　：日曜日はおじが来るから、私は空港に迎えに行かなきゃいけないの。
男　：それはとても残念だね。また次回にね。
問題：女性はどうして撮影活動に参加しないのですか？

選択肢和訳

A　残業しなければならないから
B　興味がないから
C　カメラを持っていないから
D　空港に人を迎えに行かなければならないから

29 正解 D

スクリプト

女：今年是建校六十周年，学校要组织一个大型的庆祝活动。
男：我听说了，而且还要招一些志愿者。
女：你知道怎么报名吗？我想参加。
男：你去学院办公室登记一下个人信息就可以了。
问：根据对话，下列哪项正确？

スクリプト和訳

女　：今年は建学60周年なので、学校は大規模な祝賀活動を計画しているの。
男　：（僕は）聞いたよ。しかもボランティアも何人か募集しているそうだね。
女　：あなたはどうやって応募するか知ってる？私は参加したいわ。
男　：（単科）大学の事務室に行って個人情報を登録すればOKだよ。
問題：会話によると、次のどの選択肢が正しいですか？

選択肢和訳

A　募集は終わった
B　女性は招待を受けた
C　男性はボランティアになりたがっている
D　学校は祝賀活動を行う

30 正解 A

スクリプト

男：小张，你爸退休了吧？
女：是，不过他现在比上班还忙。
男：退休之后不是应该有很多空闲时间吗？
女：我爸现在上午教人打太极拳，下午教小朋友练书法，时间都排满了。
问：关于小张的爸爸，可以知道什么？

スクリプト和訳

男　：張さん、あなたのお父さんは定年退職したんでしょう？
女　：はい、でも彼は会社に勤めていた時よりもさらに忙しいです。
男　：定年後はたくさんの暇な時間があるはずなのではないですか？
女　：私の父は午前中は人に太極拳を教えて、午後は子供たちに書道を教えて、スケジュールがぎっしりなんです。
問題：張さんのお父さんについて、何が分かりますか？

選択肢和訳

A　定年退職した
B　将棋を指すのが好きである
C　今はのんびりして静かである
D　太極拳を学んでいる

31 - 32

スクリプト

　大草原上，狮子正紧紧地追赶一只羊。在追赶中，狮子超过了一只又一只站在旁边观望的羊，对那些靠得很近的羊，狮子却像没看见一样，一次次地放过。终于，那只被追赶的羊因跑不动而被狮子扑倒了。为什么狮子不放弃原来那只，改去追赶离它更近的羊呢？原来狮子已经跑累了，而其他的羊并没有奔跑。如果在追赶的过程中改变目标，那么，那些没有跑累的羊，会很快把狮子甩在后面。

スクリプト和訳

　大草原で、ライオンが今まさに1匹の羊のすぐ後を追いかけていた。追いかけている途中で、ライオンは1匹また1匹とそばで眺めている羊を追い越したが、近くにいるそれらの羊に対して、ライオンはまるで見えていないかのように、次々と見逃していった。ついに、その追いかけられていた羊は走れなくなってライオンに倒された。どうしてライオンはもとのその羊を諦めて、改めて自分により近い羊を追いかけなかったのだろうか？それは、ライオンはすでに走り疲れていたが、そのほかの羊は走っていなかったからである。もし追いかけている途中で目標を変えてしまえば、そうしたら、それらの走り疲れていない羊は、すぐにライオンを置き去りにしていただろう。

31 正解 C

設問スクリプト

狮子为什么不去追赶离它更近的羊?

設問スクリプト和訳

ライオンはどうして自分により近い羊を追いかけなかったのですか?

選択肢和訳

A　ライオンには見えなかったから
B　ライオンは怪我をしていたから
C　ライオンはすでに走り疲れていたから
D　それらの羊はずる賢すぎるから

32 正解 A

設問スクリプト

这段话主要想告诉我们什么?

設問スクリプト和訳

この話は主に何を我々に伝えようとしていますか?

選択肢和訳

A　目標は1つに絞るべきである
B　物事をするには積極的でなくてはならない
C　観察に長じなければならない
D　協力することを覚えなければならない

33 - 35

スクリプト

　楚国有一个专门卖珠宝的商人，为了使自己的珠宝更畅销，他特地用名贵的木料做了许多小盒子，把珠宝装在里面卖。这种装珠宝的盒子制作得非常漂亮，而且还散发出一种香味儿。有一个人看见装珠宝的盒子既精致又美观，问明价钱后，就买了一个。那个人打开盒子，把里面的珠宝拿出来退还给珠宝商，拿着空盒子走了。这就是成语"买椟还珠"的由来，这个成语比喻有些人只重视事物的外表，却忽略了真正有价值的东西，取舍不当。

スクリプト和訳

　楚の国に1人の専門的に宝石を売る商人がいて、自分の宝石の売り上げをさらに良くするために、彼はわざわざ珍しくて貴重な木材で多くの小箱を作り、宝石をその中に入れて売っていた。その宝石を入れる箱は作りが非常にきれいで、しかも香りもした。ある人が宝石を入れている箱が精巧で美しいのを見て、値段をはっきりと聞いてから、1つ買った。その人は箱を開けて、中の宝石を取り出して宝石商に返すと、その空箱を持って行ってしまった。これが「买椟还珠（美しい箱だけ買って珠玉を返す）」という成語の由来である。この成語は一部の人は物事の外見だけを重視して、本当に価値のある物をおろそかにするという、取捨が間違っていることを例えている。

33 正解 D

設問スクリプト
商人为什么要做那些盒子？

設問スクリプト和訳
商人はどうしてそれらの箱を作ろうとしたのですか？

選択肢和訳
A 予約した人がいたから
B 木箱を売ることに変えようと思ったから
C 木箱のにおいが好きだったから
D さらに多くの宝石を売りたかったから

34 正解 C

設問スクリプト
关于那些盒子，可以知道什么？

設問スクリプト和訳
それらの箱について、何が分かりますか？

選択肢和訳
A 相当に重い
B 丈夫である
C 非常に精巧で美しい
D 用途が幅広い

35 正解 C

設問スクリプト
这段话主要想告诉我们什么？

設問スクリプト和訳
この話は主に何を我々に伝えようとしていますか？

選択肢和訳
A 言行は一致させなければならない
B 容貌で人を判断してはならない
C 表面だけを見てはいけない
D 知らないことを知っている振りをしてはならない

36 - 38

> **スクリプト**

　有个教授做过这样一个调查：他曾仔细观察过学生上课时选座位的情况，他发现有的学生总爱坐前排，有的则盲目随意，哪儿都坐，还有一些人似乎特别钟情后面的座位。教授分别记下了他们的名字。十年后，教授发现：爱坐前排的学生中，事业成功的比例比其他两类学生高很多。

　其实，很多时候，并不是一定要站在最前面，或永远保持第一的状态，但是我们一定要有这种积极向上的心态。只有怀着一颗积极向上的心，才能以最佳的状态投入到学习和工作当中，才能取得理想的成绩。

> **スクリプト和訳**

　ある教授がこのような調査を行った。彼はかつてつぶさに学生が授業で座席を選ぶ状況を観察した。ある学生はいつも前の列に座るのを好み、ある学生は大して考えずに気の向くままにどこでも座り、さらにいくらかの学生は後ろの席を特別に気に入ったかのようであった。教授は彼らの名前を分類して書き留めた。10年後、教授は、前の列を好んで座った学生の中で、事業が成功した割合がほかの2つの種類の学生よりもずっと高いということを発見した。

　実際に、多くの場合、必ず最前に立っていたり、あるいはずっと一番の状態を保っていたりする必要があるわけではないが、しかし我々は必ずそのような積極的に上を目指す心理状態をもっていなければならない。積極的な向上心があってこそ最も良い状態で学習や仕事に打ち込め、理想的な成績を収めることができるのである。

36 正解 A

設問スクリプト
根据调查，哪类学生的成功比例最高？

設問スクリプト和訳
調査に基づくと、どの種類の学生の成功率が最も高いですか？

選択肢和訳
A 前の列に座ることを好む学生　　B 真面目で真剣な学生
C 質問することを好む学生　　　　D 先生と交流することを好む学生

37 正解 C

設問スクリプト
关于那个调查，可以知道什么？

設問スクリプト和訳
その調査について、何が分かりますか？

選択肢和訳
A データが間違っていた　　　　B 3つの段階に分かれる
C 教授が完成させた　　　　　　D 多数の人が後ろの列に座るのを好む

38 正解 D

設問スクリプト
这段话主要想告诉我们什么？

設問スクリプト和訳
この話は主に何を我々に伝えようとしていますか？

選択肢和訳
A 時間を大切にしなければならない
B 懐疑精神をもたねばならない
C 多くを他人から学ばなければならない
D 上を目指す心理状態を保たなければならない

39 - 41

> **スクリプト**
>
> 　　某电视台邀请一位成功的商人做嘉宾,到场的观众纷纷向他求教成功之道。但商人只是淡淡一笑,说:"还是出个题考考大家吧。某个地方发现了金矿,很多人闻讯赶去,然而一条大河挡住了他们的去路。换做是你,你会怎么做?"有人说绕道走,也有人说游过去。商人含笑不语,最后说:"为什么非得去淘金?为什么不买一条船开展营运呢?"商人继续说:"在那种情况下,你就是把船票价格要得再高,淘金的人也会心甘情愿购买,因为前面有金矿啊!"
>
> 　　想他人不曾想的,做他人不曾做的,这就是成功之道。困境在智者眼中,往往意味着一个潜在的机遇。
>
> **スクリプト和訳**
>
> 　　あるテレビ局が1人の成功した商人をゲストに招待したので、会場にいる観衆は次々と彼に成功の道を教えてくれるように求めた。しかし商人はただ淡々と笑って言った。「やはり問題を出して皆さんをテストしましょう。ある場所で金鉱が見つかって、たくさんの人がその知らせを聞いて駆けつけました。しかし1本の川が彼らの行く手を阻みました。もしそれがあなたなら、あなたはどうしますか?」ある人は回り道をして行くと言い、またある人は泳いで行くと言った。商人は笑みをたたえて何も言わなかったが、最後にこう言った。「なぜどうしても金を採りに行こうとするのですか?どうして船を1艘買って運行(の商売を)しないのですか?」商人は続けて言った。「そのような状況では、あなたは船の切符の値段をいくら高くしても、金を採りに行く人も喜んで買うでしょう。目の前に金鉱があるのですから!」
>
> 　　他人がかつて考えたことがないことを考え、他人がかつてしたことがないことをする、これが成功の道である。苦境も知恵のある人の目には、往々にして潜在的なチャンスを意味しているのである。

39 正解 B

設問スクリプト
观众向商人求教什么?

設問スクリプト和訳
観衆は商人に何を教えてもらうことを求めましたか?

選択肢和訳
A 金を採る方法　　　　B 成功の道
C どうやって創業するか　D いかにして企業のイメージを打ち立てるか

40 正解 D

設問スクリプト
商人给出的答案是什么?

設問スクリプト和訳
商人が出した答えはどんなものでしたか?

選択肢和訳
A 家に帰るのをあきらめる
B 橋を1つ建設する
C 回り道をして川を渡る
D 船を買って運行(の商売を)する

41 正解 D

設問スクリプト
这段话主要想告诉我们什么?

設問スクリプト和訳
この話は主に何を我々に伝えようとしていますか?

選択肢和訳
A 冒険を恐れてはならない
B 商売をするには誠実さと信用を重んじなければならない
C 勇気をもって責任を負わなければならない
D 角度を変えて問題を考えることを覚える

42 - 43

> **スクリプト**
>
> 有个小男孩儿在一家面包店买一个两块钱的面包，他觉得这个面包比平时买的要小，便对老板说："你不觉得这个面包比平时的要小一些吗？""哦，没关系，小一些你拿起来不就更轻便吗？""我懂了。"小男孩儿说着，就把一块钱放在柜台上，然后转身朝店外走去。老板叫住他："喂，你付的面包钱不够！"小男孩儿说："哦，没关系，少一些你数起来就会更容易。"

> **スクリプト和訳**
>
> ある小さな男の子がパン屋で、2元のパンを1つ買う時、彼はそのパンがいつも買うのより小さいと思って、店の主人に言った。「（あなたは）このパンがいつものより少し小さいと思わない？」「ああ、大丈夫だよ。少し小さい方が持った時にもっと軽くて便利だろう？」「分かったよ。」小さな男の子はそう言って、1元をカウンターの上に置いて、そして体の向きを変えて店の外に出ていった。主人は彼を呼びとめて言った。「おい、君の払ったパンの代金は足りないよ！」小さな男の子は言った。「ああ、大丈夫だよ。少し少ない方がおじさんが数えた時にもっと簡単でしょう？」

42 正解 D

設問スクリプト

小男孩儿觉得那个面包怎么样？

設問スクリプト和訳

小さな男の子はそのパンをどう思っていますか？

選択肢和訳

A 安くなった　　　　　　　　B 新鮮ではない
C あまりに固かった　　　　　**D 以前より小さい**

43 正解 A

設問スクリプト

关于小男孩儿，可以知道什么？

設問スクリプト和訳

小さな男の子について、何が分かりますか？

選択肢和訳

A 聡明である　　　　　　　B ケチである
C 数学（の成績）がよくない　　D 持っていたお金が足りない

44 - 45

スクリプト

师傅向他的三个徒弟提了这样一个问题：如果有人当面指出你的新衣服上破了一个洞，你会怎么办？第一个徒弟回答：置之不理。第二个徒弟回答：把它遮掩起来。而第三个徒弟回答道：将它补好。听了第三个徒弟的回答，师傅微微点点头。

这个衣服上的洞就像是我们犯过的错误，对待错误的最佳方法，不是回避，也不是掩饰，而是改正。

スクリプト和訳

師匠は彼の3人の弟子にこのような問題を出した。「もし面と向かってお前の新しい服に穴が開いていることを指摘したら、お前はどうする？」1人目の弟子が答えた。「構わずにほうっておきます。」2人目の弟子が答えた。「それを覆い隠します。」そして3人目の弟子が答えた。「それをきちんと繕います。」3人目の弟子の答えを聞いて、師匠はかすかにうなずいた。

この服の穴は我々が犯した過ちのようなもので、過ちに対する最も良い方法は、(そこから)逃げるのではなく、ごまかすのでもなく、訂正することなのである。

44 正解 B

設問スクリプト
师傅最满意的回答是哪个？

設問スクリプト和訳
師匠が最も満足した答えはどれですか？

選択肢和訳
A　それをほうっておく　　　　B　穴をきちんと繕う
C　物を探してかぶせる　　　　D　服を捨てる

45 正解 A

設問スクリプト
这段话主要想告诉我们什么？

設問スクリプト和訳
この話は主に何を我々に伝えようとしていますか？

選択肢和訳
A　過ちを知れば改める　　　　B　人として謙虚でなければならない
C　過ちを犯すことを避けるべきである　　　　D　目で見たことは必ずしも確実ではない

2 阅 读

第1部分 問題 p.122～p.123

〈問題文〉请选出正确答案。
〈和　訳〉正しい答えを選びなさい。

46 - 48

問題文和訳

　もしある多くの知らない人がいる集まりに参加した時に、あなたはまず比較的よく知っている人を探すべきで、それは緊張した心理を取り除いて、(46)気持ちを落ち着かせるのにとても役立つ。万一よく知っている人が見つからなくても、あなたは緊張する必要はない。そんな時はまずあわてて話し始めたりせず、耳で聞いて、目で見ることである。(47)注意深くその場にいる知らない人を1人1人観察して、もしそれらの人の中に、あなたと同じように知っている人がおらず、1人ぼっちで片隅にいる人を見つけたら、あなたは(48)自分からその人の目の前に行き、その人に自己紹介をして、その人と少し話をすればいい。その時はその人もあなたも、どちらも窮地と孤独を脱して喜びを感じることができるだろう。

46　正解 A

選択肢和訳

A 気持ち　　B 情景　　C 語気　　D 感想

解説　空欄を含む"稳定 46"は、その直前の"消除紧张心理"とほぼ同じことを言っている。中国語の習慣として、同じ意味のことを別の言い方で言い直すということがよくあるので覚えておこう。そうすると、この空欄も「心・気持ち」というような意味の言葉が入るはずなので、Aが正解。

47　正解 C

選択肢和訳

A 周到に　　B 勤勉に　　C 注意深く　　D 成熟して

解説　空欄の直後の"打量"という動詞は「（人の様子などを）観察する」というような意味がある。また直前では"用耳朵去听、用眼睛去看"と言っている。つまり、よく観察することを勧めている。それを踏まえて選択肢を見ると、Cが正解と分かる。意味から考えるとAも入りそうだが中国語の組み合わせとして不可。

48　正解 B

選択肢和訳

A 友好的に　　B 自分から　　C 思いやりをもって　　D 黙って

解説　周りに知り合いがいない場合という不利な情勢を挽回する方法を説いているので、相手から来るのを待つのではなく自分から話しかけようとしている文脈で考えるとBがふさわしい。Aと迷った人がいるかもしれないが、この空欄の位置から考えて空欄に入るものは空欄の直後の"走"を修飾することになり、「友好的に歩く」というのは意味的に合わないので、Aは不適。

49 - 52

問題文和訳

　サッカーというスポーツが今の世界で最も広く普及し、影響力が最も大きく、最も魅力を備えているスポーツ種目になったのには、原因が2つある。1つ目はサッカーそのものの特徴だ。サッカーの試合の（49）ルールがシンプルで、普及しやすかったのである。2つ目は、サッカーというスポーツは攻撃性が強く、技術や戦術が（50）複雑だからである。試合は常に素早いスピードで疾走する中で行われ、（51）さらに選手の際立って優れたパフォーマンスが加わり、極めて高い個人の技術と巧妙な集団戦術が融合して一体となり、サッカーというスポーツがある種の抗いがたい魅力を（52）生み出しているのである。疑いなく、このように豊富な内容と影響力をもったサッカーは一種の芸術であり、その名に恥じない「世界で一番のスポーツ」なのである。

49　正解 C

選択肢和訳

A　規律　　B　規模　　C　ルール　　D　形勢

解説　空欄直後の"簡単"は「簡単だ」というよりも「単純だ・シンプルだ」というふうに訳した方がしっくりくることがあるので覚えておこう。サッカーの試合の何がシンプルなのか考えながら選択肢を見ると、Cがふさわしいことが分かる。

50　正解 A

選択肢和訳

A　複雑だ　　B　規格に合っている　　C　深い　　D　貴重だ

解説　サッカーが普及した魅力を伝える文脈で技術や戦術を形容するものとして、文脈から考えるとAがふさわしいと分かる。

51　正解 D

選択肢和訳

A　勝ち負けは偶然性を備えていて

B　コーチの指導と不可分で

C　まず一まとまりの計画を定めなければならず

D　さらに選手の際立って優れたパフォーマンスが加わり

解説　空欄の少し前から、サッカーの魅力を生み出している原因を言っており、その流れの中にこの空欄があるので、空欄にもサッカーの魅力を生み出していることが入ると予想して選択肢を見ると、ABCはサッカーの魅力に直接は関係ないことが書いてあるがDのみは魅力と直接関係のあることが書いてあるのでDが正解。

52 正解 B

選択肢和訳

A 成長する　　B 生み出す　　C 引き起こす　　D 成立する

解説 空欄の後には"了"があり、空欄には動詞が入ると思われる。この動詞の目的語は"魅力"なので、"魅力"をどうするのかと考えつつ選択肢を見るとBがふさわしいと分かる。

53–56

問題文和訳

　プロセスとは1本の線であり、結果とは1つの点である。登山を例にとって言えば、そのプロセスにおいて、あなたは歩いたり立ち止まったり、鮮やかな花を楽しんだり、美しい風景を（53）見物したり、清々しい風に当たるのを楽しんだり、小鳥の歌声を静かに聞いたりすることができる。その道中の景色は、まるで1本の線でつながって、ひとつながりになった幸福が、心に結ばれているかのようである。一方、登山の結果というと、山頂に登ることである。山頂であなたは山を征服した幸福感を楽しむことができるかもしれない。しかしこういった幸福は（54）つまるところは一時的なものである。なぜなら、山頂は1つの点にすぎず、あなたは結局はその点から下りてこなければならず、あなたが山を下るにしたがって、その山頂での幸福感も（55）消えてしまうからである。

　プロセスは途切れずに長く続くもので、結果は短く一時的なものである。一本の線の幸福は、無数の点の幸福を擁しているが、1つの点の幸せは、（56）長い人生の旅路の中では、瞬間的に過ぎ去っていくものなのである。

53 正解 A

選択肢和訳

A 見物する　　B 想像する　　C 伝播する　　D 思考する

解説 空欄の直後にある目的語が"美景"なので、これに合う動詞を探す。山頂を点に例えてその幸福は一時的なものであると述べている文脈からAがふさわしいと分かる。

54 正解 B

選択肢和訳

A 必ずしも　　B つまるところは　　C 幸いにも　　D いずれにせよ

解説 意味を考えてみる。「こういった幸福は～一時的なものだ」こうして空欄に入るのにふさわしいものを考えつつ前後の文脈を考えて選択肢を見ると、Bがふさわしいと分かる。

55 正解 A

選択肢和訳

A 消える　　B 立ち遅れる　　C 後退する　　D 省略する

解説 頂上までの楽しみは線に例えられていて長く続くが、頂上は点なので、そこから去ると頂上での幸福感は～という話をしているので、空欄には「消える」というような意味の言葉が入ると思われる。選択肢ではAがまさに「消える」という意味なので、これが正解。

56 正解 D

選択肢和訳

A 長い時間にわたるもので　　B 大自然を征服する中で
C 人々の注意を引いて　　D 長い人生の旅路の中で

解説 空欄を無視して前後を訳すと「1つの点である幸せは、～、瞬間的に過ぎ去っていく」となる。消去法で見ると、Aだと1つの点の幸せが長く続くことになり、文章の意図に合わない。Bは内容がいささか唐突すぎるので不適。Cは1つの点の幸せが注目されるというような意味になるが、文章の意図に合わないのでやはり不適。というわけでDが正解。

57 - 60

問題文和訳

どうして飛行機の中で携帯電話をかけることが危険なのだろうか？実は、飛行機は空では定められた方向に従って飛んでおり、(57) すべての飛行過程は皆地上の管理スタッフの指揮を受けなければならない。飛行機は飛行中にある設備を (58) 利用して地上と連絡を取る必要がある。その設備は地上のコントロールセンターから絶えず送られる信号を受け取った後、(59) 飛行機の正確な位置を確定することができる。もし飛行機が規定の方向から離れていることが分かれば、その設備は (60) 即座に自動的に誤りを訂正して、飛行機の正常な飛行を保証する。しかし、携帯電話が作動している時には、それが発する電波が飛行機の設備とコントロールシステムに影響を及ぼしてしまう。そのため、飛行機の中では携帯電話を使ってはならないのである。

57 正解 A

選択肢和訳

A すべての　　B 広大な　　C 全体　　D 個別の

解説 空欄の少し後に"都"がある。この"都"は空欄の言葉を受けていると思われる。それを踏まえて選択肢を見るとAが正解と分かる。Cと迷った人がいるかもしれないが、Cは名詞なので"飞行过程"を修飾することはできない。

58 正解 B

選択肢和訳
A 参考にする　　B 利用する　　C 従事する　　D 発揮する

解説 空欄のところの文は"58 某种设备"と"与地面进行联系"という2つの動詞句が並ぶ連動文である。つまり、地上と連絡を取る設備をどうするのかと考えながら選択肢を見ると、Bがふさわしいことが分かる。

59 正解 D

選択肢和訳
A 安全に離陸できる　　　　　　　　　B しかも飛行速度を知っている
C 飛んでいる鳥を避けることができる　　D 飛行機の正確な位置を確定することができる

解説 消去法で見ていこう。Aは"起飞（離陸する）"がおかしい。離陸する時はまだ地上にいるはずなので、前の文で「地上と連絡を取る」というような言い方はするはずがない。Bは"而且"がおかしい。この言葉はほかに何かある上に「しかも〜」と続く言葉だが、ここにはその前に"而且"を受ける言葉がない。また、鳥を避ける話は出てきていないので、Cも不適。よってDが正解。

60 正解 B

選択肢和訳
A 繰り返して　　B 即座に　　C 相対的に　　D ますます

解説 空欄の少し前を見ると、飛行機が方向を外れてしまった時のことを言っている。これは異常事態なので、すぐに修正しなければならないはず。よって「すぐに」というような意味の言葉を入れたいと思いつつ選択肢を見るとBがふさわしいことが分かる。

第2部分 　問題 p.124～p.127

〈問題文〉请选出与试题内容一致的一项。
〈和　訳〉問題の内容と一致するものを1つ選びなさい。

61　正解 A

問題文和訳

試験で緊張するのはある種当たり前の状態で、圧倒的多数の人が試験で緊張する。しかし緊張にも程度があるべきである。適度な緊張は受験生が精神を集中して試験を完成するのに有利なのだ。したがって、もし子供が試験を受ける時に少し緊張していても、親が心配しすぎる必要はない。

選択肢和訳

A　適度な緊張には良い点がある　　B　親は子供を多く気にかけなければならない
C　緊張は精神集中に不利である　　D　試験の成績は最も重要なことではない

解説　問題文に"适度紧张有利于考生集中精力完成考试"と書いてあるので、Aが正解。

62　正解 C

問題文和訳

春秋時代、宋の国の司城であった子罕は役人として公正で清廉であったので、人々から深く敬われ支持されていた。ある人が1つの宝玉を手に入れたので、（それを）持っていって子罕に献上すると子罕は言った。「あなたは宝玉を宝としているが、私は汚職をしないことを宝としている。もし私があなたの玉を受け取れば、我々は2人とも自分の宝を失うことになるので、むしろ我々はそれぞれの宝を持っていた方がよいではないか。」と。

選択肢和訳

A　子罕は玉が好きではない　　　　B　子罕は友情を大切にしている
C　子罕は宝玉を受け取らなかった　D　子罕はその人よりも裕福だった

解説　問題文最後のところで"倒不如我们各有其宝呢"と言っている。子罕にとっての宝とは汚職しないことで、もう一人の宝とは宝玉を指す。それぞれの宝を持っていたほうがいいというのは、つまり子罕が宝玉を受け取らなかったことを示唆している。よって正解はC。

63 正解 D

問題文和訳

バナナは味が甘く、比較的高い薬用価値も備えている。その主な効果は胃腸をきれいにし、便秘を治し、さらに解熱し、肺を潤し、渇きを止め、アルコールを分解するなどの効果がある。バナナは寒性の果物に属するので、脾臓や胃が衰弱していたり、胃痛や下痢の症状があったりする人などは少なめに食べるべきで、胃酸過多の人は食べない方がよい。

選択肢和訳

A　バナナを食べるとダイエットになる
B　酒を飲んだ後はバナナを食べてはならない
C　バナナは多く食べるほどよい
D　**胃がよくない人はバナナを食べるのに適さない**

解説　問題文最後のところで"所以脾胃虚寒、胃痛、腹泻的人应该少吃，胃酸过多者最好不吃。"と言っているので、胃が悪い人はバナナはよくないようである。よってDが正解。

64 正解 B

問題文和訳

『舌先の中国』は大型のグルメドキュメンタリーである。そのドキュメンタリーは全方位的に中国の広くて深い飲食文化や、千差万別の飲食習慣、独特の味覚や審美眼、およびそこから生きる知恵の段階にまで高めた東洋の生活価値観を描いており、観衆は飲食文化の視点から、伝統的中国と変わりゆく中国を全面的に理解することができる。

選択肢和訳

A　東西の飲食文化の差は大きい
B　**中国の飲食文化は生きる知恵も含んでいる**
C　中国の南北の飲食文化は基本的に同じである
D　中国の飲食文化は1000年余りの歴史がある

解説　少し分かりにくいので消去法で見てみよう。この文章は中国の飲食文化の話をしており、東洋と西洋の飲食文化の比較などはしていないので、Aは不適。また"千差万别的饮食习惯"と書いてあるところから考えてCも不適。この文章には中国の飲食文化の歴史がどのくらいあるかなどには言及していないのでDも不適。よってBが正解。

65 正解 C

問題文和訳

他人のミスを恨み、他人の欠点を指摘して責めることが習慣づいている人がいる。彼らは周囲の環境や人が至る所で自分に敵対していると感じているか、そうでなければ自分は「高尚ゆえに孤高」であり、一般の人は自分の深い思想が理解できないのだと思い込んでいるかのどちらかだ。しかし実際には、彼らは本当の問題が周囲から来るものではなく、彼ら自身によるものであることを意識していない。そのような心理状態の人は、自分のことを反省することを覚えるべきであって、他人に恨み言ばかり言うべきではない。

選択肢和訳

A 他人を許すことを覚えなければならない
B 音楽を聴くと気持ちを和らげることができる
C 自分自身に原因を探すことを覚えるべきである
D 背後で他人のことをあれこれ言ってはならない

解説 問題文最後のところで"应该学会反省自己"と言っている。自分を反省するということは、自分に何か原因があるのではないかと省みることなので、Cが正解。

66 正解 D

問題文和訳

「精衛海を埋める」が語っているのは精衛という鳥が海を埋めて平らにしようと努力する物語である。精衛はもとは炎帝の娘だったが、東海で遊んでいる時に、不幸にして溺れて死んでしまった。死後彼女は鳥に変わり、毎日石や木の枝をくわえてきては、海の中に投げ入れ、東海を埋めて平らにしようとした。後に人々はたびたび「精衛海を埋める」の成語を使って、すでに定めた目標に従って、苦難を恐れずに最後まで奮闘することを例えるようになった。

選択肢和訳

A 精衛は船を漕ぐことができない
B 精衛は東海を平らに埋めた
C 精衛は東海の神をとても畏敬している
D 「精衛海を埋める」は最後まで努力し続けるという精神を体現している

解説 問題文最後のところで、この成語については"比喻按照既定目标，不畏艰难地奋斗到底"と言っているのでDが正解。

67　正解 D

問題文和訳

チャンスはまるで泥棒のようだ。来る時には音も立てず、去る時にはあなたにひどい損害をもたらしてしまい、後悔しても手遅れである。どの人の一生でも、皆たくさんのチャンスがあるが、大事なのはチャンスが訪れた時に、あなたがそれをしっかりと掴み取れるかどうかである。チャンスをしっかりと掴み取る最も良い方法は、毎日、ほとばしるような情熱で仕事をし、どの仕事もチャンスと捉えて向き合う、ということだ。そうすればチャンスが訪れた時に、しっかりと掴み取ることができるのである。

選択肢和訳

A　チャンスを得るのは運による
B　勤勉な人の方が人気がある
C　合理的に時間を配分することを覚えなければならない
D　身のまわりのチャンスをしっかり掴むことに長けなければならない

解説　問題文中盤で"关键是机遇来临时，你能否把握住"と言っているし、ここに限らず問題文全体でチャンスをものにすることの重要性や逃さないためにどうすればいいかが書かれているのでDが正解。問題文では"机遇"なのに選択肢では"机会"となっているが、ここではほぼ同じ意味と考えて差し支えない。

68　正解 C

問題文和訳

書院とは宋代の地方教育組織である。書院の名は最も早くは唐代に見え、宋代に発展した。最初の書院は民営のもので、一部の金持ちや学者が自分で金を出して、山中の辺鄙で静かなところに学堂を建設し、授業（の構成）を組み立てた。中国の古代には四大書院があり、それは岳麓書院、白鹿洞書院、嵩陽書院、応天書院である。

選択肢和訳

A　書院は古代には重視されなかった
B　唐代の書院は官営だった
C　書院は最初民営の学堂だった
D　四大書院は宋代の官営の教育機構だった

解説　問題文前半で"最初的书院是民办的"と書いてあるのでCが正解。

69 正解 A

問題文和訳

植物も「眠くなる」ことがある。例えば水面で育つ睡蓮は、朝日が昇る度に、その美しい花弁をゆっくりとゆっくりと緩めて開いていき、まるで甘い眠りから目覚めたかのようである。一方夕日が西に沈む頃になると、それは花弁を閉じて、改めて睡眠状態に入ってゆく。その「昼に目覚めて夜に寝る」という規則性が特に顕著であるために、「睡蓮」という美しい名前を得たのである。

選択肢和訳

A 植物にも睡眠(状態)がある
B 睡蓮の花が咲く期間は短い
C 睡蓮は一般的に夜に花を咲かせる
D 植物の睡眠は気候の変化によって引き起こされるものである

解説 問題文冒頭で"植物也会"犯困""と言っている。この"犯困"とは「眠くなる」という意味。また問題文後半で「改めて睡眠状態に入ってゆく」という表現がある。よってAが正解。

70 正解 A

問題文和訳

心が動くことは行動することには及ばない。行動したからといって必ずしも成功するわけではないが、行動しないと成功することは絶対にない。生活ではあなたが何かをやりたいと思うことであなたに見返りが与えられるのではなく、あなたが本当に何かをやった時のみに、あなたに見返りがあるのだ。夢は成功の始まりにすぎず、1人の人の成功は行動の中で実現されなければならない。行動してこそ、成功の泉を育むことができるのである。

選択肢和訳

A 成功は行動に頼るべきである
B 問題を考えるには全面的でなければならない
C 勇気をもって自分の限界に挑戦しなければならない
D 夢は現実から離れてはいけない

解説 問題文最後の方で"一个人的成功要在行动中实现"と言っているし、ここに限らず問題文全体で「行動しないと成功しない」ということを訴えているので、Aが正解と分かる。

第3部分　問題 p.128～p.135

〈問題文〉请选出正确答案。
〈和　訳〉正しい答えを選びなさい。

71 - 74

問題文和訳

　ある倒産の危機に瀕している食品会社が起死回生のために、社員をリストラすることに決めた。3種類の人がリストラ名簿に入れられた。1つ目は清掃員、2つ目は運転手、3つ目は倉庫管理員である。社長は彼らを呼んで話をし、リストラの意向について説明した。清掃員が言った。「我々は重要ですよ。もし衛生的に掃除をする我々がいなかったら、清潔な仕事環境などあり得ません。皆さんはどうやって仕事に集中できるのですか？」運転手が言った。「我々は重要ですよ。こんなに多くの製品を、もし運転手がいなかったら、どうやって迅速に市場に売ることができるのですか？」倉庫管理員が言った。「我々は重要ですよ。もし我々がいなかったら、これらの食品は全部盗まれてしまうじゃないですか？」社長は彼らの言うこともももっともだと思い、再三よく考えてリストラをしないことに決めた。そして最後に、社長は会社の玄関に大きな扁額を掛けた。そこには「私は重要」と書いてあった。

　職員たちが毎日出勤する時に、まず初めに目にするのが「私は重要」の4文字である。すると、第一線の職員と管理職とにかかわらず皆、上司が自分たちを重要視してくれていると思うようになり、それで皆仕事に骨身を惜しまず努力するようになった。この数文字は職員全体のやる気を引き出した。そして数年後には会社は早くも立ち直ったのである。

　いかなる時でも自分を軽視せずに、大事な時には、勇気をもって「私は重要」と言えば、もしかするとあなたの人生はそこから新しい1ページを開くことができるかもしれない。

71　正解 C

問題文和訳　清掃員はどうして自分が重要だと思っているのですか？

選択肢和訳
A　みんなに楽しさをもたらしたから
B　食品の衛生を保証したから
C　清潔な仕事環境を作り出したから
D　他人の仕事の負担を軽減したから

解説　第1段落の清掃員の言葉の中に"如果没有我们打扫卫生，哪有干净整洁的工作环境"というのがあるので、Cが正解。

72 正解 D

問題文和訳 社長は最後に何を決めましたか？

選択肢和訳
A 会社を廃業する　　　　　　　B 新製品を開発する
C 銀行に借金する　　　　　　　D 誰も辞めさせない

解説 第1段落最後の方で"经理觉得他们说的话都很有道理，权衡再三决定不裁员"と言っている。この中の最後の単語"裁员"は「人員を削減する」という意味なので、つまり誰もクビにしなかったということになる。よってDが正解。Dの"辞退"は「クビにする」という意味。覚えておこう。

73 正解 D

問題文和訳 その扁額は：

選択肢和訳
A 職員が贈ったものである　　　B 効果がはっきりしない
C 社長室に掛かっている　　　　D 職員のやる気を向上させた

解説 第2段落の中盤で、この扁額を従業員が毎日見ることで"认为领导很重视他们，因此工作都很卖力"というふうになったというので、Dが正解。"卖力"とは「骨身を惜しまず働く」というような意味なので、覚えておこう。

74 正解 B

問題文和訳 上の文章が主に我々に伝えようとしているのは：

選択肢和訳
A 他人を尊重しなければならない　　　B 自分を重要視しなければならない
C 人とたくさん協力しなければならない　D 厳しく自分に要求しなければならない

解説 第3段落の最初のところで"不要看轻自己"と言っている。これは言いかえれば自分を重要なものと見なさなければならない、ということになる。よってBが正解。

75 - 78

問題文和訳

　ある女の子が1か月の給料で、ずっと欲しかった服を1着買った。新しい服を着た彼女は、その美しさに驚く他人の視線を見て、心中自信に満ち溢れて、仕事ぶりも大きく進歩した。

　しかしある日、彼女は服のボタンが1つなくなっていることに気づいた。それは珍しい形のボタンで、衣装ダンスをひっくり返しても、見つけることができなかった。そして別の服を着て出勤した。会社に着いて、彼女はどの人も自分を見る視線がおかしく、その服がなくなったら、自分はやっぱり平凡な女の子であるかのように感じた。彼女は心の中でその服のことをずっと考え続け、一日中元気を出せず、日頃の自信もなくなってしまった。

　退勤後、彼女は家でもう一度探したが、それでも見つからなかった。その後すぐに彼女はお店に走ったが、同じボタンを買うことができず、彼女の気持ちは極限まで暗く落ち込んだ。それからというもの、その服は放置され、女の子が初めてその服を着た時の自信と情熱は跡形もなく消え去り、仕事も次第に消極的になっていった。

　ある日、1人の友達が訪ねてきて、偶然その服を目にして、驚いて言った。「こんなきれいな服をあなたはどうして着ないの？」彼女は言った。「ボタンを1つなくしちゃったけれど、同じボタンが見つからなくて買えないの。」友達は笑って言った。「それならほかのボタンも全部替えてしまえばいいじゃない。そうすれば同じになるじゃないの？」女の子はそれを聞いて非常に喜んで、彼女は一番気に入ったボタンを選んで、元のものをすべて付け替えた。服は当初のように美しく、彼女は再び明るく輝く気持ちを取り戻した。

　我々はよくちっぽけな欠陥で物事をまるごと諦めてしまい、またよく1つのことを諦めることで生活を暗く落ち込んだものに変えてしまう。もし我々がまったく新しい気持ちでもって失望と取り替え、笑顔で欠陥を補いきることができれば、生命は同じように完全無欠のものになるのである。

75　正解 C

問題文和訳　その服は：

選択肢和訳

A　色鮮やかで美しい　　B　デザインがありふれている
C　**女の子に自信を与えた**　D　女の子のスタイルを良く見せた

> **解説**　第1段落で"穿上新衣服的她，…（略）…，心中充満了自信"と言っているのでCが正解。

76　正解 D

問題文和訳 女の子はどうして元気を出せなくなったのですか？

選択肢和訳
A　服がなくなったから
B　夜によく寝られなかったから
C　仕事が思うようにいかなかったから
D　（その服と）セットのボタンを見つけられなかったから

解説 第2段落で"她发现衣服上的一枚纽扣儿不见了"ということが起こり、別の服を着て行くが、自分が平凡な女の子になった気がして"打不起精神"となったわけなので、Dが正解。

77　正解 C

問題文和訳 友達は女の子にどんな提案をしましたか？

選択肢和訳
A　もう1着買う　　　　　　　　B　服を人に贈る
C　すべてのボタンを付け替える　　D　ボタンをオーダーメイドできる人を探す

解説 第4段落で友達が言った言葉に"那你可以把其他的扣子都换了啊"というのがあるので、Cが正解。

78　正解 C

問題文和訳 上の文章が主に我々に伝えようとしているのは：

選択肢和訳
A　諦めることを覚えなければならない
B　完璧を追求しなければならない
C　小さなことで大きなことを失ってはならない
D　仕事には良好な精神状態が必要である

解説 最後の段落で"我们常常因为小小的缺憾而放弃一整件事"と言っている。そしてこの文章では、このような状態をよくないと説いているのでCが正解。

79 - 82

(問題文和訳)

　王献之は著名な書家である王義之の息子で、幼い頃から聡明で学問を好んだ。

　ある日、小さな献之は母親に尋ねた。「私はもう3年書けば、字が父上のように上手になれるでしょうか？」母親は首を振った。「5年ならいいでしょう？」母親はまた首を振った。小さな献之はいらだった。「それではどれくらい時間がかかると言うのですか？」母親は言った。「庭の18の水瓶の水で書き終わったら、あなたの字はようやくそこで筋骨がつき、血肉を持つでしょう。」

　小さな献之は少し不服だったが、何も言わずに、歯を食いしばってまた5年練習した。ある日、彼は書き終わった大量の字を父親に見せて、褒め言葉をいくつかもらおうとした。しかしなんと、王義之は見ながら首を振っているのである。彼が1つの「大」の字を見た時に、初めてわりと満足した表情になり、無造作に「大」の字の下に点を1つ書き加えて、その後で字を書いた紙を全部献之に返した。

　献之はなおも不服で、また全部の字を抱えて母親に見せて、言った。「もっと注意深く見てください。僕と父上の字のどこが違うって言うのですか？」母親は王義之が「大」の字の下に加えた点を指して、ため息をついて言った。「私の息子は水瓶3つの水が尽きるまで練習しても、義之に1つの点しか似ていないとは。」

　献之は（母親の言葉を）聞いた後にがっかりして、言った。「このままでは、いつになったら父上に追いつけるのだろう？」母親は彼がもうおごらないのを見ると、（彼を）励まして言った。「息子や、時間をかけて練習しさえすれば、渡れぬ川はないし、覆せぬ山もないのですよ。あなたがこの数年のようにたゆまずに努力し続けてさえいれば、必ず目標に達することができますよ。」献之はそれを聞いて深く感銘を受けて、ねばり強く練習を続けた。時間をかけて培った実力は志ある人を裏切らないものだ。後に献之の筆法は飛躍的に上達し、その字も父親と同じように筆力が紙の裏に達するほど力がみなぎり、最高の水準に達したのである。

79　正解 B

(問題文和訳) 王献之はどうして字を父親に見せたのですか？

(選択肢和訳)

A　字の練習の要点を知りたかったから
B　**父親に褒めてもらいたかったから**
C　父親と書画を交換したかったから
D　今後もう字を練習したくなかったから

解説　第3段落の前半で"希望听到几句表扬的话"と言っているのでBが正解。

80 正解 B

問題文和訳 母親が献之に教えたのは：

選択肢和訳
A おごってはならない
B 努力して練習し続けなければならない
C 鑑賞することを覚えなければならない
D 他人をうらやんではならない

解説 最後の段落の中盤で母親が"你只要像这几年一样坚持不懈地练下去，就一定能达到目的"と言っているのでBが正解。

81 正解 C

問題文和訳 王献之について、何が分かりますか？

選択肢和訳
A 好奇心が強い
B 絵を描くのが好きではない
C 非常に熱心に字を練習した
D 母親に対して親孝行である

解説 上の80番でも引用した"你只要像这几年一样坚持不懈地练下去，就一定能达到目的"から、ここ数年もたゆまず努力していたことが分かり、その後のところで"又锲而不舍地练了下去"と言っていることから、その後も粘り強く練習したことが分かるのでCが正解。

82 正解 B

問題文和訳 上の文章のタイトルとするのに最も適切なものは：

選択肢和訳
A 神童王献之
B 勤勉な王献之
C 哀れな天下の親心
D 青は藍より出でて藍より青し

解説 この文章は最初から最後まで王献之のことを書いてあるが、特に勤勉な様子が見て取れる。それは81番の問題で示した通りである。よってBがふさわしい。

83 - 86

問題文和訳

地球上で最も暑いところはどこだろうか？多くの人が赤道地域だと考えている。しかし実際には、最も暑いところは赤道地域にはない。中国のタクラマカン砂漠や、アフリカのサハラ大砂漠など、世界の多くの地域では日中の最高気温が摂氏45度を超えるが、赤道地域では日光の照りつけが強くても、日中の温度が摂氏35度を超えることはほとんどない。

これは赤道付近の大部分が海であるからで、海は太陽が海に与える熱量を深いところに送りながら、海水の蒸発で大量の熱量を消耗させており、それに加えて海水の熱容量が大きいので、水温が上昇する速度も陸に比べて遅いのである。したがって、日中に赤道付近の温度が急激に上昇することはない。

砂漠地域の状況はまったく異なっている。そこは植物が非常に少なく、水資源も不足しており、蒸発できる水分がほとんどなく、しかも砂の熱容量も少なく、気温の上昇も速いので、熱量は地表より下の層に容易に送ることができない。そのため、日中の砂漠の地表は太陽に焼けつくまでさらされるが、下の層の砂は冷たいままである。砂漠地域では、太陽が出る度に、気温が急激に上昇し、地表が熱くなり始め、正午にはさらに太陽が火のようになるので、最高気温が摂氏55度まで上がることもある。

そのほかに、赤道の降雨量は砂漠地域に比べて多く、ほとんど毎日午後に雨が降るので、そうなると午後の赤道地域の温度が高くなることはない。一方砂漠はたいてい晴れており、雨はほとんど降らないので、日光は朝から夕方までずっと照り続ける。したがって、最も暑いところは赤道にはなく、砂漠にあるのである。

83 正解 B

問題文和訳 赤道地域について、分かるのは：

選択肢和訳

A 朝晩の温度差が大きい
B 気温の上昇が比較的遅い
C 平均気温が摂氏35度である
D 四季の気候の変化がはっきりしている

解説 第2段落の最後で "白天赤道附近的温度不会急剧上升。" と言っているのでBが正解。

84 正解 D

問題文和訳
砂漠地域にはどんな特徴がありますか？

選択肢和訳
A 地面における熱の伝わり方が速い
B 水分の蒸発が遅い
C 日照時間が最も長い
D 日中の地表の温度が高い

解説 第3段落の中盤で"白天沙地表面被太阳晒得滚烫"と言っているのでDが正解。"滚烫"とは「焼けつくように熱い」というような意味。

85 正解 A

問題文和訳 上の文章について、下のどの選択肢が正しいですか？

選択肢和訳
A 赤道地域の降雨量は比較的多い
B 砂漠地域の空気の湿度は高い
C 砂漠地域は植物の種類が多い
D 赤道地域は地下水資源が豊富である

解説 最後の段落の冒頭で"赤道上的降雨要比沙漠地区多"と言っているのでAが正解。第3段落で「蒸発できる水分がほとんどなく」と言っていることを考えるとBは不適。同じく第3段落で「そこ（砂漠）は植物が非常に少なく」と言っているのでCも不適。また地下水についてはまったく言及がないのでDも不適。

86 正解 D

問題文和訳 上の文章は主に何について語っていますか？

選択肢和訳
A 海の役割
B 赤道地域の気候
C 砂漠の水不足の原因
D 砂漠が赤道よりさらに暑い原因

解説 第1段落では赤道より砂漠の方が暑いことを紹介し、第2段落以降ではその原因について細かく述べているので、Dがふさわしい。

87 - 90

> 問題文和訳

　唐の太宗李世民は中国古代における数少ない進歩的な君主であった。彼は帝位に就くと、歴史の教訓を学び取って、広く建言の道を開き、大臣たちに意見を提出することを奨励した。魏徴は勇気をもって進言し、かつ言葉の技巧に長けた大臣であった。唐の太宗はかつて魏徴に、皇帝はいかにすれば頭脳を明晰に保って愚かになることを避けられるかと尋ねた。魏徴の答えは、「あわせ聴けばすなわち明るく、偏り信ずればすなわち暗し。」ということだった。その意味は幅広くみんなの意見を聞き入れれば、進歩的になることができ、誰か1人やあるいはある数人のことだけを偏って信じればすぐに愚かになるということである。

　ある年に、宰相は唐の太宗に「18歳に満たない成年男子でも、身長が高く、体格もたくましいものであれば軍隊に徴集できる」ようにすることを提案した。唐の太宗はその提案を許可したが、上奏文は何度も魏徴によって却下された。唐の太宗は非常に腹を立てて、大勢の臣下を集めて、面と向かって魏徴を叱りつけた。意外なことに魏徴はまったく顔色を変えず、かつ言った。「湖の水を全部汲み出せば、魚を1匹残らず捕ってしまえるでしょうが、その次の年には捕れる魚がいなくなってしまいます。森を焼き尽くせば、林の中のけものたちは皆身を隠すところがなくなりますが、その次の年には、狩れるけものはいなくなってしまいます。今18歳に満たないたくましい男子を皆軍隊に入れてしまって、すべての余地をなくしてしまったら、それではこれから国は誰から税を徴収するのですか？」この言葉で唐の太宗はにわかに悟り、魏徴の意見を聞き入れて、彼に大きな褒美を与えた。

87　正解 B

> 問題文和訳

魏徴は皇帝がどのようにすれば頭脳を明晰に保つことができると考えていますか？

> 選択肢和訳

A　たくさん本を読む　　　　B　みんなの意見を多く聞く
C　文官の地位を高める　　　D　自分の考えをしっかりともつ

> 解説　第1段落の最後の方に"广泛地听取大家的意见就能做到开明"と書いてあるのでBが正解。

3 书写

> 第 **1** 部分 | 問題 p.136

〈問題文〉完成句子。
〈和 訳〉文を完成させなさい。

91 正解 电梯里的信号比较弱。

和 訳 エレベーターの中の（携帯電話の）電波は比較的弱い。

解説 "电梯里的"には"的"があるので次に名詞が来る可能性が高い。語群の中では"信号"しか名詞がないのでこれを後に並べる。そしてこれを主語にし、形容詞"弱"を述語にする。残った"比较"は程度の副詞として使えるので形容詞"弱"の前に置く。

92 正解 那瓶罐头过期了。

和 訳 その缶詰めは期限切れです。

解説 "那瓶"は「指示代詞＋量詞」の形をしているので、後に名詞が来る。語群の中では名詞は"罐头"しかないのでこれを後に並べる。そしてこれを主語とし、動詞"过期"を述語にする。残った"了"は文末に置く。

93 正解 他们俩谁也没能说服对方。

和 訳 彼ら2人はどちらも相手を説得できなかった。

解説 例えば"什么也不想吃（何も食べたくない）"のように、"疑問代詞＋也～"で考えられるすべてのものについてどうであるかを述べる表現ができる。93番の場合語群に"谁也"というのが見えるので、この構文を使う。次に"没能"の"能"は助動詞なので後に動詞が欲しい。語群では"说服对方"の"说服"が動詞なので"没能 说服对方"と並べる。そしてその前に"谁也"を置くと「誰も相手を説得できなかった」という文が出来上がる。残った"他们俩"は、この文全体の主語として文頭に並べるとよい。

94 正解 太极拳是中国的一种传统武术。

和 訳 太極拳は中国の伝統武術の1つです。

解説 語群を眺めていると「太極拳とはこういうものだ」と説明するような文を作れそうなので、主語を"太极拳"とし、動詞"是"を含む"是中国的"を次に並べる。"的"の後には名詞が来るはずなので"传统武术"を次に並べる。最後に残った"一种"は「数詞＋量詞」という形をしているので、名詞の前に置く。ここでは意味を考えて、"太极拳"ではなく"传统武术"の前に"一种"を置けばよい。

88 正解 D

問題文和訳 唐の太宗について、分かるのは：

選択肢和訳
A 宰相に不満である　　　　B 森林を保護することを理解していない
C 民族の団結を促進した　　D 歴史の教訓を学び取ることに長けている

解説 第1段落の最初の方に"他登上皇位后，吸取历史上的教训，…"とあるのでDが正解。他の3つの選択肢の内容に関して述べている箇所はない。

89 正解 C

問題文和訳 第2段落の「恍然大悟（にわかに悟る）」とはどういう意味ですか？

選択肢和訳
A 信じがたい　　　　　B 理解できない
C 突然理解できた　　　D 少し後悔する

解説 "恍然大悟"とは「にわかに悟る」というような意味なので、Cが正解。この四字成語を知らなくとも文脈から意味を考えるようにしよう。太宗はその前で魏徴を叱りつけていたのに魏徴の意見を聞いてそれをすぐに受け入れている。ということは、AやBでないことは確かである。Dは文脈的にはありうるが、四字成語の漢字の意味を検討してみよう。4つ目の字"悟"は日本語でも「さとる」と読み、この成語が「悟る・分かる・理解する」という意味の言葉であることを示唆している。そこでDではなくCが正解と分かる。

90 正解 B

問題文和訳 上の文章によると、下のどの選択肢が正しいですか？

選択肢和訳
A 唐王朝の税収は少なかった　　　　B 皇帝は魏徴に褒美を与えた
C 魏徴は魚を捕ることに反対だった　D 魏徴と宰相の関係はよくなかった

解説 最後の段落の最後で"听从了魏征的意见，并重赏了他"と言っているのでBが正解。"重赏"は「手厚い褒美を与える」というような意味。Bの"奖励"は「表彰する」というような意味。

95　正解 这次多亏了你的积极配合。

和訳 今回はあなたの積極的な協力のおかげです。

解説 "多亏了～"で「～のおかげだ」というような意味になる。とすると"配合"を「～」のところに置けば「協力のおかげだ」ということになる。残りを"配合"の修飾語として並べると"你的 积极 配合"と並べるのが最も自然。そしてそれを"这次多亏了"の後に置けばよい。

96　正解 请按照这个样式修改一下。

和訳 （衣服等の場合）このデザイン通りに作り直してください。
（書類等の場合）このフォームに合わせて書き直してください。

解説 "请按照"の"请"は「～してください」と丁寧に依頼する場合に使うことが多いのでこれもそうだと仮定すると、文頭に来ることが多いので"请按照"を文頭に据える。"按照"は「～に照らして」というふうに介詞のように使うので後に名詞を入れる。語群を見ると"这个样式"しかないので、これを"请按照"の後に入れる。そして最後に締めくくりの述語動詞"修改"を入れる。"一下"は動詞の後に置いて「ちょっと～する」という意味を表す成分なので、"修改"の後に置けばよい。

97　正解 大家都夸那个小伙子长得英俊。

和訳 みんなその若者がハンサムだと褒めた。

解説 "长得"は様態補語として後に形容詞など人の容姿を表す言葉が入る。語群では"英俊"がそれにふさわしいので"长得英俊"と並べる。そしてこれが誰についての描写なのか考えると"那个小伙子"のことなので、これを主語として"那个小伙子长得英俊"という文ができた。残った"大家都夸"の"夸"とは「褒める」という意味で、この後に褒める対象やどう褒めるかが入るので、文頭に置いて後に何をどう褒めるかの意味になる"那个小伙子长得英俊"を置けばよい。

98　正解 消费者要懂得维护自己的权利。

和訳 消費者は自分の権利を守ることを理解しなければならない。

解説 "消费者要"の"要"は他に動詞があることから助動詞だと思われるので、"消费者"は主語の可能性が高い。そこでこれを文頭に据え、次に動詞を置く。動詞は"维护"と"懂得"があるのだが、"维护"を先に言ってしまうと"懂得"を入れる場所がなくなるので先に「～することを覚える（心得る）」という意味の"懂得"を置く。次に"维护"を置いて目的語になりそうな"权利"を後に並べる。残った"自己的"は名詞の前に並べたいので"权利"の前に置く。

| 第2部分 | 問題 p.137 |

〈問題文〉写短文。
〈和　訳〉短い文章を書きなさい。

99

〈問題文〉请结合下列词语（要全部使用，顺序不分先后），写一篇80字左右的短文。
〈和　訳〉下に並んでいる語句を使って（全て使用すること。順序は問わない）、80字前後の短い文章を書きなさい。

解答例

几十年前，通讯还不太发达，人们只能通过写信来进行沟通。现在，随着网络、手机的普遍使用，人们可以随时与对方保持联系了。通讯的发展，促进了人与人之间的交流，拉近了人与人之间的距离。

和　訳

何十年か前、通信はまだそれほど発展しておらず、人々は手紙を書くことを通してコミュニケーションをとるしかなかった。今では、インターネット、携帯電話が普遍的に使われるようになるにしたがって、人々はいつでも相手と連絡を取ることができるようになった。通信の発展は、人と人との交流を促進し、人と人との間の距離を近づけたのである。

100

〈問題文〉请结合这张图片写一篇80字左右的短文。
〈和　訳〉この写真に関連する80字前後の短い文章を書きなさい。

解答例

马上就要考试了，小李来到图书馆复习。她想做一些数学题，可是因为她的数学非常糟糕，根本就不会做。就在这时，她的好朋友来到她身边，耐心地教她。她很快就把那些数学题做出来了。

和　訳

もうすぐテストなので、李さんは図書館に復習をしに来た。彼女はいくつかの数学の練習問題をしようと思ったが、彼女は数学が非常に苦手なので、まったくできなかった。ちょうどその時、彼女の親友が彼女のそばに来て、熱心に彼女に教えた。彼女はすぐにそれらの数学の練習問題を解くことができた。

HSK合格をサポートする

公認テキスト ①級 ②級 ③級 ④級
CD付き

これ1冊でHSK対策ができる。

○ 過去問を徹底分析。
○ 各級に必要な文法事項を凝縮。
○ 音声付きの豊富な例文でリスニング試験に完全対応。
○ 出題頻度が分かる単語表付きで直前の対策にも最適。

ポイント1 出題傾向がよく分かる解説

ポイント2 全ての例文・単語をCDに収録

ポイント3 出題頻度の分かる単語表掲載

著者はNHKラジオ講座「まいにち中国語」の 宮岸雄介先生

略歴：**宮岸 雄介**（みやぎし ゆうすけ） 防衛医科大学校専任講師、東京生まれ。専門は中国思想史。早稲田大学大学院文学研究科博士課程単位取得満期退学。2001年より北京師範大学中文系博士課程（中国古典文献学専攻）に留学。著書に『とらえどころのない中国人のとらえかた』（講談社＋α新書）、中国語教科書に『中国語文法トレーニング』（高橋書店）、『30日で学べる中国語文法』（ナツメ社）、『作文で鍛える中国語の文法』（語研）など。翻訳に孟偉哉著『孫子兵法物語』（影書房）などがある。

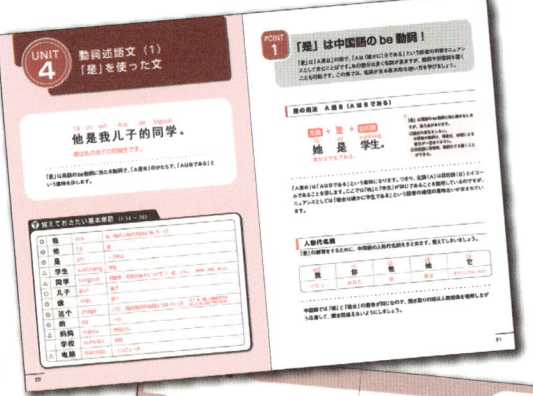

全国書店、ネットストアで好評発売中！

公認シリーズ　書籍　アプリ　映像教材

公認 単語トレーニング

HSK合格に必要な単語を手軽に学べる！

○ 出題範囲の単語すべてに過去問から抽出した例文をつけて収録。
○ すべての単語・例文・日本語訳の音声を収録。
○ テスト機能は「読解問題」「リスニング」の対策にも。

―― 1～5級 好評発売中！ ――

Android版ダウンロード　ANDROID アプリ Google play

iPhone版ダウンロード　App Store からダウンロード

＊推奨環境などについては各ストアでご確認ください。（タブレットは含まれません）

公認 映像講座 1～4級

これだけでHSKに合格できる！

○ 公認教材の内容をさらに分かりやすくネイティブが授業形式で解説。
○ 学びながら発音も確認できるからリスニング対策にも。
○ 練習問題は1問1解説だから、分からない問題を繰り返し見られる。
○ 通勤・通学中、家、学校でも、インターネット環境さえあればどこでも見られる。

詳細はHSK公式サイトから
www.hskj.jp　HSK 検索

お問い合わせ窓口：株式会社スプリックス　中国語教育事業部
Tel:03-5927-1684　Fax:03-5927-1691　E-mail:ch-edu@sprix.jp

本書は、株式会社スプリックスが中国国家汉办の許諾に基づき、翻訳・解説を行ったものです。日本における日本語版の出版の権利は株式会社スプリックスが保有します。

中国語検定 HSK公式過去問集 5級 ［2013年度版］

2014年1月30日　初版　第1刷 発行

著　　者：問題文・音声 孔子学院総部 / 国家汉办
　　　　　　翻訳・解説 株式会社スプリックス
編　　者：株式会社スプリックス
発 行 者：平石 明
印刷・製本：株式会社インターブックス
発 行 所：株式会社スプリックス
　　　　　〒171-0021 東京都豊島区西池袋1-11-1
　　　　　メトロポリタンプラザビル 12F
　　　　　TEL 03(5927)1684　　FAX 03(5927)1691
落丁・乱丁本については、送料小社負担にてお取り替えいたします。

©SPRIX Printed in Japan　ISBN978-4-906725-14-4

本書および付属のディスクの内容を小社の許諾を得ずに複製、転載、放送、上映することは法律で禁止されています。
また、無断での改変や第二者への譲渡、販売（パソコンによるネットワーク通信での提供なども含む）は禁じます。

HSK日本実施委員会 公認

SPRIX